나의 첫 UNIX 교과서

나의 첫 UNIX 교과서

유닉스 업무를 처음 시작하는 사람이 읽는 책

초판 발행 2015년 9월 8일

지은이 키모토 마사히코, 마츠야마 타다미치, 이나지마 다이스케
옮긴이 최지연
발행인 최홍석

발행처 (주)프리렉
출판신고 2000년 3월 7일 제 13-634호
주소 경기도 부천시 원미구 길주로 77번길 33 나루빌딩 401호
전화 032-326-7282(代) **팩스** 032-326-5866
URL www.freelec.co.kr

편집 안동현
교정교열 이희영
디자인 김혜정

ISBN 978-89-6540-107-0

이 책에 대한 의견이나 오탈자나 잘못된 내용의 수정 정보 등은 프리렉 홈페이지(freelec.co.kr)
또는 이메일(webmaster@freelec.co.kr)로 연락 바랍니다.

나의 첫
UNIX
교과서

;유닉스 업무를
처음 시작하는
사람이 읽는 책

지은이

**키모토 마사히코, 마츠야마 타다미치,
이나지마 다이스케**

옮긴이

최지연

프리렉

이 책의 목적

한때 "UNIX는 이제 필요 없다."라고 여기던 시절이 있었다.

1990년대 중반에 Windows 95가 출시되면서 일반 사용자들 사이에서도 드디어 GUI를 탑재한 OS가 널리 보급된 것이다. 당시 UNIX 워크스테이션은 PC와 비교하면 매우 고가였고 PC-UNIX는 Windows OS보다 더 큰 메모리와 CPU를 필요로 했으며 또한 이를 능숙하게 다루려면 고도의 전문지식이 필요했다. 따라서 일반 사용자들 사이에서는 Windows OS가 메인 자리를 차지하고 UNIX를 활용하는 일들은 앞으로 점점 없어지게 될 것으로 생각하였던 것이다.

하지만, 인터넷 서비스의 바탕을 이루는 서버 측의 경우 계속해서 상용, 비상용 UNIX가 사용되었으며 고성능 고가용성이 요구되는 분야의 주류 OS로서 자리매김하게 되었다. 이와 동시에 내장형 기기의 성능이 향상되면서 임베디드 시스템에서도 UNIX를 사용하게 되었다. 특히 네트워크 통신을 필요로 하는 기기의 경우 UNIX의 TCP/IP가 널리 사용되고 있다. 한편, 데스크톱 환경에서도 극적인 변화가 생겨나 일반 사용자도 사용할 수 있는 PC-UNIX가 등장했다. 지금은 오히려 PC-UNIX가 Windows OS보다 적은 계산 리소스로 더 빨리 동작을 처리할 수 있는 OS가 되었다.

이처럼 UNIX는 항상 필요한 존재였고 UNIX를 활용해야 하는 업무가 사라지는 일도 발생하지 않았다. 오히려 UNIX를 활용하는 업무를 시작하는 사람들이 매년 늘고 있다. 필자가 근무하는 주식회사 소무(http://www.soum.co.jp/)는 창업 이래 30년간 UNIX와 인터넷 기술을 핵심 테크놀로지로 삼아왔다. 그런데 최근 들어 당사에서는 신입 인력 연수 때문에 특히 고민을 하고 있다. 당사에서는 신입 연수에 쓰는 텍스트나 교재를 직접 제작하고 있는데, 이 텍스트의 내용은 UNIX 입문자를 위한 것으로, 원래라면 대학 학부 시절 강의를 통해서 익혔어야 하는 기본적인 내용이다. 하지만, 안타깝게도 최근에는 실용적인 수준의

UNIX 강의가 마련되어 있는 대학이 그다지 많지 않다. 과거에는 대학 강의 교재로 사용되는 유명한 저서들도 많았다. 예를 들면 브라이언 커니핸의 "The Unix Programming Environment (유닉스 프로그래밍 환경)" 등을 들 수 있겠다. 하지만, 이런 예전의 명저들은 지금 대부분 입수가 어렵기도 하고 그 내용 또한 이미 너무 오래된 것이라서 지금 활용하기는 어렵다.

당사는 UNIX 회사이므로 당연히 입사 시험을 뚫고 채용된 신입 사원들은 많든 적든 UNIX 관련 경험을 가지고 입사한다. 하지만, 최근 데스크톱 UNIX는 지나치게 사용이 편리한 탓에 기초적인 지식을 일부 갖추지 못했는데도 일상 작업에서는 문제없이 UNIX를 사용할 수 있는 경우가 많은 것이 현실이다.

그러나 실제로 UNIX를 활용해서 업무를 해야 하는 단계에 이르러서는 예전부터 많이 쓰이는 도구들을 익숙하게 사용할 수 있느냐 없느냐가 작업 능력에 큰 영향을 미치게 된다. UNIX 숙련 기술자가 볼 때 '왜 요즘 젊은 개발자들은 새로운 애플리케이션에 대해서는 잘 알면서 기초적인 것은 모르는 것일까?'라는 생각을 할 때가 잦다.

대학 강의와 같은 환경에서 학습할 때의 장점은 '포괄성'이 있다는 것이다. 어떤 문제에 부딪혔을 때 그 자리에서 경험을 통해 배우는 지식도 물론 중요하지만 필요한 기본 지식은 교과서 같은 포괄적인 교재를 통해 배워야 한다.

따라서 새로운 UNIX 교과서가 필요하다고 생각하게 되었다. UNIX를 사용해 업무를 수행해야 하는 현장에서 볼 때 신입 인력이 처음부터 알고 있어야 하는 기초 지식을 다시 한 번 교과서로 정리한 것이 바로 이 책이다.

이 책의 토대가 된 것은 UNIX 관련 업무를 집중적으로 맡아온 당사의 신입 연수 텍스트이나 이번에 이를 책으로 만들면서 대폭 내용을 추가하고 수정하였다. 최신 입문서에서는 생략하고 다루지 않는 많은 부분을 빼놓지 않고 수록하고 오래된 정보 등은 최신 정보로 갱신하여 제공할 수 있도록 집필하였다.

대상 독자

이 책은 지금부터 UNIX 업무를 시작하는 사람과 현재 UNIX 업무를 하는 사람을 위한 것으로, 최소한 이것만큼은 알아 두고 일을 시작했으면 하는 지식을 정리하였다.

원래 UNIX는 AT&T 벨연구소(당시)의 데니스 리치 등에 의해 1969년부터 개발이 시작된 OS이다. 그 후 AT&T로부터 갈라져 나온 UCB (캘리포니아 버클리 대학)의 BSD UNIX (이후 BSD)가 출시되면서 상용, 비상용을 포함하여 다수의 아종이 생겨나게 되었다. AIX, Solaris, HP-UX, Mac OS X (현재의 정식 명칭은 OS X이나 알기 쉽도록 이 책에서는 Mac OS X라고 표기함) 등은 인증을 받은 UNIX이다. FreeBSD, NetBSD, OpenBSD 등의 프리웨어는 인증은 받지 않았으나 BSD에서 파생된 것들이다.

한편, Linux는 UNIX와는 별도로 독자적으로 개발된 OS이며 UNIX 계열 OS이기는 하지만 역사적, 인증적 측면을 고려하여 UNIX라고 부르지는 않는다. 하지만, 현재 일반적으로 널리 사용되고 있는 UNIX 계열 OS이다.

이 책을 집필하면서 명령어 실행 등의 구체적인 예를 들 때에는 대상이 되는 OS의 범위를 한정할 필요가 있었기 때문에 주로 BSD 파생인 FreeBSD와 많이 사용되고 있는 Linux 배포판 중에서도 Ubuntu를 기준으로 예를 들었다.

이 책에서 언급할 내용을 선정하는 데는 꽤 애를 먹었다. 예를 들어 그림을 그리는 방법 하나만 생각해 보더라도 예전 도구와 가장 최신 도구로 할 수 있는 일에는 큰 차이가 있다. sed나 awk를 모른다 해도 Python이나 Ruby를 알고 있으면 대부분은 곤란한 일은 없을 것이다.

우리는 "얼마나 UNIX적인가?"를 기준으로 선택하기로 했다. UNIX적인 오퍼레이션이란 CUI (CLI: Command Line Interface라고도 함)를 통해 명령어를 조작하는 것을 가리킨다. 결과적으로 GUI 기반 도구나 새로운 도구를 포괄적으로 다루지는 못하였기 때문에 최신 도구에 흥미가 있는 젊은 개발자들에게는 다소 부족한 내용이 되었는지도 모르겠다.

새로운 도구에 대해 관심이 있는 독자라면 최근 많이 발행되고 있는 최신 서적들을 읽어보는 것이 좋을 듯하다. 이 책과는 내용상으로 겹치는 부분이 거의 없을 것이다.

고전적인 UNIX의 커맨드라인 인터페이스는 UNIX가 만들어진 이래 40년 이상 계속 사용된 것이다. '온고지신'이라는 말도 있듯이 일단 기본적인 내용을 돌아보는 것도 좋을 것으로 생각한다.

이 책이 고려한 대상 독자는 다음과 같다.

- 정보공학관련 학부 2학년생 수준의 UNIX 강의 내용을 학습하려는 독자
- 정보공학관련 대학을 졸업하였으나 UNIX 관련 교육을 거의 받지 못하고 IT 기업에 입사한 독자
- 입사 후 2~3년이 지났으나 선배로부터 "이런 것도 모르느냐?"라는 지적을 받은 적이 있는 엔지니어

UNIX 업계의 IT 엔지니어로서 일을 시작하였다면 현장에서 크게 두 가지 종류의 업무가 있다는 것을 알게 될 것이다. 하나는 UNIX로 동작하는 소프트웨어(경우에 따라서는 UNIX 커널 자체)를 개발하는 업무, 또 한가지는 UNIX에서 동작하는 소프트웨어를 사용하여 환경이나 서비스를 구축하고 그것을 운용하는 업무이다.

현재는 이 두 종류의 업무가 거의 분업화되어 있으나 1990년대 이전부터 UNIX 관련 업계에 종사해 온 사람이라면 당연히 이 두 업무를 모두 능숙하게 처리할 줄 알아야 했다. 소프트웨어를 개발하는 사람도 자신들의 서버나 네트워크를 스스로 구축해서 운용해야만 했다. 운용 구축 계열 업무를 하는 사람도 소프트웨어에 문제가 생기면 알아서 디버깅해야만 했

고 이때 커널을 분석해야 하는 일이 생기기도 했다.

이 책에서는 개발과 환경 구축 운용 양쪽 내용을 되도록 모두 다루려 했다. 그것이 'UNIX 적인 방법'이라고 생각했기 때문이다.

만약 독자 중에 자신이 둘 중에 한쪽의 지식만을 갖고 있다고 느끼는 사람이 있다면 꼭 부족한 지식을 전체적으로 끌어올리는 데 이 책을 활용해 주기를 바란다. 그것이 바로 이 책의 목적이다.

이 책을 읽는 법

이미 어느 정도 UNIX를 사용한 경험이 있는 독자라면 일단 끝까지 한 번 훑어 볼 것을 권한다. 이미 아는 부분은 넘겨도 상관없다. 그리고 모르는 부분이 있다면 다시 한 번 확인하도록 하자. UNIX 지식을 거의 갖고 있지 않은 상태에서 이 책을 읽는 독자라면 처음부터 순서에 따라 읽을 것을 권한다. 교과서를 처음부터 순서대로 읽는 것과 마찬가지로 지금 당장 필요하지 않은 지식이라도 눈에 익혀 두면 머릿속 어딘가에 남게 될 것이다. 나중에 그 지식이 정말로 필요해졌을 때에는 다시 한 번 이 책을 펴서 확인하거나 그 시점을 기준으로 출간된 최신 서적을 찾아보면 좋으리라 생각한다.

'이 책을 읽는 법'이라고 써두었으나 사실은 이 책을 '읽게 하는 쪽'에 대한 안내가 될 수도 있겠다. 이 책은 대학 학부 수준 교과서나 기업의 신입 사원 연수 자료로서의 활용도 고려하여 집필하였다. 항목별로 거의 내용이 독립되어 있으므로 잘라내거나 편집하여 별도 교재로 만들어도 좋을 것이다.

또한, 이 책 전반에 걸쳐 파일명이나 변수명으로 '임시 이름'을 사용하는 경우에는 'foo', 'bar', 'baz'를 사용하였다. 이것은 영어권, 특히 UNIX 문화권에서는 일반적으로 사용되는 이름으로, '메타 구문 변수'라고 하는 것이다.

이 책의 구성은 다음과 같다.

Part 1 (Chapter 01~07)은 '기본 환경 편'으로, UNIX에서 일상적인 작업을 할 수 있게 하는 것이 목적이다. 일상 작업 중에서 웹 서핑이나 메일 읽기 · 쓰기는 여기에서 굳이 언급할 필요가 없고 메일은 제공 클라이언트에 따라 방법이 조금씩 다르므로 생략하였다. 이 책을 사용해 교육할 때에는 필요에 따라 이 부분은 추가하면 될 것이다.

또한, 이 책에서는 UNIX 시스템 관리 작업 기초에 대해서도 설명하고 있다. 학부에서 처음 UINX를 배우는 학생이나 갓 입사한 신입사원에게 UNIX 시스템 관리를 맡기는 경우는 없겠으나(과거에는 이러한 방임식 스파르타 교육법이 간간이 쓰이기도 했다.), 데스크톱 UNIX를 사용하는 경우에는 모두가 관리자라고 보는 편이 좋다. 그리고 관리자로서의 기초 지식이 요구되는 경우도 고려하여 이 부분에 대한 설명도 실었다.

Part 2 (Chapter 08~11)는 '프로그래밍 환경 편'으로, 개발 업무의 기초적 내용에 대해 다루고 있으며 UNIX를 통한 개발 시 공통으로 필요하다고 생각되는 지식을 중점적으로 설명하였다.

Part 3 (Chapter 12~19)은 '네트워크 기술 편'으로, TCP/IP 네트워크 기초에 대해 설명하였다. TCP/IP는 4.2 BSD에 참조 구현되고 있으며 소켓 API도 4.2 BSD에서 도입되었다. 개발뿐만 아니라 시스템 관리 작업에서도 TCP/IP 네트워크의 기본을 포괄적으로 알아두는 것은 중요하다.

차례

PART 1 _ 기본 환경 편

1 로그인과 로그아웃   24

1 로그인이란 무엇인가?   24

2 TELNET을 통한 원격 로그인   27

3 SSH를 통한 원격 로그인   28

4 로그아웃   30

2 UNIX의 기본 조작   31

1 셸   31

2 리다이렉션과 파이프   36

3 UNIX의 파일 시스템   37

4 기본 파일 조작   40

5 퍼미션/소유자 관리   42

    5.1 파일 퍼미션과 소유자에 대하여   42

    5.2 파일의 퍼미션/소유자 조작 명령어   43

    5.3 퍼미션의 특수한 예   45

6 정규표현   46

7 grep   48

7.1 grep 사용 예시 49

7.2 egrep 사용 예시 50

8 sed 51

8.1 sed 사용 예시 51

9 awk 54

9.1 awk 사용 예시 55

10 아카이버 56

10.1 tar 56

10.2 cpio 57

10.3 compress 58

10.4 gzip 58

10.5 bzip2 58

10.6 lzma 58

10.7 zip 59

11 기타 명령어 59

3 텍스트 에디터 61

1 기본 텍스트 에디터 61

1.1 ed 61

2 제한된 환경에서의 파일 편집 67

2.1 echo 67

2.2 cat이나 에디터를 사용하지 않고 파일 내용 보기 68

2.3 cat이나 에디터를 사용하지 않고 파일 생성 68

2.4 ls를 사용하지 않고 파일 리스트 보기 69

2.5 cp를 사용하지 않고 파일 복사 69

3 Vi와 Vim 69

3.1 Vi란? 69

3.2 Vim이란? 70

3.3 Vim의 기본 조작 70

3.4 Vim의 튜토리얼 72

3.5 Vim의 help 72

3.6 Vim과 프로그래밍 74

3.7 Vim과 외부 플러그인 76

3.8 Vim의 커스터마이징 78

4 Emacs 79

4.1 Emacs란? 79

4.2 Emacs의 기본 조작 80

4.3 Emacs로 프로그래밍 86

4.4 기타 상급 활용 기능 89

4.5 커스터마이징 93

4 작업 자동화(셸 스크립트)

95

1 셸 스크립트를 이용한 작업 자동화의 필요성과 그 장점 95

2 Bourne Shell 96

3 간단한 스크립트의 작성과 실행 97

4 셸 스크립트 활용 예 100

5 온라인 매뉴얼

103

1 온라인 매뉴얼이 필요할 때 103

2 범람하는 정보의 위험성 104

3 man 명령어 106

3.1 man의 man 107

3.2 조작 방법 107

3.3 실행 옵션 108

3.4 섹션 111

3.5 키워드 검색 113

4 info 명령어 114

5 help 메시지 115

6 보안   116

1 UNIX의 보안 116

2 관리자 권한 취득 방법 117

    2.1 su 명령어 118

    2.2 sudo 명령어 118

3 공통키 암호와 공개키 암호 119

4 SSH의 응용 121

    4.1 SSH 공개키 인증 121

    4.2 ssh-agent 123

    4.3 scp 124

    4.4 ssh_config 설정 파일 124

    4.5 SSH 포트 전송 126

5 PGP를 통한 암호화, 전자서명 126

    5.1 키 페어 생성 127

    5.2 키 조작 130

    5.3 공개키를 입수해 등록 131

    5.4 파일의 암호화 133

    5.5 암호화된 데이터의 복호화 133

    5.6 파일의 전자서명 134

7 UNIX 시스템 관리   136

1 UNIX의 관리 작업 136

2 구동과 셧다운 137

    2.1 부트 로더 138

2.2 커널 구동 후의 처리 · 138

2.3 셧다운 · 139

3 사용자와 그룹의 관리 · 140

3.1 UNIX에서의 사용자 개념 · 140

3.2 사용자와 그룹 관리 · 142

4 패키지 관리 · 144

4.1 Ubuntu의 패키지 관리 · 144

4.2 FreeBSD의 패키지 관리 · 145

5 TCP/IP 네트워크 관리 · 147

5.1 네트워크로의 접속 · 147

5.2 ifconfig를 사용한 네트워크 인터페이스 설정 · · · · · · · · · · · 147

5.3 기본 게이트웨이 · 148

5.4 라우팅 테이블의 표시 · 149

5.5 정적 경로 지정 · 150

5.6 부팅 시의 설정 · 150

5.7 이름 분석 · 152

5.8 네임 서비스 스위치 · 153

6 DNS (이름 서비스) · 154

6.1 DNS란? · 154

6.2 DNS의 역사 · 154

6.3 DNS의 구조 · 155

6.4 이름 분석의 흐름 · 156

6.5 이름 분석 클라이언트 · 157

7 서비스 관리 · 159

7.1 구동 파일 · 159

7.2 서비스 실행 제어(FreeBSD) · 159

7.3 서비스 실행 제어(Linux) · 160

8 문제 해결 · 161

8.1 문제 해결이란? · 161

8.2 로그와 메시지 확인 · 163

8.3 직접 재현 · 163

8.4 프로세스 상태의 확인 164

8.5 ifconfig 165

8.6 netstat 166

8.7 lsof 167

8.8 ping 167

8.9 traceroute 168

8.10 telnet 168

8.11 tcpdump와 wireshark 169

8.12 디버깅 170

8.13 문제 해결 정리 170

PART 2 _ 프로그래밍 환경 편

8 UNIX 프로그래밍 환경　　　　　174

1 프로그래밍 환경 개요 174

1.1 UNIX 프로그래밍 환경의 특징 174

1.2 주요 명령어의 배치 177

1.3 대표적인 프로그래밍 언어 179

1.4 개발 도구 182

1.5 컴파일러 183

1.6 make 183

1.7 디버거 184

2 C 언어 개발 예 185

2.1 C 컴파일러 186

2.2 make를 사용한 컴파일 자동화 190

2.3 C 프로그램 디버그 192

3 Java 개발 예 196

3.1 JDK 196

3.2 Java 프로그램의 컴파일 및 실행 197

4 LL 언어를 사용한 개발 예 200

  4.1 개요 200

  4.2 Perl 환경 202

  4.3 Perl 프로그램 실행 202

9 버전 관리 시스템 204

1 버전 관리 시스템이란? 204

2 버전 관리 시스템의 종류 205

3 버전 관리 시스템 사용법 206

  3.1 RCS 사용법 207

  3.2 RCS 디렉터리 생성 207

  3.3 RCS 파일 생성 208

  3.4 잠금 취득 208

  3.5 차이 확인 209

  3.6 변경 내용 기록 210

  3.7 변경 이력 확인 211

  3.8 RCS 키워드 치환 213

  3.9 정리 213

4 Subversion 사용법 214

  4.1 저장소 생성 214

  4.2 파일군 import 215

  4.3 체크아웃 217

  4.4 파일 편집과 커밋 218

  4.5 변경 취소 221

  4.6 작업 복사 갱신 222

  4.7 충돌 해결 223

  4.8 저장소의 지정 방법 227

5 Git 이용 방법 228

  5.1 초기 설정 228

  5.2 저장소 생성 228

5.3 파일 편집 230

5.4 변경 취소 233

5.5 파일 삭제 234

5.6 이력 확인 234

5.7 브랜치 생성 235

5.8 머지 237

5.9 저장소 복제 241

5.10 변경 반영 241

5.11 공유 저장소 생성 244

10 소스 코드로 문서 만들기   246

1 들어가며 246

2 문서 생성 도구의 종류 247

3 문서 생성 도구 이용 방법 247

11 소프트웨어 라이선스   252

1 라이선스를 고려하는 이유 252

2 오픈 소스 라이선스 253

PART 3 _ 네트워크 기술 편

12 UNIX와 네트워크 기술   256

1 TCP/IP 구현의 공개와 보급 256

2 LAN과 WAN 257

3 네트워크 단말기로서의 UNIX 258

13 OSI 참조 모델   260

1 OSI 참조 모델 260

2 TCP/IP와 OSI 참조 모델 263

14 데이터 링크 계층   264

1 데이터 링크란? 264

2 데이터 링크의 기본 265

3 Ethernet 268

4 무선 LAN 268

5 Point-to-Point 접속 269

15 IP와 관련 프로토콜   271

1 IP의 기본 271

2 IPv4와 IPv6 272

3 IP 주소 273

4 특수 IP 주소 275

5 라우팅 278

6 관련 프로토콜 279

16 TCP와 UDP   282

1 포트 번호 282

2 UDP 283

3 TCP 283

4 TCP 연결 284

5 TCP 통신 285

6 TCP 통신 제어 286

7 TCP와 UDP의 사용 구분 287

17 애플리케이션 프로토콜 288

1 웹 액세스(HTTP/HTTPS) 289

2 이메일(SMTP/POP/IMAP) 291

3 원격 로그인(TELNET/SSH) 292

4 파일 전송(FTP/rsync) 293

5 파일 공유(NFS/SMB) 294

6 VoIP (SIP/RTP) 295

7 시스템 운용 관리(DNS/DHCP/NTP/SNMP) 295

8 X 프로토콜 296

18 IP 관련 기술 297

1 이름 분석 297

2 IP 주소 부호 299

3 주소 변환(NAT/NAPT/IP Masquerade) 300

4 문제 해결 301

19 네트워크 보안   305

1 네트워크 공격 305

2 인증 시스템 309

3 통신 필터와 방화벽 312

4 통신 암호화 313

5 VPN 314

찾아보기   317

01

기본 환경 편

Chapter **01**

로그인과 로그아웃

1. 로그인이란 무엇인가?

처음 UNIX 시스템을 접하는 여러분의 앞에 표시된 것은 그림 1-1과 같은 화면일까, 아니면 그림 1-2 같은 화면일까, 그도 아니면 그림 1-3과 같이 단순한 화면일까?

▲ **그림 1-1** Ubuntu 13.04의 로그인 화면

```
add net ::ffff:0.0.0.0: gateway ::1
add net ::0.0.0.0: gateway ::1
add net fe80::: gateway ::1
add net ff02::: gateway ::1
Creating and/or trimming log files.
Starting syslogd.
No core dumps found.
ELF ldconfig path: /lib /usr/lib /usr/lib/compat
a.out ldconfig path: /usr/lib/aout /usr/lib/compat/aout
Clearing /tmp (X related).
Updating motd:.
Starting powerd.
powerd: lookup freq: No such file or directory
/etc/rc: WARNING: failed to start powerd
Configuring syscons: keymap blanktime.
Starting sshd.
Starting cron.
Starting default moused.
Starting background file system checks in 60 seconds.

Mon Sep 16 16:43:30 JST 2013

FreeBSD/i386 (test02.soum.co.jp) (ttyv0)

login:
```

▲ **그림 1-2** FreeBSD 9.1의 로그인 화면

▲ **그림 1-3** XDM의 로그인 화면

어떤 화면이든 여러분이 하려는 일은 같다. 바로 **로그인**이다. 로그인은 자신이 누구라는 것을 선언하고 시스템 인증으로 시스템을 조작하는 권한을 부여받는 것을 말한다. 간단히 말하면 사용자명(로그인명)과 비밀번호를 입력하여 시스템 이용을 시작하는 조작 행위를 말한다.

25

UNIX에는 **사용자**라는 개념이 있다. 사용자에게는 사용자명과 UID라는 고유 번호가 할당된다. UNIX를 이용하는 권한을 가리켜 **계정**이라고 부른다(은행 계좌라는 의미).

로그인하는 방법으로는 데스크톱 단말기에 직접 로그인하는 방법과 네트워크 경유로 원격 로그인하는 방법이 있다. 데스크톱으로 로그인하면 대부분은 GUI 환경이 구동된다. GUI 조작은 많은 서적이 출간되어 있으므로 이를 참조하기 바란다. 원격 로그인 방법에는 다음과 같은 것들이 있다.

TELNET, RLOGIN 등을 사용한 로그인

통신 경로가 암호화되지 않는 원격 로그인 방법으로, UNIX에서는 오래전부터 있었다. 요즘은 SSH가 있으므로 인터넷 경유 로그인 수단으로는 거의 쓰이지 않지만, 네트워크 기기 등의 원격 조작 수단으로는 지금도 필요한 경우가 많다.

SSH (Secure Shell)을 사용한 로그인

통신 내용을 도청당할 위험이나 접속 서버 위장(해킹)을 방지하면서 안전하게 로그인할 수 있다. 서버 측의 커맨드라인 인터페이스(셸)를 조작할 수 있다. 접속 호스트에서 SSH 서버가 동작하고 있어야 한다.

다른 호스트의 데스크톱 화면을 네트워크 경유로 표시하여 로그인

UNIX가 채택한 X Window System은 네트워크 '투과성'을 가지고 있어 화면 표시 기능만 자신 앞의 단말기 쪽으로 분리하는 'X 단말기'로 운용할 수 있다. X 단말기 로그인 화면을 관리하는 프로토콜은 XDMCP며 로그인 화면을 표시하는 프로그램 구현 중 하나가 XDM이다. 또한, 최근에는 Thin client나 VNC처럼 화면의 표시 이미지 자체를 네트워크로 송신하여 사용자 바로 앞의 단말기에 UNIX 호스트 로그인 화면을 표시하는 방법도 있다. 후자는

Windows의 원격 데스크톱과 비슷한 로그인 방법이라고 생각하면 이해하기 쉬울 것이다.

SSH와 TELNET도(보통 대문자로 적었을 때는 프로토콜의 명칭, 소문자일 때는 명령어 명칭을 나타내나 문맥상 하나로 한정하기 어려운 때도 있음) 다양한 클라이언트 애플리케이션이 존재한다. 이 책은 "UNIX로 UNIX 업무를 한다."라는 것이 전제이므로 클라이언트도 UNIX 단말기를 전제로 하겠다. 다음으로는 OS 표준 telnet 명령어와 Open SSH를 사용한 로그인 방법을 설명하도록 하겠다.

2. TELNET을 통한 원격 로그인

TELNET은 원격 호스트에 접속하여 단말기 조작을 가능하게 하는 프로토콜이며, UNIX에 탑재된 표준 TELNET 클라이언트가 바로 telnet 명령어다. telnet을 사용하여 네트워크 경유로 서버에 접속하려면 다음과 같이 실행한다.

```
% telnet 호스트명
```

이후 로그인 프롬프트가 표시되면 사용자명과 비밀번호를 입력한다. 이때 사용자명과 비밀번호는 평문인 상태로 네트워크상을 흐르게 된다.

또한, telnet 명령어는 텍스트 기반 범용 TCP 클라이언트로써 이용할 수도 있다. 다음과 같이 포트 번호(이 경우 80번)를 지정하면 접속할 서버의 HTTP 서비스에 접속할 수 있다.

```
% telnet 호스트명 80
```

이렇게 하면 TCP 서버의 동작 확인 등이 가능해지므로 실무를 하는 데 있어 아주 중요하고 유용한 명령어다.

3. SSH를 통한 원격 로그인

SSH 프로토콜로 통신하는 프로그램 구현 중 하나로 OpenSSH (http://www.openssh.org/)라는 것이 있다. OpenSSH는 FreeBSD와 Ubuntu에 모두 기본으로 설치되어 있다. SSH를 사용하면 다음 기능을 통해 안전하게 로그인할 수 있다.

- 통신 경로 암호화로 도청 방지
- 서버 인증으로 서버 위장(중간자 공격) 방지
- 비밀번호뿐만 아니라 공개키 인증 방식을 이용한 사용자 인증
- 통신 패킷 완전성을 담보하여 통신 내용을 변경하지 못하게 함

로그인을 하려면 호스트명과 사용자명, 비밀번호가 필요하다. 로그인 중인 로컬 호스트의 사용자명과 같은 이름으로 원격 로그인을 할 때에는 사용자명을 생략할 수 있다.

```
% ssh 호스트명
```

다른 사용자명으로 로그인할 때는 '사용자명@'를 추가한다.

```
% ssh 사용자명@호스트명
```

ssh 명령어를 사용하여 접속을 시작하면 비밀번호 입력을 요구한다. 성공하면 로그인할 수 있다. 비밀번호 이외에 사용자용 공개키를 사용한 사용자 인증 방법과 기타 인증 방법 등으로 서버에 인가를 받는 방법도 있다. 서버에 따라서는 비밀번호 인증을 이용할 수 없고 공개키 암호 방식만 사용할 수 있는 경우가 있다. 공개키 인증 방식에 대해서는 'Chapter 06 보안'에서 소개하도록 하겠다.

접속 호스트가 처음 접속하는 서버라면 다음과 같은 내용이 표시된다.

```
% ssh 호스트명
The authenticity of host '호스트명(IP 주소)' can't be established.
ECDSA key fingerprint is f2:7f:6a:4e:b2:e4:ca:4b:f2:61:5e:f8:81:8d:09:77.
Are you sure you want to continue connecting (yes/no)?
```

위 내용은 ECDSA 공개키 암호를 사용하고 있으며, 서버 측 호스트 공개키의 핑거프린트가 f2:7f:6a:4e:b2:e4:ca:4b:f2:61:5e:f8:81:8d:09:77이라는 것을 나타낸다. 서버의 핑거프린트가 일치하는 것을 확인한 후 'yes'를 입력하여 접속한다.

핑거프린트가 다르다면 통신 경로에서 중간자 공격(Man In The Middle Attack)을 받고 있다는 뜻이다. 이때는 'no'를 입력하여 접속을 중단한다.

'yes'를 입력하면 다음과 같이 자신의 단말기에 서버 공개키가 저장되어 앞으로는 이 확인을 할 필요가 없어진다.

```
Warning: Permanently added '호스트명, IP 주소' (ECDSA) to the list of
known hosts.
```

서버 측 호스트 공개키의 핑거프린트는 사전에 접속할 서버의 관리자에게 부탁해서 미리 알아 두어야 한다. 참고로 서버 관리자에서 호스트 공개키 핑거프린트를 얻는 방법을 소개하겠다. 다음은 세 종류의 pub 파일로, RSA, DSA, ECDSA용 공개키가 있을 때의 예다.

```
% ssh-keygen -l -f /etc/ssh/ssh_host_rsa_key.pub
2048 10:5e:6a:df:e3:f0:57:51:38:a3:a7:b6:66:45:b5:94 root@호스트명(RSA)
% ssh-keygen -l -f /etc/ssh/ssh_host_dsa_key.pub
1024 7b:0b:c5:bf:44:01:bb:43:22:e4:ba:73:3f:bc:c7:77 root@호스트명(DSA)
% ssh-keygen -l -f /etc/ssh/ssh_host_ecdsa_key.pub
256 f2:7f:6a:4e:b2:e4:ca:4b:f2:61:5e:f8:81:8d:09:77
```

4. 로그아웃

해당 호스트의 작업을 종료할 때는 '로그아웃'을 한다. 저장하지 않은 파일 등은 로그아웃 전에 잊지 말고 저장해 두도록 한다.

TELNET이나 SSH로 원격 로그인했을 때 로그아웃하려면 exit 또는 logout 명령어를 실행하면 사용 중이던 셸을 종료할 수 있다.

logout, exit 명령어 대신 Ctrl + D 를 눌러도 셸을 종료할 수 있다. 단, 이 조작은 위험하며 시스템 측의 기본 설정이 무효화 되어 있을 때도 있다.

GUI 데스크톱 환경을 이용할 때는 모든 애플리케이션을 올바르게 종료하고 메뉴에서 로그아웃을 선택하는 것이 일반적인 방법이지만, 데스크톱 환경에 따라 그 순서가 달라질 수 있다.

Chapter **02**

UNIX의 기본 조작

1. 셸

UNIX 조작의 기본은 CUI다. 즉 키보드로 명령어를 입력하여 응답을 얻는 조작을 반복하는 것이다.

GUI 데스크톱 환경을 이용하는 독자는 단말기, 터미널 등 애플리케이션을 실행하여 커맨드라인을 이용할 수 있도록 준비한다. 로그인했을 때 또는 터미널을 실행했을 때 구동되는 것이 **셸**이라는 프로그램이다.

다음은 FreeBSD에 원격 로그인한 경우의 예로, 가장 아래 행이 셸 프롬프트(셸이 입력을 기다리는 상태)다.

```
Last login: Sun Dec 22 11:52:45 2013 from 192.168.0.32
FreeBSD 9.2-RELEASE (EXAMPLE) #27: Wed Nov 13 20:03:05 JST 2013

Welcome to FreeBSD!

Before seeking technical support, please use the following resources:
o Security advisories and updated errata information for all releases are
at http://www.FreeBSD.org/releases/ - always consult the ERRATA section
```

```
for your release first as it's updated frequently.

o The Handbook and FAQ documents are at http://www.FreeBSD.org/ and,
along with the mailing lists, can be searched by going to
http://www.FreeBSD.org/search/. If the doc package has been installed
(or fetched via pkg_add -r lang-freebsd-doc, where lang is the
2-letter language code, e.g. en), they are also available formatted
in /usr/local/share/doc/freebsd.

If you still have a question or problem, please take the output of
'uname -a', along with any relevant error messages, and email it
as a question to the questions@FreeBSD.org mailing list. If you are
unfamiliar with FreeBSD's directory layout, please refer to the hier(7)
manual page. If you are not familiar with manual pages, type 'man man'.

Edit /etc/motd to change this login announcement.

Erase is backspace.
Honesty's the best policy.
     -- Miguel de Cervantes
%
```

셸은 사용자 인터페이스로, 대화 형식을 조작하거나 배치(파일에 순서를 매겨 실행시킴) 처리를 할 때 이용할 수 있다. 배치 처리에 이용하는 것은 셸 스크립트라고 한다. UNIX를 사용할 때의 조작 효율은 셸에 따라 달라진다고 해도 과언이 아닐만큼 다양한 셸들이 개발되어 있다.

주요 셸은 다음과 같다.

Bourne Shell 계통

Sh

Bourne Shell은 Version 7 UNIX 용으로 개발된 셸로, 셸 스크립트 등 UNIX 동작의 기본이 된다. /bin/sh로 모든 UNIX에 탑재되어 있으나 OS에 따라서는 Bourne Shell 호환 셸로 치환된 예도 있다. BSD에서는 Bourne Shell을 수정한 ash가 /bin/sh로 사용하고 있다.

bash

Bourne Shell의 상위 호환 셸로서 GNU 프로젝트로 개발된 셸로, 많은 Linux에서 표준 셸로 채택하고 있다. /bin/sh의 실체가 bash인 OS도 있다.

ksh

AT&T 벨연구소에서 개발한 UNIX System V 표준 셸로, Bourne Shell의 상위 호환이나 기능이 대폭 확장되어 있다. 현재는 거의 사용하지 않는다.

zsh

Bourne Shell이나 ksh, csh 등 기타 셸들과 상위 호환성을 가진 다기능 셸로, 애용자들이 많다.

C Shell 계통

csh

BSD 일부로 개발된 셸로, Bourne Shell을 대체하기 위해 만들어진 것이 아니라 사용자가 대화 형식으로 사용할 수 있도록 조작성 향상을 목적으로 개발되었다. Bourne Shell과의 호환성은 없으므로 /bin/sh가 아니라 /bin/csh로 탑재된다.

tcsh

csh의 상위 호환 셸로, 이력이나 자동완성 기능 등 대화형 작업에 뛰어나다.

이 책에서 다루는 셸은 bash 또는 tcsh나 셸에 따라 달라지는 내용이 있을 때에는 주석을 달아 두었다. 모든 셸에 공통되는 기본 기능은 다음과 같다.

- 사용자의 입력을 받아서 명령어를 실행하고 그 결과를 표시한다. 이 처리를 반복한다(이 일련의 동작을 Read-Evaluate-Print의 앞글자를 따서 REP 루프라고 부르기도 한다).

- 사용자가 조작하는 단말기를 제어한다. 예를 들어 Ctrl + C 를 누르면 프로세스에 중지 신호를 보내는 처리 등이 이에 포함된다.

- 셸은 변수를 가지며 명령어 실행이나 결과 표시 방법 등을 커스터마이징할 수 있다.

- 명령어 입출력 파이프라인이나 파일에 대한 리다이렉션(뒤에서 설명)을 제어한다.

- alias나 function이라는 기능을 통해 조작을 매크로화할 수 있다.

로그인 시 사용하는 셸은 chsh 명령어로 변경할 수 있다. 어느 셸을 이용하는가는 자유지만, 최소한 Bourne Shell (/bin/sh) 스크립트는 읽을 수 있도록 해 두는 것이 좋다. /etc/rc 등 UNIX 시스템의 동작을 규정하는 부분의 상당수가 셸 스크립트로 적혀 있기 때문이다.

모든 셸에서 공통되는 항목인 변수에 대해 짚고 넘어가겠다. 셸에는 환경 변수와 셸 변수라는 두 가지 변수가 존재한다. 정확히는 셸이 가진 것은 셸 변수뿐이며 환경 변수는 프로세스별로 할당된 변수 공간에 위치한다.

환경 변수에는 설정 정보나 프로그램 동작을 지정하는 값을 대입한다. 프로그램을 실행하면 환경 변수의 복사 값을 넘겨 주므로, 환경 변수는 자기 자신과 자식 프로세스에만 영향을 미친다.

셸 변수는 이름 그대로 해당 셸 안에서만 사용힐 수 있는 변수를 말한다. 셸의 동작을 지정하는 변수도 있으나 값을 저장하는 변수로도 사용한다.

Bourne Shell 계열에서는 셸 변수 대입에 = 문, 셸 변수를 환경 변수로 만드는 데는 export 문을 사용한다.

```
$ LANG=C (셸 변수에 대입)
$ export LANG (셸 변수를 환경 변수로 export)
```

C Shell 계열에서는 셸 변수 대입에 set 문을, 환경 변수 대입에 setenv 문을 사용한다.

```
% set history=1000 (셸 변수에 대입)
% setenv LANG C (환경 변수에 대입)
```

커맨드라인 인수로 주어진 파일명에는 *(눈표, 0문자 이상의 문자열과 일치), ?(물음표, 한 문자와 일치) 등의 와일드카드를 이용할 수 있다. UNIX에서는 셸이 와일드카드를 해석할 수 있으므로 명령어에 와일드카드 문자열을 쓸 때에는 따옴표 처리를 해야 한다.

특수한 문자로는 ~(틸드, 물결표)가 있다. 이 문자는 사용자의 홈 디렉터리를 의미한다. '~사용자명'이라고 기술하면 해당 사용자의 홈 디렉터리를 나타낸다.

인수의 와일드카드 해석을 원하지 않을 때에는 따옴표 처리한다. 작은따옴표로 감싼 문자열은 해석하지 않고 그대로 명령어로 넘긴다.

```
$ grep '$VERBOSE' /etc/init.d/*
/etc/init.d/bootlogd: [ "$VERBOSE" != no ] && ...
...
```

큰따옴표(")로 감싼 문자열은 변수 풀이(해석) 후 명령어로 넘긴다.

```
$ grep "$HOME" /etc/passwd
user:x:1028:200:TEST User,,,:/home/user:/bin/tcsh
```

역사선(₩) 뒤에 이어지는 문자는 그대로 명령어로 넘긴다. 예를 들어 공백을 인수로 줄 때에는 역사선 뒤 한 칸을 비우면 된다.

```
$ ls -l foo\ bar*
-rw-r--r-- 1 user member 235 Feb 4 18:24 foo bar001
```

2. 리다이렉션과 파이프

UNIX에서는 콘솔에 문자를 표시할 때 printf( ) 등의 함수를 사용한다. 함수가 표준 출력에 문자를 쓰는 것이다. 마찬가지로 문자 입력은 표준 입력에서 읽어들이며 에러 메시지는 표준 에러 출력에 표시된다. 표준 입출력은 파일처럼 다룰 수 있기 때문에 파일에 대한 입출력과 콘솔의 입출력은 마찬가지 방식으로 취급할 수 있다.

파이프라는 특수한 입출력 수단을 사용함으로써 어떤 명령어의 표준 출력을 다른 명령어의 표준 입력으로 연결할 수도 있다. 이는 셸 기능으로, 다음과 같이 파이프 문자(|)로 이어서 기술한다.

```
% date | cut -2
```

위 예에서는 날짜를 표시하는 date 명령어의 출력을 문자열의 특정 부분만 잘라내는 cut 명령어와 연결한 것이다.

표준 출력의 내용을 파일에 쓸 수도 있다. 다음처럼 '>'로 쓸 파일을 지정하면 되는데, 이를 리다이렉션이라고 한다.

```
% tail -10 inputfile.txt > outputfile.txt
```

위 예에서는 inputfile.txt의 끝 10행을 outputfile.txt에 쓰고 있다. 표준 에러 출력과 표준 출력을 합쳐서 쓰는 예는 다음과 같다.

```
borne shell에서의 예
$ tail -10 inputfile.txt > stdout_and_err.txt 2>&1
c shell에서의 예
% tail -10 inputfile.txt &> stdout_and_err.txt
```

표준 에러 출력과 표준 출력을 나누어 쓰는 예는 다음과 같다.

▶ Bourne Shell에서의 예

```
$ find /usr > stdout.txt 2> stderr.txt
```

C Shell에서는 표준 에러 출력과 표준 출력을 다른 파일로 리다이렉션할 수 없다.

파이프 문자는 여러 단을 연결할 수 있는데, 파이프 도중 결과를 파일로 기록하고 싶은 때도 있을 것이다. 이때 사용하는 것이 tee 명령어다. 이 명령어 이름은 데이터가 T자 모양으로 흐르는 것에서 유래하였다.

```
% command_A | tee file | command_B > file.txt
```

3. UNIX의 파일 시스템

UNIX의 기본은 파일 조작이다. UNIX에서는 대부분의 시스템 자원을 파일로서 접근할 수 있다. UNIX의 파일 시스템은 다음과 같은 특징이 있다.

- 가능한 것은 모두 파일 시스템 노드로 나타낸다(Namespace).
- 데이터 형식을 강요하지 않고 바이트 스트림으로 취급한다.
- 명령어는 표준 입력에서 읽어들여 표준 출력에 쓰고 복수 명령어의 입출력을 연결한 파이프를 구성할 수 있다. 파이프는 파일 입출력과 마찬가지로 다룰 수 있다.

UNIX는 계층화 디렉터리 구조를 채택하고 있다. 디렉터리는 여러 개의 파일을 저장할 수 있는 것으로, 다른 운영체제에서는 폴더라고 부르기도 한다. 디렉터리 안에도 디렉터리를 저장할 수 있으므로 전체적으로 볼 때 계층을 가진 트리 구조가 된다(그림 2-1). 디렉터리의 나열을 패스(경로)라고 하며 경로는 빗금(/)으로 구분한다. Windows OS와는 달리 드라이브 문자가 없으므로 기준이 되는 루트 디렉터리는 하나다.

UNIX의 디렉터리 구성은 출시 역사와 제품별로 다양하지만, 현재 대부분의 OS에서는 FHS (Filesystem Hierarchy Standard)를 따르고 있다. FHS의 대표적인 디렉터리 구조는 다음과 같다.

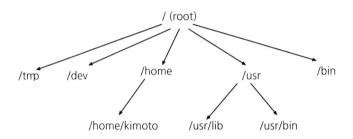

▲ **그림 2-1** UNIX의 디렉터리 트리

▼ **표 2-1** FHS에 규정된 디렉터리 구성

디렉터리	설명
/	파일 시스템 계층 전체의 최상위(루트 디렉터리)
/bin	싱글 사용자 모드에서 필요한 기본 명령어
/dev	디바이스 파일
/etc	시스템 동작이나 설정 관련 파일
/home	일반 사용자의 홈 디렉터리
/lib	/bin/이나 /sbin/에 있는 명령어 실행에 필요한 라이브러리
/mnt	파일 시스템의 임시 마운트에 사용됨
/root	root의 홈 디렉터리
/sbin	시스템 관리 관련 명령어
/tmp	임시 파일 저장소

디렉터리	설명
/usr	대부분의 애플리케이션 등이 들어 있음. 이 디렉터리 다음은 읽기 전용으로 운용할 수 있음.
/var	시스템 동작 시에 내용이 변하는 파일(로그 등)

앞서 UNIX 파일 시스템은 트리 구조로 되어 있다고 설명하였다. 트리 구조의 각 마디를 이루는 것이 디렉터리며 마디에서 뻗은 가지 끝이 노드에 해당한다. 파일은 노드의 한 종류에 불과하다. 아래에 노드 리스트를 정리하였다.

- 일반 파일
- 디렉터리
- 디바이스 파일
- 명명된 파이프(Named Pipe)
- 심볼릭 링크
- 소켓

노드는 파일 시스템 내에서 inode라는 데이터 구조로 표현한다. inode의 데이터 구조는 파일 시스템의 관리 영역에 배열되어 저장되어 있으며 배열 인덱스인 inode 번호를 사용하여 나타낼 수 있다.

UNIX에서는 같은 파일의 실체에 다른 이름을 붙일 수 있게 되어 있다. 이것을 링크라고 한다. 링크에는 하드 링크와 심볼릭 링크가 있다. 하드 링크는 서로 다른 파일명이 같은 inode를 가리키게 하는 것으로, 같은 파티션 내에 서로 다른 파일명을 부여할 수 있다. 그러나 디렉터리에 대한 하드 링크는 생성할 수 없다. 심볼릭 링크는 특수 파일에 대한 링크 경로가 기록된 것이며, 파티션 간에도 링크를 생성할 수 있다. 단, 이 경우 참조 시 디스크 접근이 한 번 더 늘어나게 된다.

4. 기본 파일 조작

파일 조작에 필요한 대표적인 명령어를 정리해 보았다.

cd

현재 디렉터리로 이동한다. 인수를 부여하지 않으면 홈 디렉터리로 이동한다. 현재 디렉터리는 프로세스가 상대 경로(/로 시작하지 않는 경로 지정)를 해석할 때 기준이 되는 디렉터리다. 프로세스는 실행 시작 시 현재 디렉터리의 설정을 부모 프로세스에서 이어받는다. 타 프로세스의 현재 디렉터리를 변경하는 기능은 마련되어 있지 않다. 셸 자신의 현재 디렉터리를 변경하는 cd 명령어는 기본 명령어로 구현되어 있다.

pwd

현재 디렉터리를 절대 경로로 표시한다.

ls

디렉터리의 파일 리스트를 표시한다. 디렉터리 지정이 없는 경우에는 현재 디렉터리의 내용을 표시한다.

기본 옵션

- **−l** 긴 서식 리스트(퍼미션, 소유자, 크기, 최종 수정 시각 등)를 표시한다.

- **−a** 모든 파일을 표시한다. 파일명이 마침표로 시작하는 파일을 포함한다(숨긴 파일과 같이 파일명이 마침표로 시작하는 파일은 −a를 부여하지 않을 때에는 표시되지 않는다).

mkdir

새 디렉터리를 생성한다.

기본 옵션

- **−p** 지정된 경로의 하위 디렉터리도 함께 생성한다.

rmdir

지정한 디렉터리를 삭제한다. 삭제할 때에는 대상 디렉터리가 비어 있어야 한다.

cp

파일을 복사한다. 복사할 대상으로 기존 디렉터리를 지정하면 해당 디렉터리에 파일이 복사된다. 복사할 대상으로 기존 파일을 지정하면 기존 파일에 덮어쓰기 된다.

기본 옵션

- **-p** 소유자, 그룹, 퍼미션, 타임스탬프 등 모든 정보를 보존한다.

- **-r** 디렉터리를 재귀적으로 복사한다.

- **-f** 복사 대상 기존 파일에 강제적으로 덮어쓰기 한다.

- **-i** 복사 대상에 덮어쓰기 전에 사용자에게 확인한다.

- **-P** 복사 원본이 심볼릭 링크면 심볼릭 링크로 복사한다.

  -P 옵션이 지정되지 않으면 심볼릭 링크는 같은 내용을 가진 일반 파일로서 복사된다.

mv

파일과 디렉터리를 이동하거나 이름을 변경한다.

기본 옵션

- **-f** 강제 이동한다.

- **-i** 복사 대상에 덮어쓰기 전에 사용자에게 확인한다.

rm

지정한 파일을 삭제한다.

기본 옵션

- **-r** 디렉터리를 지정한 경우 해당 디렉터리 전체와 서브 디렉터리의 내용을 포함한 모든 파일을
  삭제한다.

- **-i** 파일을 삭제하기 전에 사용자에게 확인한다.

- **-f** 퍼미션에 상관없이 사용자에게 확인하지 않고 파일을 강제 삭제한다.

ln

파일의 심볼릭 링크 또는 하드 링크를 생성한다.

기본 옵션

- **-s** 파일의 심볼릭 링크를 생성한다. -s 옵션을 붙이지 않으면 하드 링크가 생성된다.

- **-f** 지정 대상에 파일이 이미 있어도 강제적으로 생성한다.

cat

하나 또는 복수 파일을 읽어와 연결한 다음 표준 출력에 출력한다.

echo

인수로 주어진 문자열을 표시한다.

test

식을 평가한다. Bourne Shell은 조건식을 처리하는 기능은 갖고 있지 않으므로 test 명령어로 식을 평가하여 그 결과를 if 문으로 판정한다. test 명령어는 '['라는 이름의 명령어(FreeBSD는 /bin/[, Ubuntu는 /usr/bin/[)로도 존재하므로 if [$a = "b"] ; then과 같이 기술할 수 있다.

5. 퍼미션/소유자 관리

5.1 파일 퍼미션과 소유자에 대하여

UNIX에서는 각 파일(엄밀히 말하면 앞서 말한 노드)에 소유자/그룹/기타 사용자에 대한 퍼미션(접근 권한)을 설정할 수 있다. 퍼미션에는 파일 읽기(r), 쓰기(w), 실행(x) 세 종류가 있으며 퍼미션을 받지 못한 조작은 할 수 없다.

```
% ls -l permission
-rwxr-xr-- 1 user member 1024 Mar 30 16:39 permission
```

파일 퍼미션

퍼미션 대상	owner			group			other		
퍼미션	r	w	x	r	w	x	r	w	x

단, root (관리자)는 권한을 무시하고 파일에 접근할 수 있다.

5.2 파일의 퍼미션/소유자 조작 명령어

chmod

파일의 접근 권한(퍼미션)을 변경한다.

심볼 모드

- 접근 권한 심볼을 지정하여 변경한다. 다음 연산자와 접근 권한을 조합하여 지정한다.

연산자

- **+** 추가

- **−** 삭제

- **=** 대입(지정한 접근 권한에 한함)

접근 권한

- **r** 읽기

- **w** 쓰기

- **x** 실행

실행 권한을 추가하려면 +x라고 하면 된다.

```
% ls -l permission
-rw-r--r--    1    user    member 1468    Jan 31 18:53  permission
% chmod +x permission
% ls -l permission
-rwxr-xr-x    1    user    member 1468    Jan 31 18:53  permission
```

또한, 연산자 앞에 사용자를 지정할 수 있다(생략하면 전체 사용자가 대상이 되나 umask의 설정에 따라서도 달라진다).

사용자

- u 소유자
- g 그룹
- o 기타 사용자
- a 전체 사용자(ugo)

그룹의 쓰기 권한을 삭제하려면 g-w라고 기술한다.

```
% ls -l permission
-rw-rw-rw- 1 tem  member 1468  Jan 31 18:53  permission
% chmod g-w permission
% ls -l permission
-rw-r--rw- 1 tem  member 1468  Jan 31 18:53  permission
```

수치 모드

접근 권한의 비트 패턴을 8진수로 지정한다.

기본 옵션

- -R 디렉터리가 포함된 경우, 해당 디렉터리 내의 접근 권한도 재귀적으로 변경한다.

chown

파일 소유자를 변경한다.

기본 옵션

- -R 디렉터리가 포함된 경우, 해당 디렉터리 내의 접근 권한도 새귀석으로 변경한다.

chgrp

파일 소유 그룹을 변경한다.

기본 옵션

- -R 디렉터리가 포함된 경우, 해당 디렉터리 내의 접근 권한도 재귀적으로 변경한다.

umask

파일 생성 시 퍼미션에 적용되는 마스크 값을 변경한다.

5.3 퍼미션의 특수한 예

디렉터리에 대한 퍼미션

디렉터리에 대한 실행권은 '해당 디렉터리로 갈 수 있는 권한'을 말한다. 예를 들어 /directory_a/directory_b/directory_c/file이라는 경로가 있을 때 directory_b에 대한 읽기 권한이 없어도 실행 권한이 있으면 file에 접근할 수 있다(물론, directory_c에 대한 읽기 권한은 필요하다).

실수로 중간 디렉터리의 실행 권한을 빠뜨리면 하위 디렉터리나 파일의 읽기 권한이 있음에도 해당 디렉터리에 접근할 수 없게 되므로 주의할 필요가 있다. 특히 관리자 권한으로 작업한다면 작업자는 접근할 수 있지만, 일반 사용자 권한으로는 접근할 수 없는 증상이 발생하게 되어 이를 복구하는 데 시간을 낭비하게 된다.

sticky bit와 setuid bit

퍼미션에는 sticky bit, set-uid bit, set-gid bit라는 특수한 bit가 있다. 각 파일에 대해 설정된 것과 디렉터리에 설정된 것은 다른 의미가 있다. 초보자에게는 필요 없을지도 모르지만, 잘 사용한다면 유용한 기능이기도 하다.

sticky bit는 chmod 명령어의 t 플래그로 설정한다. 실행 파일에 sticky bit가 설정된 경우 메모리가 읽은 실행 파일의 내용이 프로그램 종료 후에도 메모리에 그대로 남게 된다. 하지만, 최근에는 메모리 대용량화, 디스크 처리 속도 고속화 등으로 말미암아 이 동작을 하지 않는 UNIX도 느는 추세다. FreeBSD와 Linux에서는 실행 파일의 sticky bit는 무시한다.

디렉터리에 sticky bit가 설정된 경우 해당 디렉터리에 생성된 파일의 삭제나 파일명 변경은 파일 소유자, 디렉터리 소유자, root (관리자)만이 가능하다. 이 기능은 일반적으로 /tmp 등에서 사용한다.

/tmp는 모든 사용자에 대한 쓰기 권한이 설정되어 있기 때문에 그대로 두면 내가 생성한 파일을 다른 사용자가 지워버릴 수도 있다. 이를 방지하기 위하여 /tmp에 sticky bit를 설정함으로써 일반 사용자가 타 사용자의 파일을 삭제할 수 없도록 하고 있다.

set-uid bit와 set-gid bit는 chmod 명령어의 s 플래그로 설정한다. 실행 파일에 대하여 set-uid bit가 설정된 경우 해당 프로그램은 파일의 소유자 권한(실효 UID)으로 실행되며 set-gid bit가 설정된 경우 해당 프로그램은 파일의 그룹 권한(실효 GID)으로 실행된다.

디렉터리에 set-gid bit가 설정된 경우 하위에 생성된 파일은 디렉터리의 그룹 적용을 그대로 이어받는다. 이 기능은 그룹 내에서 파일을 공유할 때에 유용하며 실제로 Subversion이나 git 등의 버전 관리 시스템을 사용하여 여러 명의 사용자가 공동 개발 작업을 진행할 때 사용한다. 디렉터리에 set-uid bit가 설정된 경우 Linux에서는 무시하며 FreeBSD에서는 set-gid bit와 마찬가지로 동작한다.

6. 정규표현

정규표현(Regular Expression)이란 문자의 종류나 표기 순서 규칙에 따라 텍스트를 표기하는 것을 말한다. UNIX 도구에서는 문자열 검색이나 편집에 정규표현을 사용하고 있다.

예를 들어, a가 3개 이어지고 b가 4개 이이지는 문자열은 aaabbbb라고 표현한다. 하지만, aaaaabbbbb라는 문자열도 이 조건을 만족한다. aaabbbb에 완벽히 맞아떨어지는 문자열로만 제한하고 싶다면 문자열 처음과 끝에 시작과 끝을 의미하는 기호를 붙여 '^aaabbbb$'라고 표기한다. 또한, 문자 수가 세 개나 네 개가 아닌 100 또는 2,000개인 경우를 표현할 때에 이 문자를 모두 표기하기는 어렵다. 이때에는 반복 회수를 지정하여 '^a{3}b{4}$'와 같은 식으로 표현할 수 있다.

조금 더 실용적인 예로, 정규표현을 이용해 영어로 월을 기술해 보겠다. 가장 단순한 표현은 모든 요소를 '|'(또는)로 열거하는 방법이다.

```
^(January|February|March|April|May|June|July|August|September|
October|November|December)$
```

그런데 1월과 2월은 모두 uary로 끝나며, 6월과 7월은 Ju로 시작되고, 9월과 12월은 ber로 끝난다. 이 규칙성에 따라서 다음과 같이 표현할 수도 있다.

```
^((Jan|Febr)uary|March|April|May|Ju(ne|ly)|August|(Septem|
Octo|Novem|Decem)ber)$
```

이 외에도 생각나는 대로 규칙을 더 찾아서 적용해 보면 다음과 같이 표현할 수도 있다.

```
^((Jan|Febr)uary|Ma(rch|y)|A(pril|ugust)|Ju(ne|ly)|
((Sept|Nov|Dec)em|Octo)ber)$
```

표 2-2에 정규표현에서 사용하는 주요 기호(메타 문자)와 그 뜻을 정리하였다.

▼ **표 2-2** 정규표현에 사용하는 기호

^	행의 시작
$	행의 끝
.	줄 바꿈 이외에 임의의 문자
*	직전 정규표현을 0회 이상 반복
{m}	직전 정규표현을 m회 반복
|	또는

[...]	... 안의 임의의 한 문자
[^...]	... 이외에 임의의 한 문자
(...)	그룹화
₩(...₩)	그룹화(sed)

UNIX에서는 다음과 같은 도구에서 정규표현을 사용할 수 있으나 도구에 따라서는 서식이 약간 달라지기도 한다.

- sed
- awk
- grep, egrep
- vi
- emacs

또한, Java나 Perl과 같은 프로그래밍 언어는 라이브러리 또는 언어 기능으로써 정규표현을 취급할 수 있다.

그리고 커맨드라인에서 정규표현을 지정할 때에는 셸이 정규표현에서 사용하는 기호를 해석할 수 있으므로 주의해야 한다. 작은따옴표(')나 큰따옴표(")로 감싸도록 하자.

7. grep

grep 명령어의 기본 기능은 지정된 입력(파일, 표준 입력) 중에서 지정된 패턴에 매치되는 문자열을 포함한 행을 선택하는 것이다. 기본적인 사용법은 다음과 같다.

```
% grep pattern filename
```

pattern은 정규표현으로 지정한다.

grep 계열 명령어로는 egrep, fgrep도 있다. 모두 문자열 검색이라는 기본적인 기능은 마찬가지지만, 사용 방법이 약간 다르다. egrep은 grep과는 달리 pattern에 완전한 정규표현을 지정할 수 있다. fgrep은 pattern에 정규표현을 지정하지 못하는 대신 빠른 처리가 가능하다.

7.1 grep 사용 예시

/usr/dict/words라는 파일에서 문자열을 검색하는 예를 몇 가지 들어보겠다. 이 파일에는 영어 단어가 한 행에 하나씩 기술되어 있다.

먼저 example을 포함하는 단어를 검색해보자.

```
% grep example /usr/dict/words
enexampleable
example
exampleful
perexample
reinexample
workexample
%
```

다음으로, 정규표현을 사용해보자.

l, u, k, e라는 문자를 이 순서대로 포함하는 문자열을 검색한다.

```
% grep -i '[^l]*l[^u]*u[^k]*k[^e]*e' /usr/dict/words
bluejacket
fluke
leukemia
loudspeaker
Luke
luke
lukemia
lukewarm
McCluskey
Milwaukee
Telefunken
%
```

7.2 egrep 사용 예시

egrep을 사용하면 |(또는)를 사용한 정규표현을 기술할 수 있다.

```
% egrep -i 'example\{|\}[^l]*l[^u]*u[^k]*k[^e]*e' /usr/dict/words
bluejacket
enexampleable
fluke
example
exampleful
leukemia
loudspeaker
Luke
luke
lukemia
lukewarm
McCluskey
Milwaukee
```

```
perexample
reinexample
Telefunken
workexample
%
```

8. sed

sed는 Stream Editor라는 뜻의 명령어다. 파일이나 표준 입력에서 읽어들인 데이터를 지정된 명령어에 따라서 편집하여 출력한다. 패턴 매치뿐만 아니라 문자열의 치환이나 재배치 등 더 복잡한 편집이 가능하다. 기본적인 사용법은 다음과 같다.

```
% sed 'script' filename
```

위 예는 filename에서 읽어들인 각 행에 대하여 script에 지정한 처리를 하여 그 결과를 표준 출력에 표시하는 것이다. script에는 sed 편집 명령어를 기술한다. 또한, script는 미리 파일에 기술해 둘 수도 있다.

8.1 sed 사용 예시

가장 사용빈도가 높은 s 명령어 사용 예시를 살펴보자.

s 명령어는 패턴에 일치된 문자열을 다른 문자열로 치환한다. 기본적인 서식은 다음과 같다.

```
s/pattern/replacement/flags
```

pattern에는 검색할 정규표현을 기술한다. replacement는 치환할 문자열이다. 이 부분을 비워두면 매치된 문자열을 삭제하는 것을 의미한다. flags는 동작을 변경하는 플래그로, 여기서는 설명을 생략하겠다.

다음의 프로그램 예시에는 C++ 언어 스타일로 주석(코멘트)이 기술되어 있다. sed를 사용하여 이 프로그램의 명령어를 C 언어 스타일의 주석으로 변환해보자.

```
% cat sample.c
//
// 주석 줄
//
#include <stdio.h>
int
main(int argc, char* argv[])
{
    // 주석 줄 1
    // 주석 줄 2
    if (argc == 1)
        // 주석 줄 3
        printf("sed는 쉽다!!\n");
    else
        // 주석 줄 4
        printf("sed는 어렵다!!\n");
    return 0;
}
%
```

다음과 같이 생각해보자. 우선 //앞뒤 문자열은 변경할 필요가 없으므로 그대로 출력해야 한다. 따라서 정규표현의 그룹화 지정을 사용하여 재이용하도록 한다. 그리고 // 뒤부터 행 끝까지가 명령어이므로, 이 부분을 출력할 때에는 /*와 */로 감싼다. 기타 행은 아무것도 손대지 않고 그대로 출력한다.

실행 결과는 다음과 같다.

```
% sed -e 's/\([ ]*\)\/\/\(.*\)$/\1\/*\2 *\//' sample.c
/* */
/* 주석 줄 */
/* */
#include <stdio.h>
int
main(int argc, char* argv[])
{
    /* 주석 줄 1*/
    /* 주석 줄 2*/
    if (argc == 1)
        /* 주석 줄 3*/
        printf("sed은 쉽다!!\n");
    else
        /* 주석 줄 4*/
        printf("sed는 어렵다!!\n");
    return 0;
}
%
```

패턴 문자열은 ₩([ ]*₩)₩/₩/₩(.*₩)$가 된다. 지면상으로는 알기 어려우나 [ ] 안은 " "(공백)으로 탭 문자가 하나 들어가 있다. C++ 언어의 주석 시작을 나타내는 //는 sed의 구분 문자 /와 중복되므로 이스케이프(escape)하고 있다.

치환 문자열은 ₩1₩/*₩2 *₩/이 된다. ₩1과 ₩2는 그룹화한 패턴에 매치된 문자열을 사용하기 위한 지정이다. ₩2를 C 언어 주석으로 출력할 수 있도록 앞뒤를 /*와 */로 감싼다. 이들 /도 이스케이프해야 한다.

위 예처럼 이스케이프할 /가 지나치게 많으면 정규표현을 읽기가 어려워진다. 이럴 때는 구분 문자로 /가 아닌 다른 것을 사용하도록 한다. 예를 들어 반점(,)을 사용하여 다음과 같이 기술할 수 있다.

```
sed -e 's,\([ ]*\)//\(.*\)$,\1/*\2 */,' sample.c
```

9. awk

awk[1]는 지정된 입력을 한 줄씩 읽어들여 패턴에 매치된 행에 대해 특정 처리를 한다. 기본적인 사용법은 다음과 같다.

```
% awk 'program' filename
```

프로그램은 다음과 같은 형식으로 기술한다.

```
pattern { action }
pattern { action }
...
```

pattern은 정규표현으로 지정한다. action에는 매치된 행을 발견했을 때 실행할 처리를 기술한다.

action에 기술할 수 있는 처리에는 awk의 조합 함수(printf, substr, split 등) 외에도 산술연산, 조건 분기, 반복 처리 등이 있다. 또한, 변수나 연상 배열을 사용할 수도 있다.

---

1   개발자인 Aho, Weinberg, Kernighan의 앞글자를 딴 것이다.

9.1 awk 사용 예시

awk를 사용하여 /usr/local/bin에 들어 있는 파일의 이름과 크기를 리스트로 표시해보자.

```
% ls -l /usr/local/bin| awk '/^-/ {printf "%s,%d n",$9, $5}'
VFlib2-config,2509
VFlib3-config,2827
a2p,122468
a2ps,27798
~ 생략 ~
zipinfo,126600
zipnote,31972
zipsplit,34100
%
```

printf( ) 함수는 C 언어 표준 라이브러리의 printf( ) 함수와 거의 비슷한 서식 지정을 받아들인다. awk가 읽어들인 행은 단어 구분 문자(기본값은 공백)로 구분 지으며, 앞쪽부터 순서대로 $n의 임시 변수로 설정한다. 위 예에서는 'ls −l'의 출력 각 행의 9번째와 5번째의 단어를 콤마로 구분 지어 출력하고 있다.

다음 예는 로그를 집계하는 awk 스크립트다. /var/log/syslog에 들어 있는 각 행의 첫머리에는 mmdd hh:MM:ss라는 서식으로 해당 로그가 생성된 일시가 표시되어 있다. 로그 건수를 매일 집계하기 위하여 연상 배열을 사용하고 있다.

```
% cat count.awk
   { count[$1" "$2]+= 1 }
END { for (mmdd in count)
    printf "%s: %d\n", mmdd, count[mmdd]
   }
% awk -f count.awk /var/log/syslog
Mar 20: 2946
Mar 21: 3694
```

```
Mar 22: 667
%
```

awk에 지정하는 스크립트가 길 때에는 이를 미리 파일로 기술해두고 -f 옵션으로 스크립트 파일을 지정하여 읽어올 수 있다. 변수 count는 [ ]를 사용하여 배열로 조작하고, 배열의 요소 지정에 숫자 이외에 문자열을 사용하여 연상 배열로 다루고 있다.

10. 아카이버

여러 파일을 하나로 묶고 압축하여 간단하게 데이터를 저장하고 이동시킬 수 있다. 여기에서는 UNIX에서 이용하는 대표적인 아카이브 도구와 압축 도구에 대해 설명하겠다.

10.1 tar

UNIX에서 오래전부터 쓰여온 아카이브 도구로, tape archiver의 약칭이다. 원래는 디스크상의 파일을 선택적으로 테이프 장치에 저장하려는 것이었으나, 테이프 장치를 더는 사용하지 않게 된 현재도 UNIX에서는 가장 대표적인 아카이버로 사용하고 있다. tar로 묶인 아카이브 파일(tar 파일이라고 부르기도 한다)은 기본적으로 확장자 '.tar'이 붙는다.

tar에는 몇 가지 관리 정보 저장 형식이 있으며 저장할 수 있는 정보(예를 들어 파일 퍼미션) 등에 미묘한 차이가 있다. 현재는 POSIX 1003.1-2001에 규정된 pax 사양을 가장 많이 사용하고 있다. 형식이 다른 tar 파일은 해석할 수 없을 때도 있으므로 주의할 필요가 있다.

tar의 대표적인 옵션은 다음과 같다.

동작 지정 옵션

- **-x** 아카이브 파일을 푼다.

- **-t** 아카이브 파일에 포함된 내용을 표시한다.

- **-c** 아카이브 파일을 생성한다.

- **-r** 아카이브 파일에 추가로 기술한다.

기타 옵션

- **-f** 아카이브 파일명을 지정한다.

- **-Z** 아카이브 파일이 compress 압축되도록 지정한다.

- **-z** 아카이브 파일이 gzip 압축되도록 지정한다.

- **-X** 제외할 파일명 리스트를 지정한다.

- **-p** 파일, 디렉터리의 퍼미션 정보를 복원한다.

또한, BSD와 Ubuntu (GNU tar)는 탑재된 tar의 구현이 다르므로 옵션 등의 설정 방법에 호환성이 없다. 매뉴얼을 열어 사용법을 확인하도록 하자.

10.2 cpio

UNIX 표준 아카이브 도구로, 'copy in and out'의 약자다. 기능이 많지만, 조작이 복잡하기 때문에 사용자가 직접 다루는 도구로는 많이 이용하지 않는다. 그러나 RPM 패키지 아카이브 형식이나 Linux의 RAMDISK 이미지 아카이브 형식 등 중요한 곳에 사용하고 있다.

10.3 compress

UNIX에서 오랫동안 사용한 압축 도구다. compress로 압축된 파일은 확장자 '.Z'가 붙는다. LZW 알고리즘을 사용하고 있으나 특허나 라이선스 문제로 요즘은 거의 사용하지 않고 있다. 최근 Linux에는 탑재되어 있지 않은 경우도 많다.

10.4 gzip

GNU 프로젝트로 개발된 압축 도구로, 현재 UNIX에서 가장 많이 사용하고 있다. 압축률은 compress보다 높다. gzip으로 압축된 파일에는 확장자 '.gz'가 붙는다. 또한, tar로 아카이브한 것을 gzip으로 압축한 파일(tarball이라고 부르기도 한다)은 확장자로 '.tar.gz' 또는 '.tgz'가 붙는다.

10.5 bzip2

bzip2는 2000년경부터 사용하기 시작한 압축 도구로, 지금도 많이 쓰고 있다. 압축률은 gzip보다 좋으나 처리 속도가 약간 떨어진다. bzip2로 압축된 파일은 확장자 '.bz2'가 붙는다. 또한, tar로 아카이브한 것을 bzip2로 압축한 파일은 확장자에 '.tar.bz2'가 붙는 경우가 많다.

10.6 lzma

lzma는 Windows나 Linux에서 이용하는 압축 도구로, gzip이나 bzip2보다 압축률은 좋지만, 처리 속도는 더 느리다. Linux에는 xz라는 이름의 명령어로 탑재된 것도 있다. 지금은 그다지 일반적으로 사용하는 도구는 아니지만, 높은 압축률이 필요한 곳에서 이용하고 있다.

10.7 zip

zip은 Windows에서 많이 쓰이는 아카이브 형식이며 동시에 압축까지 할 수 있다. 보통 UNIX나 Linux에서는 zip 형식을 많이 쓰지 않지만, Windows와의 파일 이동 등에 사용하는 경우가 많다. zip 형식으로 아카이브된 파일은 확장자 '.zip'이 붙는다.

FreeBSD에는 압축을 해제하는 unzip 명령어만 기본적으로 설치되어 있으며 아카이브와 압축을 하는 zip 명령어는 따로 설치해야 한다. 단, FreeBSD에 기본 설치된 unzip은 다국어 지원 버전이 아니므로 별도로 다국어 지원 버전을 설치하는 것이 좋다. Ubuntu에는 zip, unzip 모두 기본적으로 설치되어 있다.

11. 기타 명령어

지금부터는 자주 사용하는 기타 명령어를 몇 가지 소개하겠다. 첫 번째는 텍스트 파일을 표시하는 명령어다.

more
텍스트 파일의 내용을 한 화면씩 표시한다.

less
텍스트 파일의 내용을 한 화면씩 표시한다. 앞 화면으로 돌아가거나 한 행씩 앞뒤 이동이 가능하여 more보다 기능이 많다. 지금은 FreeBSD나 Ubuntu 모두 more와 less의 실체는 같다.

lv

텍스트 파일의 내용을 한 화면씩 표시한다. more, less와 같은 기능이 있으며 여기에 추가로 UTF-8을 비롯한 다양한 문자 코드 변환 기능을 가지고 있다. FreeBSD, Ubuntu 모두 lv는 기본으로 설치되어 있지 않기 때문에 추가 설치가 필요하다.

다음으로, 복수 파일의 차이를 제거하는 프로그램인 diff와 diff3을 소개하겠다. 모두 텍스트 파일을 대상으로 하며, diff는 2개의 파일, diff3은 3개의 파일만큼 차이를 추출할 수 있다.

추출한 차이는 patch 명령어를 사용하여 원래 파일에 적용할 수 있다. 소스 코드나 설정 파일 등 UNIX에서는 텍스트 파일의 차이를 비교하거나 그 차이점을 타인에게 보내어 이를 똑같이 적용하게 하는 경우가 많다. 단, 차이를 메일로 보낼 때에는 주의가 필요하다. 문자 코드나 줄 바꿈 코드가 메일 프로그램에 따라 변환되어 깨지는 경우가 있으므로 바이너리 형식으로 보내는 등 다른 방법을 써야 하기 때문이다.

Chapter **03**

텍스트 에디터

1. 기본 텍스트 에디터

이번에는 UNIX에 반드시 설치된 기본 텍스트 에디터 ed를 소개하겠다.

1.1 ed

ed란 행(라인) 기반 텍스트 에디터를 말한다. 실행하는 동작에 대해 명령어를 발행하고 행 단위로 편집을 수행한다. 현재는 ed를 거의 사용하지 않지만, 아주 작은 명령어여서 UNIX 환경에는 반드시 설치되어 있기 때문에 비상시에 최후의 수단으로 쓰이기도 한다.

여기에서는 ed의 간단한 이용 방법을 소개하도록 하겠다.

우선은 ed를 실행해보자. 커맨드라인에 ed를 입력한다. 실행한 후에 별도의 메시지 등은 표시되지 않는다.

```
$ ed
```

기존 파일을 열 때에는 ed 명령어의 인수로 파일 이름을 지정한다. ed의 인수에 파일명을 주면 ed 실행 후에 숫자가 표시된다. 이것은 열린 파일의 바이트 수를 나타낸다.

```
$ ed CHANGES
280503
```

일단 종료 방법을 확인해 두자. q라고 입력하고 [Enter]를 친다. 이것으로 ed는 종료된다.

```
q
```

ed를 사용한 텍스트 편집은 vi의 ex 명령어를 아는 사람이라면 이해하기 쉬울 것이다. 기본적으로는 다음 동작을 반복한다.

1. ed 명령어 실행
2. 1에서 실행한 명령어의 결과를 표시

명령어는 다음 포맷으로 실행한다. 예를 들어 5부터 7행까지를 대상으로 하는 명령어를 실행하는 경우 '5,7n'과 같이 명령어를 입력한다.

```
[address[,address]]command[parameters]
```

앞에서 들었던 예도 실은 q라는 명령어를 실행했던 것이었다. 다음과 같은 셸 경로 리스트가 기재된 파일을 사용하여 간단히 조작 예를 살펴보자.

```
% cat shells
/bin/csh
/bin/zsh
/bin/bash
/bin/sh
```

```
/bin/ksh
/bin/false
/bin/dash
```

ed로 shells 파일을 읽어 온다. 66은 shells 파일의 바이트 크기다.

```
% ed shells
66
```

ed는 행 기반 에디터라는 것을 앞서 설명하였다. 따라서 현재 보려는 행을 내부 어딘가에 가지고 있으며 실행 직후에는 가장 마지막 행을 표시한다. 현재 보는 행의 내용은 . 명령어로 확인할 수 있다.

```
.
/bin/dash
```

행 번호를 입력하여 보는 행을 변경할 수 있다. 3행으로 이동하고 싶다면 3이라고 입력한다.

```
3
/bin/bash
.
/bin/bash
```

행 기반이지만 p 명령어를 이용하여 파일 전체를 표시할 수도 있다. p 명령어는 지정 범위의 행 내용을 표시해준다. 포맷은 '시작행,종료행p'다. 종료행은 $로 대체할 수 있다. 따라서 '1,$p'라고 입력하면 파일의 내용 전체를 표시할 수 있다.

```
1,$p
/bin/csh
/bin/zsh
/bin/bash
/bin/sh
/bin/ksh
/bin/false
/bin/dash
```

파일의 내용을 열람하는 방법을 알아보았으니 다음으로 2행에 /bin/tcsh를 추가해보자. 행을 추가할 때에는 a 명령어를 사용한다. 2행이므로 1행 다음에 추가하는 것이니 1a라고 입력한다. a 명령어를 실행하면 ed는 input mode로 진입한다. input mode에서는 모든 명령어 입력은 무효화되며 마침표 하나만 들어 있는 행을 입력하면 input mode에서 빠져 나올 수 있다. 다음과 같이 입력하면 된다.

```
1a
/bin/tcsh
.
```

다음과 같이 행이 추가된 것을 확인할 수 있다.

```
1,$p
/bin/csh
/bin/tcsh
/bin/zsh
/bin/bash
/bin/sh
/bin/ksh
/bin/false
/bin/dash
```

다음은 /bin/false 행을 삭제해보자. 삭제할 때에는 d 명령어를 쓴다. /bin/false는 7행에 있으므로 7d라고 입력한다.

```
7d
1,$p
/bin/csh
/bin/tcsh
/bin/zsh
/bin/bash
/bin/sh
/bin/ksh
/bin/dash
```

추가와 삭제를 확인하였으니 다음으로는 편집을 해보자. 여러 가지 방법이 있지만, 여기에서는 정규표현을 사용한 치환을 해보도록 하겠다. 's/정규표현/치환문자열/g'를 사용하여 /bin/dash를 /bin/ash로 변경해보자. 7행을 대상으로 명령어를 발행하므로 7s/dash/ash/g와 같이 명령어를 입력한다.

```
7s/dash/ash/g
1,$p
/bin/csh
/bin/tcsh
/bin/zsh
/bin/bash
/bin/sh
/bin/ksh
/bin/ash
```

마지막으로 편집 결과를 저장하고 종료한다. 저장 시에는 w 명령어를 사용한다. w 명령어를 실행하면 파일의 바이트 크기가 표시된다.

```
w
64
q
```

ed의 기본적인 명령어를 표 3-1에 정리해 보았다.

▼ 표 3-1 ed 명령어 예

표기	설명
(.)a	지정한 행 후에 입력할 행을 추가한다.
(.,.)c	지정한 범위의 행을 입력한 내용과 치환한다.
(.,.)d	지정한 범위의 행을 삭제한다.
(.)i	지정한 행 앞에 입력한 행을 추가한다.
(.,.+1)j	지정한 범위의 행을 연결하여 한 행으로 만든다.
(.,.)n	지정한 범위의 행을 행 번호를 붙여 표시한다.
(.,.)p	지정한 범위의 행을 표시한다.
(.,.)s/re/replacement/g	지정한 범위의 행에서 정규표현 re에 매치되는 행을 replacement로 치환한다.
(1,$)w file	지정 범위의 행을 파일에 쓴다.
u	가장 마지막에 실행한 명령어를 취소한다.
q	ed를 종료한다.

ed 명령어는 이외에도 여러 가지가 존재한다. 자세한 것은 ed의 매뉴얼을 참조한다. GNU ed인 경우에는 ed의 info를 참조하기 바란다.

2. 제한된 환경에서의 파일 편집

UNIX 엔지니어는 때로는 텍스트 에디터조차 없는 가혹한 환경에서도 작업해야 한다(예를 들어 파일 시스템을 날린 경우나 임베디드 환경 등). 이런 환경에도 당황하지 않고 최소한 의 작업을 수행할 수 있도록 연습해 두자.

2.1 echo

앞서 설명했듯이 echo는 인수로 준 내용을 표준 출력에 출력하는 명령어다. 이 명령어로도 셸의 리다이렉트 등을 잘 활용하면 파일을 생성, 편집, 열람할 수 있다.

echo를 에디터로 사용하는 경우는 거의 없으나, 예를 들어 시스템 업그레이드 실패 등으로 말미암아 시스템의 /usr 다음이 훼손되어 에디터를 쓸 수 없게 되었을 때 등에 긴급 대체 수단으로 이용할 수 있다.

echo는 셸의 내장 명령어(빌트인 커맨드)이므로 셸만 이용할 수 있는 상황이라면 여러 가 지 용도로 활용할 수 있다. 파일의 생성, 추가 모두 셸 리다이렉트를 이용한다.

파일 생성 방법은 다음과 같다. 다음에서는 foo라는 내용을 가진 파일 XXX.txt가 생성된다.

```
% echo foo > XXX.txt
```

행 추가 방법은 다음과 같다. 다음에서는 YYY.txt의 끝에 bar라는 행을 추가하고 있다.

```
% echo bar >> YYY.txt
```

echo만으로 특정 설정 파일을 덮어쓰기 할 때에는 >로 대상 파일의 기존 내용을 삭제하고 덮어씌우고 >>로 한 행씩 행을 추가하면 된다.

또한, 셸의 내장 함수 read와 함께 사용하여 파일을 열람할 수도 있다. 다음 커맨드라인은 zzz.txt의 내용을 모두 표준 출력에 출력하는 것이다. echo, read, while은 모두 셸의 내장 명령어이므로 셸만 제대로 이용할 수 있으면 다양하게 활용할 수 있다.

```
% while read line; do echo $line; done < ZZZ.txt
```

2.2 cat이나 에디터를 사용하지 않고 파일 내용 보기

셸의 내장 명령어인 echo, read, 입력 리다이렉션을 다음과 같이 사용하면 파일의 내용도 볼 수 있다.

```
$ read -rd '' file <filename ; echo "$file
```

read는 표준 입력에서 내용을 읽어들여 그 내용을 변수로 저장하는 명령어다. 그리고 다음 echo로 셸 변수를 표시하고 있다.

2.3 cat이나 에디터를 사용하지 않고 파일 생성

셸의 내장 명령어와 출력 리다이렉션을 사용하여 빈 파일을 생성할 수 있다.

```
$ echo -n > filename
```

비어 있지 않은 파일을 생성하려면 다음과 같이 echo 인수를 지정한다.

```
$ echo "hoge\npiyo" > foo
$ cat foo
hoge
piyo
```

2.4 ls를 사용하지 않고 파일 리스트 보기

ls가 없을 때 파일 리스트를 참조하려면 echo 인수에 와일드카드를 주면 된다. 셸의 파일명 해석 기능을 이용하는 것이다.

```
$ echo *
```

2.5 cp를 사용하지 않고 파일 복사

cp가 없을 때 파일을 복사하려면 cat에 출력 리다이렉션을 하면 된다. 즉, 다음 두 개의 명령어는 같은 뜻을 나타낸다.

```
$ cp src dest
$ cat <src >dest
```

cat을 쓰지 않고 파일을 표시하는 방법을 응용하면 파일 복사는 echo와 read만으로도 실행할 수 있다.

```
$ read -rd '' src <src ; echo "$src" >dest
```

3. Vi와 Vim

3.1 Vi란?

Vi는 BSD의 개발자인 빌 조이가 개발한 화면(비주얼) 에디터다. 현재 거의 모든 UNIX에 초기 상태로 설치되어 있기 때문에 일반 텍스트 편집에 다른 에디터를 사용하는 사용자라도 vi의 기본 조작 방법은 알아두는 것이 좋다.

vi에는 vi 클론이라는 호환 에디터가 몇 가지 있으며, vi 명령어를 실행했을 때에 실제로 실행되는 것은 클론 에디터인 경우가 많다. 예를 들어 FreeBSD에서는 /usr/bin/vi의 실체는 nvi이다. Ubuntu의 /usr/bin/vi의 실체는 vim이다. nvi는 오리지널인 vi와 거의 같은 기능을 가진 간결한 에디터지만, vim은 더 많은 확장 기능을 가진 고기능 에디터다.

vi를 항상 메인 에디터로 사용하는 사용자라면 실제로는 vim을 사용하는 경우가 많을 것이라고 본다. 따라서 이 책에서는 vim의 이용 방법에 대해 설명하도록 하겠다.

3.2 Vim이란?

Vim은 외부 플러그인을 설치하여 다양한 애플리케이션을 실행할 수도 있는 텍스트 에디터다.

Vim은 커맨드라인에서 다음과 같이 구동할 수 있다.

```
$ vim
```

Vim은 실행 시 설정을 ~/.vim 파일에서 읽어 온다. 이 ~/.vim 파일을 수정하여 각 사용자가 Vim의 동작을 자유롭게 설정할 수 있다.

3.3 Vim의 기본 조작

Emacs와는 달리 Vim은 모드가 있으며 노멀 모드에서는 커서 이동과 기본적인 편집을, 인서트 모드에서는 문자를 삽입할 수 있다. 실제로는 인서트 모드에서도 화살표 방향키로 이동할 수 있다. 하지만, 일반 키보드는 방향키를 조작하려면 일단 손가락을 홈 포지션에서 떼어야 하기 때문에 효율 면에서 권장하고 싶지 않으며, 또한 지나치게 초보적인 조작 방법이므로 되도록 쓰지 않는 것이 좋다.

노멀 모드에서 i를 입력하면 인서트 모드(삽입 모드)로 진입한다. 인서트 모드에서는 누른 키가 그대로 파일에 입력된다. 일반 에디터의 입력과 거의 비슷한 모드다.

노멀 모드에서 :를 입력하면 커맨드라인 모드(ex 모드)로 진입하여 셸처럼 명령어를 해석하게 된다. Vim을 종료하려면 일단 커맨드라인 모드로 진입하여 :quit을 입력하고 Enter 또는 Return 키를 누른다.

또한, Vim을 조작할 때에는 여러 키를 연속으로 눌러야 하는 경우가 있다. 예를 들어 Ctrl 을 누른 상태에서 W 키를 누르고 이어 C 를 누른다. 이를 이 책에서는 〈C-w〉c라는 방식으로 표기하도록 하겠다.

▼ 표 3-2 노멀 모드의 대표적인 키 할당

키	설명
j	위로 커서 이동
k	다음으로 커서 이동
l	오른쪽으로 커서 이동
h	왼쪽으로 커서 이동
0	행 처음으로 커서 이동
$	행 끝으로 커서 이동
i	인서트 모드 진입
:	커맨드라인 모드 진입
x	커서 위치에 있는 문자 삭제
D	커서 위치부터 행 끝까지 삭제
p	삭제한 문자열 붙여 넣기
yy	한 행 복사
dd	한 행 삭제
u	바로 전 조작을 취소

▼ **표 3-3** 커맨드라인 모드의 기본적인 명령어

키	설명
:q[uit]	Vim 종료
:q[uit]!	Vim 강제 종료
:w[rite] {파일명}	파일로 저장
:e[dit] {파일명}	파일 편집

3.4 Vim의 튜토리얼

Vim 사용법은 Vim 튜토리얼을 통해 익힐 수 있다. 셸에서 다음 명령어를 입력하면 Vim 튜토리얼을 실행한다.

```
$ vimtutor
```

3.5 Vim의 help

Vim에는 다양한 help가 준비되어 있다. Vim을 능숙하게 활용하려면 일단 이 Vim help를 자유자재로 찾을 수 있어야 한다. 지금부터 실제로 :help를 찾아보도록 하자. 이번에는 :edit 명령어에 대한 자세한 내용을 찾아보겠다. 먼저 다음 명령어를 실행한다.

```
:help :edit
```

다음과 같은 설명 창이 표시될 것이다. 이 창을 help 창이라고 부른다. 〈C-w〉c 키를 누르거나 :quit으로 닫을 수 있다.

```
:e[dit] [++opt] [+cmd] Edit the current file. This is useful to re-edit the
    current file, when it has been changed outside of Vim.
    This fails when changes have been made to the current
    buffer and 'autowriteall' isn't set or the file can't
    be written.
    Also see |++opt| and |+cmd|.
    {Vi: no ++opt}
:e[dit] [++opt] [+cmd] {file}
    Edit {file}.
    This fails when changes have been made to the current
    buffer, unless 'hidden' is set or 'autowriteall' is
    set and the file can be written.
    Also see |++opt| and |+cmd|.
    {Vi: no ++opt}
```

Vim의 help에서는 설명문에 몇 가지 기호를 사용하고 있다. :e[dit]와 같이 [ ]로 감싼 부분은 생략 가능하다는 의미다. 이 경우 :edit는 :e라고 쓸 수 있으며 [++opt] [+cmd] 부분도 생략할 수 있다. {file}이라는 표기는 { }로 감싼 부분이 명령어의 인수를 나타낸다. 위 경우 인수가 [ ]로 감싸지지 않았기 때문에 이 부분은 생략할 수 없다. ++opt 부분은 타 항목에 대한 링크다. 링크는 〈C-]〉키 조작으로 점프할 수 있다. 원래 항목으로 돌아가려면 〈C-t〉를 누른다. 'autowriteall'은 Vim의 autowriteall 옵션을 나타낸다. 이 옵션 항목도 링크와 마찬가지로 〈C-]〉 키를 눌러 점프할 수 있다.

:help :edit를 실행할 때에는 edit에 :을 붙이는 것을 잊지 말도록 하자. 그냥 :help edit 라고 치면 다른 항목과 매치될 가능성이 있다. :을 붙임으로써 명령어를 검색하겠다는 의미가 되는 것이다. 마찬가지로 옵션을 검색할 때에는 :help 'cpoptions', 키 매핑 검색 시에는 :help Ctrl-L이라고 한다.

:help의 자세한 사용법은 :help help를 참조하기 바란다.

3.6 Vim과 프로그래밍

QuickFix
· · · · · · · · · · · ·

Vim에는 QuickFix라는 기능이 있다. QuickFix는 에러 결과나 grep 결과가 표시되는 전용 창 영역을 가리킨다. 이것은 IDE에서 자주 보게 되는 빌드 결과를 표시하는 창과 비슷하다. 단, QuickFix는 빌드 결과 전용이라기보다는 grep의 결과를 표시하는 용도 등으로도 사용한다.

일단 :make의 QuickFix 사용 방법을 살펴보자. :make는 Vim의 빌드 명령어로, 이를 실행하면 현재 열려 있는 소스 파일에 대하여 파일 타입에 따른 빌드용 명령어가 실행된다. 결과는 QuickFix 창에 출력된다.

QuickFix 창을 열려면 :copen을 실행한다. QuickFix 창에는 에러를 일으킨 행 번호, 에러 메시지가 리스트로 표시되는데, 여기에서 Enter 를 누르면 에러를 일으킨 행으로 점프한다. QuickFix 창은 :cclose로 닫을 수 있다.

Vim은 내부에서 grep을 호출하여 그 결과를 QuickFix에 표시하는 기능을 가지고 있다. Vim의 grep에는 '내부 grep'과 '외부 grep' 두 가지가 있다.

내부 grep 실행에는 :vimgrep 명령어를 사용한다.

```
:vimgrep /vim *.vim
```

:vimgrep 명령어 구문은 ':vimgrep /{pattern}/{flag} {file} …'이라고 되어 있다. {pattern}은 검색할 패턴을 나타내며 위 예에서는 'vim'이 이에 해당한다. {flag}는 검색 시 동작을 제어하는 플래그로, 위 예에서는 생략되어 있다. {file}에는 검색 대상 파일을 복수 지정할 수 있으며 위에서처럼 와일드카드를 사용할 수도 있다. :vimgrep 실행 후에 :copen을 실행하면 검색 결과 리스트가 표시된다.

외부 grep 실행에는 :grep 명령어를 사용한다.

```
:grep! vim *.vim
```

:grep 명령어 구문은 ':grep {pattern} {file} …'이라고 되어 있다. 인수는 셸에서 실행하는 grep 명령어와 같다. grep에서는 맨 처음 찾은 행으로 자동으로 이동하지만, :grep 대신에 :grep!을 사용하면 이 동작을 하지 않는다. :grep 실행 후에 :copen을 실행하면 검색 결과 리스트가 표시된다.

문법 강조

Vim은 기본적으로 문법 강조(Syntax Highlighting)를 지원한다. 문법 강조를 유효화하면 키워드 오타, 구문 실수 등을 알 수 있어 대단히 편리하다. 문법 강조는 ~/.vimrc에 다음 지정을 추가하면 유효화할 수 있다.

```
syntax enable
```

Vim은 여러 텍스트 에디터 중에서도 특히 문법 강조를 다양하게 지원한다. C 언어나 Java 같은 대표적인 프로그래밍 언어뿐만 아니라 awk나 셸 스크립트, Perl, Ruby, Python 등의 스크립트 언어, 어셈블리 언어를 포함한 많은 프로그래밍 언어와 UNIX 운용 관리에 필수인 각종 설정 파일까지 지원한다.

태그 점프

태그 점프란 편집 중인 파일에 포함된 키워드의 정의 부분으로 점프하는 기능을 말한다. 키워드와 그 키워드가 정의되어 있는 파일명이나 위치의 대응 정보는 태그 파일이라는 파일에 저장된다.

일반적으로 태그 파일은 ctags 명령어를 사용하여 다음과 같이 생성한다.

```
$ ctags -R
```

Vim은 디폴트로 현재 디렉터리에 있는 태그 파일을 읽어 온다. 태그 파일을 인식했는지를 확인하려면 :echo tagfiles( )를 실행해 보면 된다. Vim이 태그 파일을 검색할 때 사용하는 경로는 tags 옵션으로 지정할 수 있다.

태그 파일을 이용하여 키워드 정의 부분으로 점프하려면 키워드에 커서를 두고 노멀 모드에서 〈C-]〉을 입력한다. 돌아가려면 〈C-t〉를 누르면 된다. 이 조작은 :help와 같다.

점프할 위치 후보가 여러 개일 때에는 :cprevious와 :cnext로 점프 위치를 바꿀 수 있다.

3.7 Vim과 외부 플러그인

Vim은 Emacs와는 달리 본체에 플러그인이 많이 설치되어 있지 않다. 하지만, 공식 사이트에 플러그인이 많이 공개되어 있기 때문에 Vim에 다양한 기능을 추가할 수 있다. 대표적인 것으로는 다음과 같은 플러그인이 있다.

netrw

Vim은 파일뿐만 아니라 로컬에 있는 디렉터리를 열 수 있다. 이것은 Vim에 기본으로 들어 있는 netrw라는 플러그인의 기능이다. 디렉터리를 열려면 다음 명령어를 실행한다.

```
:edit 디렉터리명
혹은
:Explorer 디렉터리명
```

:Explorer는 입력이 번거로워서 :edit를 그대로 사용하는 사람이 많을 것이다. 디렉터리를 열었다면 [Enter] 키를 눌러 해당 파일을 편집할 수 있다.

업무를 하다 보면 메일로 압축 파일을 받을 때도 있을 것이다. 압축 파일의 내용을 확인하고 메일에 답을 할 때 일일이 압축 해제 명령어를 실행하는 것은 아주 번거롭다. 이럴 때 netrw를 사용하면 압축 파일을 그대로 열람하고 참조할 수 있다.

예를 들어 foo.zip이 현재 작업 디렉터리에 있다고 가정하자.

```
:edit foo.zip
```

위 명령어를 실행하면 파일 브라우저가 실행되어 foo.zip에 포함된 파일 리스트가 표시된다. 또한, 파일명에서 [Enter] 키를 치면 파일 내용을 열람할 수 있다. Vim은 zip 파일뿐만 아니라 bzip2나 tar.gz 등의 파일도 취급할 수 있다.

netrw는 'network reader writer'의 약자로, 원래는 원격 파일을 로컬 Vim 상에서 열기 위한 플러그인이다. netrw로 원격(SSH 접속 대상)에 위치한 파일을 열 때에는 다음 명령어를 사용한다.

```
:edit scp://hostname/path/to/file
```

원격 파일을 여는 경우 파일 경로는 URL 형식으로 지정한다. 스키마 부분에는 'scp'를 지정한다. scp는 SSH를 통한 원격 파일 복사를 가리키며 scp 명령어를 사용하여 원격 파일에 접근한다는 것을 나타낸다.

'hostname'에는 원격 호스트명을, 'path/to/file'에는 편집 대상 파일의 경로를 지정한다.

netrw는 원격 디렉터리도 편집할 수 있다. 'path/to/file'의 끝이 '/'인 경우 디렉터리가 편집 대상이 된다.

netrw를 사용하여 편집한 원격 파일은 일반 파일과 마찬가지로 :w 명령어로 저장할 수 있다.

3.8 Vim의 커스터마이징

Vim은 ~/.vimrc에 설정을 기술하여 커스터마이징할 수 있다. 비교적 최신 Vim에서는 ~/.vimrc 대신 ~/.vim/vimrc를 사용할 때도 있다.

이 설정 파일은 Vim 구동 시 한 번만 읽을 수 있다. 설정 파일의 내용을 변경하게 되면 Vim을 재시작하거나 :source $MYVIMRC를 실행하여 설정 파일을 다시 읽어와야 한다.

Vim의 설정은 모두 Vim script라는 언어로 기술된다. Vim script는 ':'를 입력하고 지정할 수 있는 ex 명령어의 확장으로써 구현되어 있다. 지금까지 소개해 온 :quit 등의 기술도 Vim script다.

예를 들어, ignorecase라는 옵션을 설정하는 경우에는 ~/.vimrc에 다음과 같이 기술한다.

```
set ignorecase
```

Vim script의 사양은 방대하기 때문에 여기에서 자세히 설명하지는 않겠다. Vim 커스터마이징이나 Vim script에 관심이 있다면 :help vim-script-intro를 참조하기 바란다.

4. Emacs

지금부터는 텍스트 에디터 Emacs에 대해 살펴보자. Emacs는 모든 조작을 키보드로 완성할 수 있는 고성능 에디터다. 마우스도 물론 사용할 수 있지만, 키보드로 조작하는 편이 보다 효율적으로 작업을 실행할 수 있다. 가능한 한 키보드로 조작하도록 하자.

또한, 이번 절에서 설명하는 Emacs는 GNU Emacs이며 버전은 24.2다. XEmacs나 기타 emacsen[1]은 해당하지 않는다.

4.1 Emacs란?

Emacs는 대단히 많은 기능을 가진 커스터마이징이 가능한 텍스트 에디터다. Emacs라는 이름은 Editor Macros의 약자며, 1976년에 TECO라는 에디터에 쓰인 매크로 세트에서 유래하였다. 현재 Emacs의 가장 큰 특징은 내부에 Emacs Lisp라는 Lisp 방언 프로그래밍 언어를 가지고 있어 텍스트 에디터로서의 기능은 거의 Emacs Lisp 언어로 구현되어 있다는 점이다. 따라서 Emacs Lisp 언어로 해당 기능을 대부분 커스터마이징할 수 있다.

Emacs는 기본적으로 다음 기능을 갖추고 있다.

- 소스 코드 등의 색 설정(Syntax Highlighting) 지원
- 유니코드 지원
- Emacs Lisp 언어를 통한 고도의 커스터마이징 기능
- 빌트인 도큐먼트 기능
- 디버깅 인터페이스나 메일 프로그램, 달력 등 다양한 확장 기능

---

1   Emacs 파생 에디터를 통틀어 emacsen이라고 부른다.

4.2 Emacs의 기본 조작

Emacs의 기본 조작 방법에 대해 살펴보자.

시작과 종료

우선 Emacs를 시작해보자. Emacs가 설치된 단말기에서 Emacs 아이콘을 클릭하거나 단말기 에뮬레이터(터미널)를 실행하여 다음과 같이 'emacs'라고 입력한다.

```
% emacs
```

Emacs는 GUI 환경에서도, GUI 환경이 아닌 터미널에서도 실행할 수 있다. GUI 환경이라면 그림 3-1과 같은 GUI 인터페이스가 실행된다.

▲ 그림 3-1 Emacs 실행 직후의 화면

먼저 종료하는 방법을 확인해 보자. Emacs는 모든 조작을 키보드로 할 수 있으며, 종료도 키보드로 가능하다. 종료 시에는 [Ctrl]을 누른 채로 [X] 키를 누르고, [X]에서 손을 떼고 나서 [Ctrl]을 누른 상태에서 [C] 키를 누른다. 여기에서 "[Ctrl]을 누른 상태에서 ○ 키를 누른다."라는 조작을 Emacs에서는 표 3-4와 같이 줄여서 표기한다.

▼ **표 3-4** 키 조작 표기의 생략

표기	설명
C-○	[Ctrl] 키를 누른 채로 ○ 키를 누른다.
M-○	[Meta] 키를 누른 채로 ○ 키를 누른다. ([Meta] 키는 [Alt] 키로 대체 가능)

예를 들어 조금 전 Emacs를 종료하는 조작은 C-x C-c라고 표기한다. 그리고 [Ctrl] 키와 [Meta] 키를 조합하여 쓰는 경우, 즉 [Ctrl]과 [Meta] 키를 누른 상태에서 [N]을 누르는 조작일 때는 C-M-n이라고 표기한다.

튜토리얼

Emacs에는 아주 친절한 튜토리얼이 설치되어 있다. Emacs를 처음 사용하는 사람이라면 일단 이 튜토리얼을 실행해보도록 하자. 튜토리얼을 실행하려면 C-h t를 누른다. 그림 3-2와 같은 튜토리얼이 실행될 것이다.

▲ **그림 3-2** 튜토리얼 화면

만약 C-h를 다른 키로 변경한 환경일 때는 F1 키 또는 M-x help를 대신 사용할 수 있다 (이후에도 C-h는 F1 또는 M-x help로 대체 가능). 예를 들어 M-x help t라고 입력해도 튜토리얼을 실행할 수 있다.

튜토리얼에도 나와 있는 내용이지만, 표 3-5에 Emacs의 아주 기본적인 명령어를 정리해 두었다.

▼ **표 3-5** Emacs의 기본 명령어

키 할당	설명
C-f	커서를 오른쪽으로 이동한다.
C-b	커서를 왼쪽으로 이동한다.
C-n	커서를 다음으로 이동한다.
C-p	커서를 위로 이동한다.
C-a	커서를 행 처음으로 이동한다.
C-e	커서를 행 끝으로 이동한다.

키 할당	설명
C-d	커서 위치에 있는 문자를 삭제한다.
C-k	커서 위치부터 행 끝까지 사제한다.
C-SPC	선택을 시작한다.
M-w	선택 범위를 복사한다.
C-w	선택 범위를 잘라낸다(복사 후 삭제).
C-y	복사한 내용을 붙인다.
C-g	현재 실행 중인 명령어를 중지한다.
C-x u	직전 조작을 취소한다(undo).
C-x C-s	파일을 저장한다.
C-x C-w	파일에 이름을 붙여 저장한다.
C-x C-f	파일을 연다.
C-x C-c	Emacs를 종료한다.
M-x 명령어	명령어를 실행한다.

help 기능

Emacs는 다양한 help 기능을 갖고 있다. help 기능은 기본으로 C-h로 시작하는 키에 할당되어 있다. 표 3-6에 주요 help 기능 키를 정리하였다.

▼ **표 3-6** 주요 help 기능 키

키 할당	설명
C-h t	튜토리얼을 실행한다.
C-h k	입력한 키가 무엇을 하는 명령어(함수)인지 설명을 표시한다.

키 할당	설명
C-h b	현재 키 할당 리스트를 표시한다.
C-h f	입력한 명령어(함수)의 설명을 표시한다.
C-h v	입력한 변수의 설명을 표시한다.
C-h i	Info를 표시한다.

예로 M-q로 실행하는 명령어를 살펴보자. M-q를 누르면 자릿수가 70문자 정도에서 줄 바꿈 되도록 단락이 설정된다.

이 M-q라는 키의 실체가 어떤 명령어인지 설명을 보려면 C-h k M-q라고 입력한다. 이렇게 하면 fill-subsubsection이라는 것을 확인할 수 있다. 반대로 fill-subsubsection이 어떤 명령어인지 잊어버렸을 때는 C-h f fill-subsubsection이라고 입력하면 키 할당과 해당 설명을 볼 수 있다. 또한, 70문자에서 줄 바꿈 하는 70이라는 값은 fill-column이라는 변수에 설정되어 있다. 이 fill-column의 설명을 보려면 C-h v fill-column이라고 입력하면 된다.

help에는 그 밖에도 할당된 키들이 있다. help의 help를 보려면 C-h C-h라고 입력한다. Emacs로 help를 참조할 때에는 기본적으로 C-h를 사용한다. C-x로 시작하는 키 리스트를 보려면 C-x C-h라고 입력하면 C-x로 시작하는 키 할당 리스트가 표시된다.

Info

GNU 프로젝트 도큐먼트(문서)는 Info라는 형식으로 기술되어 있다. Emacs의 도큐먼트도 Info 형식이다. Info를 실행하려면 C-h i라고 입력한다. 이렇게 하면 열람 가능한 도큐먼트 리스트가 표시된다. Emacs의 매뉴얼을 표시할 때는 C-h i m을 입력한 다음 창에 'Emacs'라고 입력한다. 그러면 그림 3-3과 같은 화면이 뜰 것이다.

Info 화면에서의 주요 키 할당은 다음 표 3-7과 같다.

▼ **표 3-7** 주요 Info 키 할당

키 할당	설명
Q	Info를 종료한다.
Enter	커서 가까이 있는 노드로 이동한다(브라우저의 링크 클릭에 해당함).
N	다음 노드로 이동한다. 예를 들어 1장을 보던 중이면 2장으로 이동한다.
P	전 노드로 이동한다. 예를 들어 2장을 보던 중이면 1장으로 이동한다.
l	이력에서 하나 앞의 노드로 돌아간다(직전 참조했던 노드로 돌아간다).
R	이력에서 하나 뒤의 노드로 이동한다.
U	하나 위 계층으로 이동한다.

▲ **그림 3-3** Emacs 매뉴얼

4.3 Emacs로 프로그래밍

C 언어를 예로 Emacs로 프로그래밍하는 방법을 살펴보자.

문법 강조

Emacs에서 C 언어 소스 파일(.c 파일)을 열면 기본으로 키워드에 색을 입혀서 표시한다. 이는 소스 코드를 더욱 보기 쉽게 만들며 키워드 입력 오류를 줄일 수 있다.

그림 3-4는 eglibc의 소스 파일을 연 화면이다.

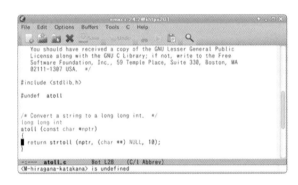

▲ 그림 3-4 문법 강조의 예

C 언어뿐만 아니라 awk, 셸 스크립트, Perl, Ruby, Python 등 다양한 프로그래밍 언어를 지원한다.

태그 점프

Emacs에는 etags라는 프로그램이 들어 있다. 이 프로그램을 사용하여 태그 파일 TAGS를 생성함으로써 함수의 정의 부분으로 점프하는 태그 점프라는 기능을 이용할 수 있게 된다.

.c 파일과 .h 파일을 대상으로 TAGS 파일을 생성할 때는 다음과 같이 입력한다.

```
% etags *.[ch]
```

실행하면 현재 디렉터리에 TAGS라는 파일이 생성된다. 위 예는 현재 디렉터리의 파일만을 대상으로 하고 있으므로 서브 디렉터리도 포함하려면 find와 조합하여 사용하도록 한다.

Emacs에서는 태그 점프에 M-.과 M-*를 사용한다. M-.은 커서 위치에 있는 문자의 정의로 점프한다. 예를 들어 커서 위치에 foo라는 문자열이 있다고 가정하자. foo라는 함수가 정의되어 있다면 해당 정의 부분으로 점프할 것이다. 그리고 처음 M-.을 실행하는 경우에는 TAGS 파일의 위치를 물어 올 것이므로 미리 작성한 TAGS 파일 위치를 입력하도록 한다. M-*는 점프하기 전의 위치로 돌아간다.

이를 정리하면 표 3-8과 같다.

▼ **표 3-8** 태그 점프 관련 키 할당

키 할당	설명
M-.	커서 다음의 문자열을 대상으로 정의 부분으로 점프한다.
M-*	점프 전 위치로 돌아간다.

매뉴얼 참조

libc의 info 파일이 시스템에 설치되어 있으면 Emacs에서 이를 참조할 수 있다.

매뉴얼을 참조하려는 함수의 위치에서 C-h S라고 입력하면 해당 함수의 매뉴얼을 볼 수 있다. 그림 3-5는 strtoll의 매뉴얼을 참조한 것이다.

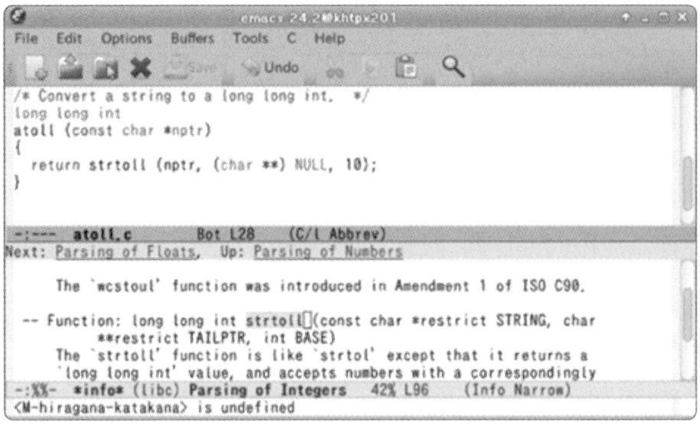

▲ **그림 3-5** strtoll의 매뉴얼 참조 예

자동완성

TAGS 파일과 libc의 info 파일은 단어 자동완성 기능에도 이용된다.

TAGS 파일은 개발 중인 소스 코드에 정의되어 있는 함수나 C 프리 프로세서 심볼 (#define으로 정의된 심볼)의 자동완성에, libc의 Info 파일은 표준 C 언어 함수명이나 변수명의 자동완성 참조 대상이 된다.

TAGS 파일을 사용한 자동완성에는 C-M-i를 사용한다. 예를 들어 개발 중인 소스 코드에 get_buffer_size( )와 generate_buffer_size( )라는 함수가 정의되어 있고 TAGS 파일이 생성되어 있다고 가정하자. 'get'까지 입력하고 C-M-i를 누르면 'get-buffer_size'가 자동완성 된다. TAGS 파일은 사전에 읽어와 두어야 한다. M-x visit-tags-file 명령어로 읽어올 수 있다.

libc info 파일로 자동완성하는 경우에는 C-u C-M-i를 사용한다. 예를 들어 'fp'까지 입력한 상태에서 C-u C-M-i를 입력하면 'fp'로 시작하는 함수명이나 변수명 리스트가 표시된다(그림 3-6). 또한 'fpr'까지 입력하고 C-u C-M-i를 입력하면 'fprintf'가 자동완성된다.

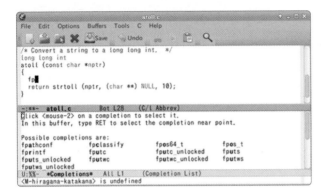

▲ 그림 3–6 info 자동완성 예

4.4 기타 상급 활용 기능

지금부터는 Emacs의 상급 활용 기능을 소개하겠다.

emacsclient

Emacs에는 emacsclient라는 프로그램이 있다. emacsclient를 사용하면 동작 중인 Emacs에 외부에서 접속하여 편집 작업을 계속 할 수 있다.

예를 들어 호스트 A에서 Emacs를 사용하여 파일을 편집하던 도중에 편집 내용을 아직 저장하지 않은 상태라고 가정하자. 외부 호스트 B에서 A에 ssh 등으로 접속할 수 있으면 여기에서 emacsclient를 실행하여 편집 중인 Emacs에 접속하여 편집 작업을 이어서 할 수 있다. 저장하지 않은 편집 내용을 저장하거나 폐기하고 새로 편집할 수도 있다.

emacsclient를 이용하려면 동작 중인 Emacs에서 M–x server–start를 실행해 두어야 한다. 4.5절에서 소개할 Emacs 설정 파일 ~/.emacs.d/init.el에 다음 행을 추가한다.

```
(server-start)
```

emacsclient를 사용하여 GUI로 편집 작업을 계속 하려면 다음과 같이 −c 옵션을 사용한다.

```
% emacsclient -c 파일명
```

외부에서 ssh 등으로 원격 접속을 할 때는 −nw 옵션을 사용하여 CUI로 편집 작업을 계속할 수도 있다.

```
% emacsclient -nw 파일명
```

또한, Emacs를 실행할 때에 −−daemon 옵션을 붙이면 Emacs를 데몬화(편집용 화면이 없는 완전한 서버 모드)하여 실행할 수 있다. 데몬화한 Emacs에 emacsclient로 접속하여 편집 작업을 하게 된다.

```
% emacs --daemon
```

Tramp

Emacs에는 Tramp라는 기능이 있어 원격 호스트에 있는 파일이나 편집에 root 권한이 필요한 파일을 투과적으로 편집할 수 있다.

예를 들어 ssh에서 접속 가능한 호스트 A의 파일 ~/draft.txt를 편집한다고 가정하자. Emacs에서 다음과 같이 조작하면 마치 로컬 호스트 상에서 파일을 편집하는 것처럼 작업할 수 있다.

```
C-x C-f /ssh:사용자명@호스트A:~/draft.txt
```

이때 Emacs는 ssh 명령어를 내부적으로 실행하고 있을 뿐이므로 호스트명이나 사용자명
은 ssh 명령어에 지정하는 것과 같게 하면 된다. ~/.ssh/config에 지정된 호스트명이라도
문제없다.

또한, 호스트 A에 Emacs가 탑재되어 있지 않아도 문제가 없다.

Tramp에서는 ssh 명령어 대신 sudo 명령어를 사용함으로써 편집에 root 권한이 필요한
파일도 투과적으로 편집할 수 있다.

```
C-x C-f /sudo::/etc/hosts
```

위와 같이 조작하면 일반 사용자 권한으로 동작 중인 Emacs에서 편집에 root 권한이 필요
한 파일을 투과적으로 취급할 수 있다.

참고로 ssh, sudo 모두 비밀번호는 입력해야 한다.

패키지 추가

Emacs에는 사용자가 만든 수많은 추가 패키지가 존재한다. 이들 일부는 Emacs에 내장된
패키지 매니저에서 설치할 수 있다.

M-x list-packages를 실행하면 그림 3-7과 같은 패키지 매니저가 실행된다. 패키지 매
니저에서 이용할 수 있는 키 할당은 표 3-9와 같다.

▲ 그림 3-7 패키지 리스트

[I] 키로 설치하려는 패키지를, [D] 키로 삭제하려는 패키지를 표시한 다음 [X] 키로 설치와 삭제를 실행한다.

▼ 표 3-9 list-package 키 할당

키 할당	설명
Enter	현재 행의 패키지 설명을 표시한다.
I	현재 행의 패키지를 설치 후보로 마크해둔다.
D	현재 행의 패키지를 제거 후보로 마크해둔다.
U	현재 행의 마크를 지운다.
⇧Shift + U	업데이트가 있는 패키지에 마크한다.
X	실제로 설치와 삭제를 실행한다.
Q	list-packages를 종료한다.

4.5 커스터마이징

Emacs는 설정 파일 ~/.emacs.d/init.el에 설정을 기술하여 동작을 사용자가 원하는 대로 설정할 수 있다. ~/.emacs.d/init.el 대신 ~/.emacs나 ~/.emacs.el 파일도 사용할 수 있다. 이들 설정 파일은 Emacs를 시작할 때 한 번 읽어오게 된다. 따라서 설정 파일 내용을 변경하게 되면 Emacs를 다시 시작해야 한다.

설정은 모두 Emacs Lisp라는 언어로 기술한다. 예를 들어 fill-column이라는 변숫값을 80으로 설정하는 경우 다음과 같이 기술한다.

```
(setq fill-column 80)
```

Emacs Lisp에서는 변수에 값을 설정하는 데 setq 함수를 사용한다. 위 예에서는 fill-column 변수로 80을 설정한다는 의미다.

패키지 매니저의 리스트에 나타나지 않는 패키지를 추가하고 싶을 때에는 패키지 파일을 둔 디렉터리를 load-path라는 변수에 등록해야 한다. load-path는 Emacs Lisp로 기술된 파일의 검색 경로라는 의미가 있다.

예를 들어 ~/.emacs.d/site-lisp 디렉터리를 load-path에 추가하고 싶은 경우 다음과 같이 기술한다.

```
(add-to-list 'load-path "~/.emacs.d/site-lisp")
```

위 예는 add-to-list 함수를 호출하여 load-path 변수(내부적으로는 리스트로 관리하는)에 ~/.emacs.d/site-lisp를 추가한다는 뜻이다.

각 패키지의 설치 방법이나 설정 방법에 대해서는 패키지별 설명을 참조하기 바란다. 또한, 커스터마이징 방법이나 Emacs Lisp 언어에 대한 자세한 내용은 다음 info에 나와 있다.

- Emacs Lisp Intro (C-h i m Emacs Lisp Intro)
- Emacs Lisp 매뉴얼(C-h i m ELisp)

Chapter **04**

작업 자동화 (셀 스크립트)

1. 셀 스크립트를 이용한 작업 자동화의 필요성과 그 장점

지금까지 다양한 UNIX 명령어나 셀 환경에 대해서 설명하였다. 이들 명령어 군을 사전에 텍스트 파일에 기술해두면 해당 텍스트 파일을 셀에서 실행하여 배치 처리를 할 수 있다.

이 배치 처리를 하려고 텍스트 파일에 기술한 일련의 명령어 군을 가리켜 **셀 스크립트**라고 부른다.

셀 스크립트 활용에는 다음과 같은 장점이 있다.

- 반복되는 정형화된 작업을 자동화할 수 있다.
- 단기간에 많은 양을 처리할 수 있다.
- 오퍼레이션 시 부주의로 말미암은 실수를 없앨 수 있다.
- 처리 작업을 재이용할 수 있다.

수작업으로 반복해서 명령어를 입력하면 손으로 입력하는 것 자체에도 시간이 걸리며 명령어 투입 순서를 혼동하거나 잘못된 문자열을 입력하는 등 조작 실수가 발생할 가능성도 있다(문제가 생기면 쓸데없이 많은 시간을 허비하게 된다).

입력하려는 명령어를 셸 스크립트로 파일에 기술해두면 작업 전체가 눈에 더 잘 들어오기 때문에 명령어 투입 순서나 입력 실수 등을 방지할 수 있으며 파일을 실행하기만 하면 이 모든 명령어를 손으로 직접 입력한 것과 같은 효과를 얻을 수 있다. 당연히 작업 시간도 단축된다.

그러나 이와 동시에 다음과 같은 단점도 있다.

- 잘못된 셸 스크립트를 기술해 두면 예상치 못했던 처리가 순식간에 엄청난 규모로 실행되어 심각한 장애를 일으킬 가능성이 있다.

셸 스크립트를 이용하면 정형화된 처리를 단시간에 대량으로 반복하여 실행할 수 있다. 이를 통해 작업을 대폭 효율화할 수 있다. 반대로 셸 스크립트에 문제가 있을 때에는 잘못된 처리가 순식간에 대량으로 반복 실행될 수도 있다.

이 때문에 예상치 못한 파일이나 디렉터리가 삭제되거나 무한 루프가 발생하거나 용량이 큰 파일을 생성하여 CPU나 메모리, 디스크 영역의 계산 리소스를 고갈시켜버리는 등 심각한 사고를 일으킬 수 있다.

실제로 이와 같은 사고가 발생하여 뉴스에 보도될 정도로 심각한 사태가 벌어진 사례도 있었다.

셸 스크립트를 생성한 경우에는 해당 기술 내용을 충분히 확인하도록 하고 실행해도 문제 없는 안전한 상태에서 테스트와 디버그를 해두는 등 적절히 운용하도록 해야 할 것이다.

2. Bourne Shell

생성한 셸 스크립트를 실행하려면 당연히 셸이 필요하다. csh, ksh, zsh 모두 셸 스크립트를 작성할 수 있으나 일반적으로 Bourne Shell을 쓰는 경우가 많다.

Bourne Shell은 UNIX 계통인 대부분의 OS에서 사용할 수 있다(실제로 설치된 셸은 Bourne Shell 자체가 아니라 Bourne Shell과 상위 호환성을 가진 셸일 가능성이 크다).

또한, Bourne Shell은 셸 자체의 크기가 작아 동작이 빠르므로 내장형 기기 등 리소스가 한정된 환경에서도 사용할 수 있다. 기능이 약간 적기는 하지만 그만큼 외워야 할 것도 적으며 Bourne Shell 이외에 더 고성능의 셸도 Bourne Shell과 비슷한 경우가 많으므로 기초적인 지식으로써 Bourne Shell을 익혀 두면 아주 유용할 것이다.

지금부터는 Bourne Shell의 셸 스크립트 작성과 작업 자동화에 대해 살펴보겠다. 또한, 이 Bourne Shell 설명에서는 Bourne Shell 사양 전체를 설명하지는 않고, 작업 자동화에 최소한 알아두어야 할 내용만 설명하겠다. 더 깊게 Bourne Shell을 이해하고 싶은 독자라면 기타 서적을 참조하기 바란다.

3. 간단한 스크립트의 작성과 실행

Bourne Shell을 이해하려면 우선 간단한 셸 스크립트를 만들어보자.

다음 예로 든 스크립트는 UNIX의 /etc/passwd 파일에서 Bourne Shell을 사용하는 사용자를 추출하여 해당 사용자의 리스트와 사용자 수를 파일로 작성하는 것이다.

이 스크립트와 마찬가지 작업을 커맨드라인에서 수작업으로 명령어를 입력해서 실행할 수도 있다. 그러나 같은 명령어를(예를 들어 일주일간) 정기적으로 실행해야 하는 경우 매번 손으로 입력해 실행하는 것보다는 그 순서를 스크립트로 만들어 두는 것이 실수가 발생할 가능성도 적고 효율도 좋을 것이다.

먼저 원하는 에디터로 파일을 생성하여 스크립트를 입력하고 저장한다(파일명은 example001.sh라고 가정).

```
#! /bin/sh
# example001: 시스템상에서 Bourne Shell을 사용하는 사용자 리스트와
# 그 수를 얻어온다.
```

앞부터 순서대로 설명하겠다. 1행의 #! /bin/sh의 기술은 shebang이라고 부르는 것이다. 자세한 내용은 나중에 설명하겠으나, 셸 스크립트를 실행할 때 사용하는 프로그램을 전체 경로로 지정한다.

작성한 셸 스크립트를 실행하는 방법은 두 가지다.

첫째는 스크립트를 기술한 파일에 실행 권한을 할당하여 파일을 직접 실행하는 방법이다. 예를 들어 스크립트를 기술한 파일의 작성자만 실행할 수 있게 만들 때에는 다음과 같이 실행한다. 작성자 이외에도 스크립트를 사용할 수 있게 만들 때에는 원하는 대로 chmod 옵션을 변경하면 된다.

```
$ chmod u+x example001.sh  # 파일 소유자에 실행권 부여
$ ./example001.sh          # 스크립트 실행
$ cat bsh_user_list.txt    # 가져온 리스트 확인
www
sshd
backup
Total: 3
$
```

스크립트 파일을 실행하면 파일 첫 행에 기술한 샤방(Shebang)을 시스템이 해석하고 나서 진행되며 실제로 커맨드라인에서 /bin/sh example001.sh의 내용을 입력했을 때와 거의 같은 명령어가 실행된다.

두 번째는 Bourne Shell을 실행하는 명령어 sh를 사용하여 다음과 같이 sh 인수에 스크립트를 기술한 파일을 직접 지정하여 실행하는 방법이다.

```
$ sh example001.sh        # sh의 인수에 파일 지정
$ cat bsh_user_list.txt   # 가져온 리스트를 확인
www
sshd
backup
Total: 3
$
```

두 번째 방법으로 스크립트를 실행한 경우 파일 첫 행에 기술한 샤방은 단순한 주석(코멘트)으로 취급하여 무시된다. 또한, 이 방법은 스크립트를 기술한 파일에 실행권을 부여할 필요가 없다. 단, 시스템에 따라 스크립트 실행 방법이 달라지는 때도 있으므로 주의하도록 하자.

또한, 스크립트를 기술할 때에는 다음 사항에 주의해야 한다.

문자 코드와 줄 바꿈 코드를 스크립트 실행 시스템에 맞추자

스크립트를 실행하는 시스템의 설정에 맞추도록 하자. 문자 코드가 맞지 않으면 출력에서 문자가 깨진다. 줄 바꿈 코드가 맞지 않을 때에는 행 끝을 올바르게 판단할 수 없게 되어 스크립트가 제대로 실행되지 않을 가능성이 있다.

셸의 명령어가 실제로 설치된 위치를 확인하자

시스템에 따라 명령어가 설치된 위치가 다를 수도 있다. Bourne Shell은 대부분 /bin/sh이나 다른 셸일 때 /usr/bin이나 /usr/local/bin일 수도 있다. whereis나 find로 사전에 확인해두는 편이 무난하다.

4. 셸 스크립트 활용 예

지금부터는 몇 가지 실용적인 셸 스크립트의 예를 살펴보도록 하겠다. 먼저 bind라는 프로그램(이름 서비스 데몬)의 동작을 감시하여 bind가 동작하지 않을 때 이를 실행시키는 프로그램이다. 이 프로그램을 cron을 사용하여 정기적으로 실행하면 bind 서비스가 정지되어 있지 않은지 감시할 수 있다.

```sh
#! /bin/sh
export PATH=/sbin:/bin:/usr/sbin:/usr/bin
CAT='/bin/cat'
KILL='/bin/kill'
PS='/bin/ps'
RM='/bin/rm'
SLEEP='/bin/sleep'

DIG='/usr/bin/dig'
EGREP='/usr/bin/egrep'
RNDC='/usr/sbin/rndc'

NAMED_RCSCRIPT='/etc/rc.d/named'
NAMED_PID='${CAT} /var/run/named/named.pid'
TMP="/tmp/chknamed.$$"

${DIG} @localhost www.soum.co.kr. >$TMP 2>&1
if [ $? -ne 0 ]; then
    echo 'named is denial-of-service.'
    echo ''
    ${CAT} ${TMP}

    echo ''
    ${PS} auwx | ${EGREP} '^(USER|named)'
```

```
    echo ''
    ${RNDC} status
    ${RNDC} stats

    echo ''
    ${KILL} -KILL ${NAMED_PID}
    ${SLEEP} 1
    ${NAMED_RCSCRIPT} start

    echo ''
    ${DIG} @localhost www.soum.co.kr.
fi


${RM} ${TMP}
```

다음은 네트워크 인터페이스의 동작을 감시하여 이전 IP 주소와 달라진 점이 있을 때 지정
된 메일 주소로(다음 예에서는 user@example.co.kr)로 메일을 발신하는 스크립트다.
FreeBSD에서 ipfilter를 사용하는 경우를 가정하였다.

```
#!/bin/sh

IF=tun0
DIR=/tmp
FiLE=ipaddr
PREV="0.0.0.0"
MAILTO="user@example.co.kr"
MAILFROM="admin@example.co.kr"
RETURNPATH="<retuen path>"
SUBJECT="message from ifcheck.sh"
```

```
if [ -r ${DIR}/${FiLE} ]
   then
   PREV='cat ${DIR}/${FiLE}'
fi

NOW='ifconfig ${IF} | egrep "inet .* netmask .*" | cut -f 2 -d " "'
if [ ${NOW} = "0.0.0.0" ]
then
   /etc/rc.d/netif restart
   /etc/rc.d/ipfilter restart
   /etc/rc.d/ipnat restart

   sleep 30

   # once more
   NOW='ifconfig ${IF} | egrep "inet .* netmask .*" | cut -f 2 -d " "'
fi

if [ "${NOW}" != "${PREV}" ]
then
   echo ${NOW} > ${DIR}/${FiLE}
   mail -s "${SUBJECT}" ${MAILTO} -f"${MAILFROM}" -r"${RETURNPATH}" \
      < ${DIR}/${FiLE}
fi
```

Chapter **05**

온라인 매뉴얼

이번 절에서는 UNIX 계통 OS의 온라인 매뉴얼에 대해 설명하도록 하겠다. 여기서 말하는 온라인 매뉴얼이란 운영체제나 소프트웨어 등의 부속 문서로, 커맨드라인을 통해 열람할 수 있는 man이나 info를 가리킨다.

참고로 man 명령어 자체의 설명 표기에 따라 여기에서도 일단 온라인 매뉴얼이라고 표기하였으나 실제로 네트워크 접속은 필요하지 않다.

1. 온라인 매뉴얼이 필요할 때

최근에는 인터넷에서 정보를 쉽게 찾을 수 있으며 일반적인 내용에 대한 서적도 많이 나와 있다. 가독성, 정보의 양, 풍부한 예제 등 여러 측면에서 온라인 매뉴얼보다 뛰어난 것도 있다.

그러나 업무상 고객사를 방문하여 세트업이나 동작 확인 또는 장애 조사를 하는 상황을 생각해 보면 기업은 보안상 외부와의 네트워크 접속이 엄격히 금지된 경우도 많고, 또 고객이

보는 앞에서 참고 서적을 찾아가면서 대응을 한다면 신뢰를 주기 어려울 것이다.

이런 상황을 대비할 수 있도록 최소한 알아 두어야 하는 것이 바로 온라인 매뉴얼 사용 방법이다.

온라인 매뉴얼은 숙련 개발자라면 필요 없을 것으로 생각하기 쉽지만 그렇지 않다. 숙련자이기 때문에 오히려 부주의로 말미암은 실수를 막으려면 매뉴얼을 참조해야 한다. 어느 정도 UNIX에 익숙해진 중급자는 매뉴얼을 확인하지 않아서 실수하는 경우가 많을 것으로 생각한다. 항상 확인하는 습관을 들이는 것이 중요하다. 명령어의 인수, 설정 파일의 값, 함수의 인수나 반환값의 의미, 데몬 프로그램의 구동 옵션 등 변경 가능한 파라미터의 양은 어마어마하다.

2. 범람하는 정보의 위험성

본격적인 설명으로 들어가기 전에 인터넷 서적 등에서 얻을 수 있는 정보의 위험성에 대해 살펴보자.

세상에는 여러 종류의 컴퓨터가 있고 설치된 OS나 프로그램, 그리고 버전도 각기 다르다. 같은 이름의 프로그램인데도 설정이나 플러그인 유무에 따라 동작이 다르며, 경우에 따라서는 하드웨어 구성이 달라 동작도 달라질 수 있다.

여기서 주의해야 할 점은 인터넷이나 서적 등에서 얻을 수 있는 정보는 "특정 환경에 한해서만 올바른 정보인 경우가 대부분이다."라는 점이다. 좀 더 구체적으로 말하자면 애초에 정보 자체가 잘못된 정보일 수도 있고 누군가가 악의적으로 이런 잘못된 정보를 유포하고 있을 가능성도 있다.

다음은 한 예를 들어 보겠다.

어떤 프로그램을 개발하는 상황이라고 가정하자. 이 프로그램을 실행하면 fork 시스템 콜에 의해 복수의 자식 프로세스, 그리고 그 프로세스의 자식 프로세스를 생성하게 되는데, 아직 개발 도중이기 때문에 전체를 정지시키는 기능이 구현되어 있지 않은 상태다. 수작업으로 모든 프로세스를 중지시키기는 번거로워 어떤 편리한 방법이 있지 않을까 하고 찾아보던 도중 killall이라는 명령어를 쓸 수 있다는 정보를 찾게 되었다.

해당 정보에는 killall 명령어 사용법에 대해 온라인 매뉴얼을 인용한 문장과 함께 다음과 같이 실행 예제가 정리되어 있었다.

---

killall은 지정한 명령어를 실행하는 모든 프로세스에 시그널을 보낸다. 시그널 지정이 없으면 SIGTERM을 보낸다.

▣ 개발 중인 프로세스 모두를 강제 종료하는 실행 예

```
% killall -KILL target_command
```

"편리할 것 같은데 한번 써볼까?"라고 생각했다면 멈추어야 한다. 정말 실행해도 괜찮은 것일까?

위 killall 명령어의 설명과 예시는 Linux에서는 정확한 정보다. 하지만, Solaris 등의 UNIX System V 계통(이 책의 설명 대상에서는 빠져 있는 OS지만, 실제 업무에서는 Solaris 등을 사용할 때도 많을 것이다)은 다음이 정확한 설명에 해당한다.

---

killall은 모든 액티브 프로세스에 시그널을 보낸다. 시그널 지정이 없으면 SIGTERM을 보낸다.

UNIX System V 계통에서 killall은 셧다운 처리에 사용하는 명령어로, 셧다운 처리와 상관없는 잔존 프로세스를 남김없이 정지시킬 때 쓴다.

일반 사용자 권한에서 사용하는 것은 위험성이 낮지만, 개발 중인 프로그램 조작에 관리자 권한을 사용 중일 때 무턱대고 실행하면 시스템에 의도치 않은 피해가 발생하게 된다.

이처럼 찾은 정보를 그대로 받아들이는 것은 아주 위험한 행동이다. 찾은 정보가 자신이 조작하는 환경에 적용해도 되는 내용인지 반드시 확인할 필요가 있으며 온라인 매뉴얼은 그 확인 수단 중 하나로써 유용하다.

그리고 이것은 이 책에 기재한 설명 내용에도 해당하는 이야기다. 집필 시 되도록 각 사용 환경에 따라 차이가 나는 내용은 기술하지 않으려고 유의하였으나 이를 절대적으로 보장할 수는 없다. 이 책에 있는 내용도 환경에 따라(특히 최신 환경) 달라질 수 있다는 점에 주의하도록 하자.

3. man 명령어

man 명령어는 이름 그대로 온라인 매뉴얼을 표시하는 명령어며, UNIX가 탄생한 1970년 부터 지금까지 오랫동안 사용됐다. 일부 GUI 애플리케이션은 man이 없을 수도 있지만, 커맨드라인에서 사용할 수 있는 애플리게이션 대부분은 man이 준비되어 있다.

또한 'man'은 온라인 매뉴얼을 표시하는 CUI 애플리케이션의 명칭이지만 'man 명령어로 표시되는 온라인 매뉴얼'을 가리키는 때도 있다. 예를 들어 foo라는 명령어를 사용할 때 'man을 참조'라고 되어 있다면, "man foo를 실행하여 표시되는 온라인 매뉴얼을 참조하라."라는 뜻이다(이 책에서도 마찬가지).

3.1 man의 man

man 명령어 자체에도 온라인 매뉴얼이 있다. 먼저 커맨드라인에서 man man이라고 실행해보자. 다음처럼 man 명령어 매뉴얼이 표시된다.

```
% man man
man(1)
NAME
    man - format and display the on-line manual pages
SYNOPSIS
      :
      :
```

이때 표시되는 구체적인 내용은 OS 배포판이나 버전 등 환경에 따라 달라질 수 있다. 사용법은 SYNOPSIS/형식으로 기술되어 있으며, 여기에 기술되어 있는 인수나 옵션의 의미는 DESCRIPTION/기능 설명이나 OPTIONS/옵션에 설명되어 있다.

3.2 조작 방법

man 명령어에는 콘텐츠를 열람, 조작하는 기능은 포함되어 있지 않으며 페이저라고 불리는 별도 프로그램을 이용해야 한다. 디폴트 페이저는 환경에 따라 다르고 페이저를 마음대로 변경할 수도 있기 때문에 정해진 조작 방법은 없다.

많은 환경에서 디폴트 페이저로 사용하는 more나 less에서는 다음 조작 방법을 알아 두면 최소한의 조작은 가능하다.

- [Space Bar] 한 페이지만큼 읽고 넘어간다.
- [Q] 페이저를 종료한다.
- [H] 페이저의 help 화면(조작 방법)을 표시한다.

더 편리하게 사용할 수 있도록 사용법을 습득하려면 페이저의 man을 읽을 것을 추천한다. 기본 페이저가 무엇인지는 man의 man에 나와 있다.

3.3 실행 옵션

man 명령어의 기본 옵션에 대해 살펴보자.

여기에 기재되어 있지 않은 기능에 대해서는 man의 내용을 참조하기 바란다(앞서 설명하였듯이 "man man으로 표시되는 온라인 매뉴얼의 내용을 참조하라."라는 의미다).

페이저

페이저는 한 화면에 다 표시할 수 없는 분량의 문서를 한 화면씩 표시해 주는 도구를 통틀어 가리키는 말이다. 특별한 지정 없이도 디폴트 페이저를 사용할 수 있으나, 본인이 원하는 페이저가 있거나 어떠한 이유로 정상적으로 표시되지 않을 때는 사용할 페이저를 따로 지정할 수 있다(예전에는 기본 페이저로 설정된 more가 페이지를 되돌릴 수 없었기 때문에 less로 바꾸는 것이 보통이었다. 하지만, 요즘은 대부분 기본인 채로 사용해도 충분할 것이다).

페이저를 지정하려면 환경 변수 PAGER에 사용할 페이저를 지정한다. 페이저에 PATH가 설정되어 있지 않은 경우는 전체 경로로 지정해야 한다.

▶ csh 계열

```
% setenv PAGER less
% man man
```

또는

```
% setenv PAGER /home/foobar/bin/myPager
% man man
```

■ Bourne Shell 계열

```
$ export PAGER=less
$ man man
```

또는

```
$ export PAGER=/home/foobar/bin/myPager
$ man man
```

환경에 따라서는 man 명령어를 실행할 때 −p 옵션으로 지정해야 하는 때도 있다.

```
% man -P less man
```

언어

man은 영어를 표준으로 기술되어 있다. 간혹 한글로 쓰인 man도 있으나, 영어 버전에 기술된 내용이 빠졌거나 번역된 문장이 이해하기 어려울 수도 있다.

한글을 표시할 수 없는 환경이거나 한글 버전 매뉴얼이 설치되지 않은 환경도 있을 수 있으므로 매뉴얼 정도는 읽을 수 있는 영어 실력을 갖추도록 하자. 꼭 한글 매뉴얼을 보고 싶다면 locale (언어 설정)의 환경 변수를 설정한다. 예를 들어 한글을 UTF−8로 표시하면 다음처럼 환경 변수 LANG을 설정한다.

■ csh계열

```
% setenv LANG ko_KR.UTF-8
% man man
```

■ Bourne Shell 계열

```
$ export LANG=ko_KR.UTF-8
$ man man
```

반대로 한글 버전 매뉴얼을 영어로 표시할 때는 환경 변수 LANG에 C를 설정한다.

▶ csh계열

```
% setenv LANG C
% man man
```

▶ Bourne Shell 계열

```
$ export LANG=C
$ man man
```

검색 경로

온라인 매뉴얼 콘텐츠는 애플리케이션과 함께 설치된다. 애플리케이션이 OS의 표준 경로
(/usr 등)에 설치되는 경우에는 man도 표준 검색 경로에 포함되므로 특별히 신경 쓸 필요
는 없다.

특정 애플리케이션을 표준 경로가 아닌 다른 경로에 설치하면 이에 따라오는 man도 표준
검색 경로와는 다른 위치에 설치되기 때문에 man 명령어를 실행해도 해당 매뉴얼이 존재
하지 않는다는 에러가 발생하게 된다. 이를 해결하려면 man의 검색 경로를 설정해야
한다.

다음과 같이 환경 변수 MANPATH를 설정한다.

▶ csh계열

```
% setenv MANPATH /usr/local/share/ma
% man my_application
```

▶ Bourne Shell 계열

```
$ export MANPATH=/usr/local/share/man
$ man my_application
```

또는 man 명령어의 −M 옵션으로 지정할 수도 있다.

```
% man -M /usr/local/share/man my_command
```

일반 애플리케이션은 컴파일 전에 설치 경로 등과 함께 매뉴얼 설치 경로도 설정한다. 이때 설정한 경로가 매뉴얼의 검색 경로로 설정된다. 여러 경로를 설치할 때는 쌍점(:)으로 연결하여 설정하도록 한다.

▶ csh계열

```
% setenv MANPATH /usr/local/share/man:/home/foobar/share/man
```

▶ Bourne Shell 계열

```
$ export MANPATH=/usr/local/share/man:/home/foobar/share/man
```

또는

```
% man -M /usr/local/share/man:/home/foobar/share/man my_command
```

3.4 섹션

man의 콘텐츠는 종류에 따라 섹션으로 나뉘어 관리한다.

▼ 표 5-1 man의 섹션

섹션 번호	내용
1	일반 명령어
2	시스템 콜
3	라이브러리 함수
4	디바이스 등 특수 파일과 디바이스 드라이버

섹션 번호	내용
5	파일 형식과 그 사용법
6	게임과 화면 보호기
7	기타
8	시스템 관리 명령어와 데몬 등

이름이 같은 매뉴얼이 여러 섹션에 있을 때는 섹션을 지정해야 한다. man 명령어의 두 번째 인수로 지정하는 환경과 -s 옵션으로 지정하는 환경이 있다.

▶ 섹션 1의 printf 매뉴얼을 표시하는 경우

```
% man 1 printf
```

또는

```
% man -s 1 printf
```

명령어 등을 나타낼 때에 printf(1)과 같이 표기하기도 한다. 이와 같은 표기에서는 괄호 안의 숫자가 man의 섹션을 의미한다. printf(1)은 섹션 1 printf이므로 /usr/bin/printf 명령어를 나타낸다. C 언어의 printf 함수를 나타낼 때에는 라이브러리에 속하기 때문에 printf(3)이라고 표기한다(환경에 따라서는 printf(3C)라고 하는 때도 있다).

'man을 참조'라고 하는 것은 "man foo로 표시되는 온라인 매뉴얼을 참조하라."라는 의미가 된다는 것은 앞서 설명하였다. 마찬가지로 'man -s S foo로 표시되는 온라인 매뉴얼을 참조'하라는 의미로, 'foo(S)를 참조'라고 표현하기도 한다. "printf 함수 사용법에 대해서는 printf(3)을 참조하라."라는 표현이다.

또한, man의 끝 부분에는 SEE ALSO/관련 항목이 있어 참조한 항목과 관련된 다른 매뉴얼이 섹션 번호가 붙은 리스트로 표시된다. 같은 이름의 매뉴얼이 다른 섹션에 있더라도 리스트에 표시되므로 참조하려는 매뉴얼의 섹션을 모를 때에는 참고할 수 있을 것이다.

그리고 섹션의 명칭이나 분류는 환경에 따라 조금씩 달라질 수 있다. 섹션명 리스트와 각각의 내용에 대해서는 man(1)에 설명이 나와 있으니 한번 읽어 보기 바란다.

3.5 키워드 검색

매뉴얼을 참조하고 싶지만, 대상의 이름을 모르는 경우가 있을 것이다. 이때에는 man 명령어의 -k 옵션을 사용하여 키워드를 검색할 수 있다.

```
% man -k keyword
apropos     apropos (1)   - locate commands by keyword lookup
ckkeywd     ckkeywd (1)   - prompts for and validates a keyword
whatis      whatis (1)    - display a one-line summary about a keyword
```

-k 옵션의 검색 범위는 매뉴얼 콘텐츠의 NAME/이름에 기재되어 있는 아주 짧은 설명문에 한정된다. 따라서 적절한 키워드를 생각해내지 못할 때에는 검색에 실패할 수도 있다.

반대로 키워드가 짧으면 일치하는 대상이 너무 많을 때도 있다. 예를 들어 man을 검색 키워드로 주었을 때 command에도 man이 들어가 있기 때문에 엄청난 수의 검색 결과가 표시될 것이다.

키워드 검색을 잘 활용하려면 평소에 man을 자주 사용하여 온라인 매뉴얼에서 사용하는 단어나 표현에 익숙해져야 한다.

또한, 환경에 따라 키워드 검색을 시도하면 windex 파일이 존재하지 않는다는 에러가 발생하거나 매뉴얼은 설치되어 있는데 검색 결과에 나타나지 않는 경우가 있다. 이와 같은 환경에서는 키워드 검색을 하기 위한 사전 준비가 필요하다. 자세한 내용은 catman (1M)을 참조하기 바란다.

4. info 명령어

info 명령어는 man과 마찬가지로 온라인 매뉴얼을 표시하는 명령어이며 1980년대에 개발되었다. man보다 뒤에 개발되어 더 뛰어난 점도 많지만, 조작에 약간 요령이 필요해 익숙하지 않은 사람은 쓰기 불편할 수도 있다.

info에는 다음과 같은 특징이 있다.

다층 구조의 콘텐츠

man에서는 검색한 콘텐츠가 일괄적으로 출력되지만, info에서는 콘텐츠가 장으로 나누어진 다층 구조로 된 경우가 많다. 찾고자 하는 항목을 목차부터 선택해서 내용을 보고, 필요할 때는 더 하위의 상세 항목을 선택하여 계속 읽어 나가는 방식으로 조작할 수 있기 때문에 방대한 매뉴얼 항목의 특정 정보를 조사할 때 매우 편리하다.

비교적 충실한 콘텐츠

항상 그런 것은 아니지만, man보다 info의 콘텐츠가 더 많은 편이다. 소프트웨어에 따라서는 man에는 구동 옵션 등 최소한의 내용만이 기재되어 있고 info에 자세한 내용이 설명된 때도 있다.

Emacs와 비슷한 조작

man에서는 페이지만 넘길 수 있으면 충분했지만, info는 앞서 설명했듯 항목 선택이나 페이지 간에 이동 조작이 가능해야 한다. Emacs와 조작이 비슷하므로 Emacs에 익숙한 사용자라면 쓰기 편할 것이다.

GUI 조작

info 콘텐츠를 GUI로 표시할 수 있는 도구도 있다. 예를 들어 GUI 모드로 실행된 Emacs에서 info를 불러오면 (환경에 따라서 다르기는 하지만) Emacs의 GUI 모드가 적용된 GUI 모드 info가 표시되어 항목 등을 마우스로 선택할 수 있다.

5. help 메시지

지금까지 man이나 info의 온라인 매뉴얼 참조에 대하여 설명했지만, 온라인 매뉴얼이 아예 없을 때도 있다. 이때 명령어 종류는 help 메시지를 참조하여 최소한의 사용법을 확인할 수 있다. help 메시지를 표시하려면 명령어 실행 옵션으로 −help를 지정한다.

```
% target_command --help
```

−−help가 올바른 옵션 형태가 아닌 명령어도 많지만 이때에도 (−−help가 바르지 않은 옵션이라는 내용과 함께) help 메시지가 표시되는 경우가 대부분이다.

help 메시지는 온라인 매뉴얼보다 정보량은 적지만 간결하게 정리된 정보를 얻을 수 있는 수단이기도 하다. 익숙해지면 온라인 매뉴얼보다 간단히 찾을 수 있어 편리하다. 명령어의 사용법을 알고는 있지만, 더 정확히 확인하고 싶을 때 유용하다.

Chapter **06**

보안

1. UNIX의 보안

'UNIX의 보안' 대부분이 멀티 사용자 환경에서 사용자별 권한을 관리하는 것으로 구현된다. 이는 관리자 권한(root, 즉 특권 사용자 권한)과 일반 사용자 권한의 분리, 일반 사용자 간의 권한 관리를 통한 접근 제어 두 가지로 나누어진다.

- 파일의 읽고 쓰기/실행/디렉터리 참조
- (TCP, UDP) 특권 포트 이용

UNIX는 예전부터 리소스를 파일 시스템에 할당해 오고 있다. 하지만, 네트워크를 이용하는 소켓 API는 예외적으로 파일 시스템에 매핑되어 있지 않다(UNIX 도메인 소켓 제외). 순전히 소켓 API가 설계, 구현되었던 당시의 하드웨어 성능이 부족했기 때문이다. 따라서 파일 접근과 네트워크 API 이용에 대해서는 사용자별로 접근을 제한하는 방법을 통해서 UNIX가 관리하는 리소스에 대한 접근을 관리할 수 있다.

파일 권한 관리는 전통적인 퍼미션과 ACL을 통해 설정한다.

파일에는 소유자인 사용자(소유자)와 그룹 ID가 할당된다. 소유자, 그룹, 기타 사용자에게는 세 종류의 퍼미션을 설정할 수 있다. 또한, 이 세 퍼미션은 동시에 설정할 수 있다.

- 읽기 권한
- 쓰기 권한
- 실행 권한(디렉터리인 경우 해당 디렉터리를 경유하는 파일에 대한 접근 가능 여부)

chmod 명령어를 이용한 퍼미션 설정 방법은 앞서 2장에서 설명하였다.

한편, 최근 파일 시스템에는 더욱 세밀하게 접근을 제어하는 수단으로 ACL (Access Control List)이 준비되어 있다.

ACL에서는 소유자(또는 그룹)에 대하여 접근 가능 여부를 개별적으로 설정할 수 있다. 이 때문에 특정 사용자 간에 파일을 공유하고 싶은 경우(예를 들어, 특정 멤버와의 사이에만 리포트 과제 파일을 공유하고 싶은 경우) 등에 활용할 수 있다.

ACL은 OS에 따라 미묘하게 구현이 달라지므로 자세한 설정 방법에 대해서는 getfacl 명령어, setfacl 명령어 등의 매뉴얼을 참조하기 바란다.

2. 관리자 권한 취득 방법

UNIX에서는 직접 콘솔을 조작하는 경우를 제외하면 보통은 일반 사용자로 로그인한다. SSH로 원격 로그인을 하는 경우 관리자 권한 로그인은 금지된 경우가 대부분이다.

관리자(루트) 권한의 작업이 필요할 때는 먼저 일반 사용자로 로그인한 뒤 관리자로 전환해야 한다. 다음에서 그 예로 su 명령어와 sudo 명령어를 소개하겠다.

2.1 su 명령어

su (Substitute User) 명령어는 임의의 사용자 권한으로 셸(또는 프로그램)을 실행하는 명
령어다. 인수가 생략되었을 때는 관리자 권한으로 루트의 셸을 실행한다. 이때에는 루트의
비밀번호를 입력해야 한다. 또한, su 명령어 인수로 −를 주게 되면 원래 사용자의 환경(환
경 변수나 현재 디렉터리 등)을 이어받지 않는다. 인수에 사용자명을 지정하면 해당 사용자
의 권한으로 셸을 실행한다.

```
% cd /tmp/
% pwd
/tmp
% su
Password: (루트 비밀번호 입력)
# pwd
/tmp

% su-
Password: (루트 비밀번호 입력)
# pwd
/root
```

2.2 sudo 명령어

Ubuntu에는 sudo 명령어가 기본 설치되어 있으나 FreeBSD에서는 추가로 설치해야 한
다. Ubuntu에서는 루트의 비밀번호가 무효화되어 있으므로 su는 사용하지 않고 sudo 명
령어를 사용하여 루트 권한을 얻는다.

sudo는 일반 사용자 비밀번호를 입력하여 다른 사용자의 권한을 얻을 수 있는 명령어다.
물론 누구나 마음대로 권한을 얻을 수 없도록 sudo 명령어는 동작을 엄격히 설정할 수 있
게 하였다.

설정은 sudoers 파일에 기술되어 있으나 시스템 관리자가 여러 명 있다면 배타적 제어가 이루어지기 때문에 되도록 visudo 명령어를 사용하는 습관을 들이는 편이 좋다.

sudo 명령어의 인수에는 실행할 명령어를 지정한다. 명령어를 실행하는 사용자명은 -l 옵션으로 지정한다. 엄격히 관리하는 환경에서는 사용자별로 '어떤 사용자 권한'으로 '어떤 명령어'를 실행할 수 있는지를 제어할 수 있다.

임의의 명령어 실행이 허락되는 환경에서는 셸을 실행할 수도 있다.

```
% sudo bash
[sudo] password for kimoto: (자신의 비밀번호)
#
```

하지만, 이 방법은 루트 권한으로 실행한 명령어의 자세한 내용은 로그에 남지 않으므로 보통은 피하는 것이 좋다.

3. 공통키 암호와 공개키 암호

지금부터는 데이터 본체의 보안과 관련하여 암호화 애플리케이션의 이용 방법을 살펴보겠다.

가장 먼저 정보 암호화 방식에 대해 살펴보자. 크게 공통키 암호 방식과 공개키 암호 방식으로 나눌 수 있다.

공통키 암호는 암호화와 복호화가 같은 키(공통 키)를 사용하여 처리된다. 일반적인 비밀번호 암호화는 이 방식을 사용하는 경우가 많다. 공통키 암호 알고리즘은 DES, 3DES ('트리플데스'라고 읽음), AES 등이 있다.

인터넷 통신에서는 양쪽이 암호화, 복호화에 사용하는 공통 키를 어떻게 일치시킬 것인가 하는 문제가 발생하게 된다. 따라서 메일 암호화나 원격 단말기 통신의 암호화에는 공개키 암호라는 방식을 사용하고 있다. 공개키 암호 알고리즘에는 RSA 등이 있다.

공개키 암호 방식에 대해서는 알고리즘 레벨부터 응용 기술, PKI (Public Key Infrastructure)로 운용하는 기술 등 다양한 서적이 출간되어 있으므로 참고하기 바란다. 여기에서는 기본적인 내용만을 다루도록 하겠다.

공개키 암호 방식에서는 사용자 한 명이 '공개키'와 '비밀키' 한 쌍을 갖는다. 공개키는 인터 넷에서 공개하는 키이며 비밀키는 자신이 직접 가지고 있으며 남에게 보여주지 않는 것이 다. 일반적으로 비밀키는 공통키 암호를 사용하여(해당 사용자만 아는 패스 문구를 적용하 여) 암호화해 둔다.

좌우로 90도만 돌릴 수 있고, 열쇠가 수직으로 꽂혀 있는 상태가 열린 상태이며 좌우로 돌 렸을 때에는 모두 잠기는 열쇠가 있다고 상상해보자. 비밀키는 오른쪽으로만 돌릴 수 있는 열쇠고, 공개키는 왼쪽으로만 돌릴 수 있는 열쇠라고 하자(그림 6-1).

공개키   비밀키

▲ 그림 6-1 키 한 쌍

A가 B에게 메시지를 보낼 때 B만이 읽을 수 있도록 암호화를 한다고 가정해보자. 그런데 두 사람이 공통으로 가진 비밀번호는 없다. 이때 등장하는 것이 다음 열쇠 구멍과 두 개의 열쇠다.

A가 메시지를 열쇠 구멍이 달린 박스에 넣어 B의 공개키를 왼쪽으로 돌려 잠근다(B의 공개키로 암호화한다). 이 박스를 받은 B는 자신의 비밀키로 열쇠를 오른쪽으로 돌려서 연다(B의 비밀키로 복호화한다)(그림 6-2). 공개키는 누구나 손에 넣을 수 있으나 비밀키는 B만 가지고 있다. 따라서 이 박스를 열 수 있는 것은 B뿐이다. 사전에 둘 사이의 어떤 비밀 정보를 공유할 필요가 없다. 바로 이것이 공개키 암호 방식의 기본 개념이다.

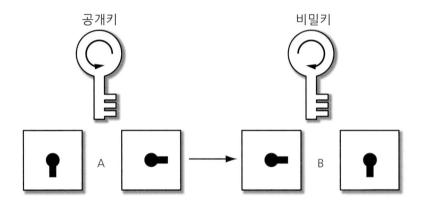

▲ **그림 6-2** 공개키 암호 처리

4. SSH의 응용

4.1 SSH 공개키 인증

공개키 인증을 사용하면 비밀번호로 인증할 때보다 안전하다.

가장 먼저 비밀키 패스 문구(Passphrase)를 정한다. 보통 패스 문구는 긴 문자열을 사용하는데, UNIX 비밀번호와는 다른 10문자 이상의 긴 문자열을 써야 한다. 이 패스 문구는 비밀키를 풀 때에만 사용하는 것으로 네트워크에 흐르지는 않는다.

다음으로, 공개키와 비밀키 한 쌍을 생성한다. 이때 위에서 정한 패스 문구를 사용하여 비밀키를 암호화한다. 통신 시 인증에 사용하는 공개키 암호 방식은 dsa, ecdsa, rsa 중에서 선택할 수 있다. 접속할 서버에서 이용 가능한 암호 방식을 선택한다.

다음은 ssh-keygen 명령어를 사용하여 ecdsa 키 한 쌍을 만드는 예다. "Enter file in which to save the key." 부분에서는 Enter 만 친다. "Enter same passphrase again." 부분에서 정해 둔 패스 문구를 입력하고 Enter 를 누른다.

```
% ssh-keygen -t ecdsa
Generating public/private ecdsa key pair.
Enter file in which to save the key (/home/user/.ssh/id_ecdsa):
Enter passphrase (empty for no passphrase):
Enter same passphrase again:
Your identification has been saved in /home/user/.ssh/id_ecdsa.
Your public key has been saved in /home/user/.ssh/id_ecdsa.pub.
The key fingerprint is:
da:0a:a5:b8:86:70:fc:c5:df:ba:25:46:f3:94:81:45 user@example
The key's randomart image is:
+--[ECDSA 256]---+
|      .E         |
|      o          |
|      ..         |
|        o        |
|.  .. S o        |
% chmod 0700 ~/.ssh
% ls .ssh/
authorized_keys id_ecdsa id_ecdsa.pub known_hosts
```

다음으로, 공개키를 서버에 등록한다. 파일명이 id_[암호화 방식].pub인 것이 공개키다. 끝에 .pub가 붙어 있지 않은 파일은 비밀키다. 패스 문구로 비밀키를 암호화했지만, 다른 사람에게 도난당하지 않도록 주의하자.

다음은 직접 조작할 수 없을 때 서버 관리자에게 공개키 등록 작업을 부탁하는 예다.

먼저 접속할 호스트의 자신의 홈 디렉터리에 .ssh 디렉터리가 없다면 미리 만들어 두어야
한다.

```
% cd 사용자의 홈 디렉터리
% mkdir .ssh
% chmod 0700 .ssh
```

접속할 호스트의 ~/.ssh/authorized_keys 파일에 공개키를 추가한다. 여기에서 >>를 사
용해 추가 기재하는 것에 주의한다. 실수로 >라고 기재하면 덮어쓰기 된다.

```
% cd 사용자의 홈 디렉터리
% cat id_ecdsa.pub >> .ssh/authorized_keys
```

4.2 ssh-agent

이를 실제로 이용할 때에는 매번 긴 패스 문구를 입력하는 절차를 거치는 것이 번거로운데
다, 실수로 암호화되어 있지 않은 경로로 패스 문구를 흘릴 가능성도 크다. ssh-agent를
사용하면 처음 한 번만 비밀키의 패스 문구를 입력하면 되기 때문에 ssh 명령어 실행 시 패
스 문구 입력을 생략할 수 있다.

```
% eval 'ssh-agent'
% ssh-add
```

ssh-agent를 실행하면 에이전트의 프로세스 ID나 통신 방식 등의 환경 정보가 출력되므
로 eval을 사용하여 환경 변수에 반영시키자. 이때 셸의 종류는 ssh-agent에 따라 자동
판별되므로 신경 쓰지 않아도 된다.

ssh-add 명령어를 실행하여 물어오는 패스 문구를 입력하면 에이전트 등록이 완료된다.
등록되고 나면 셸을 exit하지 않는 한 패스 문구를 다시 입력할 필요 없이 ssh 명령어나 뒤

에서 설명할 scp 명령어를 사용할 수 있다.

Ubuntu 데스크톱 환경에서는 ssh-agent는 처음부터 실행되어 있기 때문에 ssh-add만 실행하면 된다.

4.3 scp

SSH 통신 경로를 사용하여 파일을 복사해보자.

▶ 원격 파일을 로컬(현재 위치)로 복사하는 경우

```
% scp 호스트명:경로명 로컬 경로명
```

▶ 로컬 파일을 원격 환경에 복사하는 경우

```
% scp 로컬 경로명 호스트명:경로명
```

-r 옵션을 사용하면 디렉터리째로 복사할 수도 있다. 자세한 것은 scp 매뉴얼을 참조하기 바란다.

이 외에 sftp 명령어도 있다. ftp 명령어와 같은 조작 방법으로 파일을 전송할 수 있다. 역시 자세한 내용은 sftp 매뉴얼을 참조하기 바란다.

4.4 ssh_config 설정 파일

~/.ssh/config 파일을 생성하여 각종 설정을 할 수 있다. 자세한 내용은 ssh_config의 매뉴얼을 참조하기 바란다.

예를 들어 다음과 같은 설정이 가능하다.

Host

호스트명에 별명을 붙일 수 있다. 다시 Host 설정을 할 때까지 다음과 같은 설정 항목은 해당 호스트에 대한 설정이라는 의미가 된다. ssh 명령어 호스트명 지정 대신 여기에서 지정한 이름을 지정하면 HostName으로 지정한 호스트명을 짧게 줄일 수 있을 뿐만 아니라 다음과 같이 User 설정을 해두면 사용자명을 생략할 수도 있다.

HostName

접속할 서버의 호스트명을 지정한다.

User

사용자명을 지정한다.

Port

접속할 SSH 서버의 포트 번호를 지정한다.

그 예로 다음과 같은 내용을 ~/.ssh/config 파일에 기술해보자.

```
Host host1
HostName host1.example.co.kr
User testuser
Port 2222
```

여기에서 ssh host1을 실행하면 'host1.example.co.kr'의 '포트 번호 2222에 접속'하여 'testuser라는 사용자명으로 로그인'하는 처리가 실행된다.

4.5 SSH 포트 전송

보안 범주에 속하지는 않으나 SSH를 편하게 사용할 수 있는 포트 전송(포트 포워드)에 대해 잠시 언급하고 넘어가겠다.

SSH를 통해 암호화된 통신 경로로 다른 접속을 가져올 수도 있다. 이를 가리켜 SSH 포워딩 또는 SSH 터널이라고 한다.

그 예로 extra-server.example.co.kr에 SSH 로그인하여 intra-server.example.co.kr에 접근하는 경우를 가정해보자. 호스트명을 보면 알 수 있듯 사외 호스트에서 공개 서버로 SSH 로그인하여 사내 서버에 접근하는 상황이다. 이를 위해 다음 내용을 실행한다.

```
% ssh -L8000:intra-server.example.co.kr:80 extra-server.example.co.kr
```

-L이 로컬에서 원격에서 포트 전송을 하는 옵션이다. 이 예에서는 로컬 호스트 8,000번 포트에 접속, extra-server.exampel.co.kr를 거쳐 intra-server.example.co.kr의 80번 포트로 중계된다.

5. PGP를 통한 암호화, 전자서명

이메일을 암호화하는 방식에는 다음과 같은 것들이 있다.

- PGP (Pretty Good Privacy)
- S/MIME (Secure MIME)
- PEM (Privacy Enhanced E-mail)

이 중에서 PEM은 현재 사용하지 않으며 S/MIME는 PKI (공개키 기반)를 전제로 하고 있어, 어느 정도 한정된 범위의 메일 교환에는 PGP를 많이 사용한다.

원래 PGP는 무료 소프트웨어로 공개되었으나, 이후 사양이 표준화되어 OpenPGP가 되었다. OpenPGP 구현의 하나이며 현재 가장 많이 사용하는 것이 바로 GPG (GNU Privacy Guard)다. GPG를 사용하면 이메일뿐만 아니라 파일 암호화나 전자서명도 가능하다.

PGP는 "신뢰할 수 있는 친구가 신뢰하는 사람은 신뢰할 수 있다."라는 신뢰의 웹(Web of Trust) 모델에 기초한 것이다. 각 친구가 각각의 공개키와 비밀키를 생성하고 공개키를 서로 교환하여 서명함으로써 안심할 수 있고 안전한 암호화, 전자서명이 가능하다.

상대의 공개키를 사용하여 데이터를 암호화함으로써 데이터를 비밀로 주고받을 수 있고 또한 자신의 비밀키를 사용하여 데이터에 전자서명을 함으로써 데이터가 누군가에 의해 악의적으로 수정되지 않았다는 것을 증명할 수 있다.

5.1 키 페어 생성

자신의 공개키와 비밀키를 생성해보자. 비밀키 자체는 암호화되므로 SSH의 비밀키와 마찬가지로 패스 문구를 설정한다.

```
% gpg --gen-key
gpg (GnuPG) 1.4.11; Copyright (C) 2010 Free oftware Foundation, Inc.
This is free software: you are free to change and redistribute it.
There is NO WARRANTY, to the extent permitted by law.

gpg: directory '/home/사용자명/.gnupg' created
gpg: new configuration file '/home/사용자명/.gnupg/gpg.conf' created
gpg: WARNING: options in '/home/사용자명/.gnupg/gpg.conf' are not yet
                                        active during this run
gpg: keyring '/home/사용자명/.gnupg/secring.gpg' created
```

```
gpg: keyring '/home/사용자명/.gnupg/pubring.gpg' created
Please select what kind of key you want:
   (1) RSA and RSA (default)
   (2) DSA and Elgamal
   (3) DSA (sign only)
   (4) RSA (sign only)
Your selection?
RSA keys may be between 1024 and 4096 bits long.
What keysize do you want? (2048)
Please specify how long the key should be valid.
   0 = key does not expire
   <n>  = key expires in n days
   <n>w = key expires in n weeks
   <n>m = key expires in n months
   <n>y = key expires in n years
Key is valid for? (0)
Key does not expire at all
Is this correct? (y/N) y

You need a user ID to identify your key; the software constructs the
                                                             user ID
from the Real Name, Comment and Email Address in this form:
   "Heinrich Heine (Der Dichter) <heinrichh@duesseldorf.de>"

Real name: 이름 입력
Email address: 이메일 주소 입력
Comment: 코멘트가 있으면 입력
You selected this USER-ID:
   "이름(코멘트)<이메일 주소>"

Change (N)ame, (C)omment, (E)mail or (O)kay/(Q)uit? O
You need a Passphrase to protect your secret key.

Enter passphrase:
```

```
Repeat passphrase: 비밀번호 2번 입력

We need to generate a lot of random bytes. It is a good idea to perform
some other action (type on the keyboard, move the mouse, utilize the
disks) during the prime generation; this gives the random number
generator a better chance to gain enough entropy.

Not enough random bytes available. Please do some other work to give
the OS a chance to collect more entropy! (Need 284 more bytes)
```

이와 같은 메시지가 표시되었다면 잠시 기다리도록 한다. 이때 마우스를 움직이거나 키보드 입력, HDD 접근을 하면 난수를 발생시키게 된다.

```
gpg: /home/사용자명/.gnupg/trustdb.gpg: trustdb created
gpg: key CE31E663 marked as ultimately trusted
public and secret key created and signed.

gpg: checking the trustdb
gpg: 3 marginal(s) needed, 1 complete(s) needed, PGP trust model
gpg: depth: 0 valid: 1 signed: 0 trust: 0-, 0q, 0n, 0m, 0f, 1u
pub   2048R/CE31E663 2012-12-02
    Key fingerprint = 215F 68D7 7FDF F138 41C0 D130 C3AF 00EC CE31 E663
uid    이름(코멘트)<이메일 주소>
sub 2048R/2075F969 2012-12-02
```

이것으로 완성되었다. 이후에는 ~/.gnupg 디렉터리 안의 파일을 도난당하지 않도록 백업해두자.

5.2 키 조작

공개키 파기 증명서 작성

자신의 공개키를 파기할 증명서를 작성한다.

```
% gpg -o ~/.gnupg/파일명(이름.revoke 등)--gen-revoke 이메일 주소
sec 2048R/CE31E663 2012-12-02 이름<이메일 주소>

Create a revocation certificate for this key? (y/N) y
Please select the reason for the revocation:
 0 = No reason specified
 1 = Key has been compromised
 2 = Key is superseded
 3 = Key is no longer used
 Q = Cancel
(Probably you want to select 1 here)
Your decision? 1
Enter an optional description; end it with an empty line:
>#아무 것도 입력하지 않고 <Enter>
Reason for revocation: Key has been compromised
Is this okay? (y/N) y
You need a passphrase to unlock the secret key for
user: "이름<이메일 주소>"
2048-bit RSA key, ID CE31E663, created 2012-12-02

gpg: gpg-agent is not available in this session
ASCII armored output forced.
Revocation certificate created.

Please move it to a medium which you can hide away; if Mallory gets
access to this certificate he can use it to make your key unusable.
It is smart to print this certificate and store it away, just in case
your media become unreadable. But have some caution: The print system of
your machine might store the data and make it available to others!
```

공개키 무효화

공개키를 파기할 증명서를 상대에게서 받아 import한다.

```
% gpg --import 파기 증명서 파일
```

공개키 공개

```
% gpg [-a] -o 파일명.pub --export 자신의 사용자명
```

-a 옵션을 붙이면 문자 형식으로 출력된다.

'사용자명' 부분에 이름이나 이메일 주소 일부라도 일치하면 해당한다. 이름의 일부가 복수로 해당하는 사용자가 keyring (공개키를 모아놓은 파일)에 등록된 경우 복수로 해당하지 않도록 지정한다.

이 파일이 여러분의 공개키이므로 안전하게 데이터를 송수신하려는 상대에게 이 파일을 전달한다. 직접 건네거나 신뢰할 수 있는 서버를 통하여 공개키를 건네도록 하자.

또는 공개키를 이메일 등으로 건네는 방법 외에 공개키의 핑커프린트를 상대에게 가르쳐줌으로써 공개키를 받았을 때 확인하게 할 수도 있다.

자신의 핑커프린트는 다음 명령어를 사용해 표시할 수 있다.

```
% gpg --fingerprint 자신의 사용자명
```

5.3 공개키를 입수해 등록

안전하게 데이터를 송수신하려는 상대에게 공개키를 받았다면 keyring으로 불러온다.

```
% gpg --import 공개키 파일
```

공개키를 직접 건네는 경우 이외에는 불러온 공개키가 바른지 확인하도록 핑거프린트를 비교해야 한다.

```
% gpg --fingerprint 상대의 사용자명
```

핑거프린트가 다르다면 신뢰할 수 없으므로 해당 공개키를 삭제한다(삭제 방법은 뒤에 설명함).

이름 부분에는 문자열 일부라도 일치한 모두가 표시된다.

신뢰할 수 있다면 불러온 공개키에 서명한다.

```
% gpg --sign-key 상대의 사용자명
```

"Really sign? (y/n)"라고 물어오면 'y'와 자신의 패스 문구를 입력한다.

```
% gpg --edit-key 사용자명
```

위와 같이 사용하면 신용도 등을 변경할 수도 있다. 자세한 것은 gpg 매뉴얼을 참조하기 바란다.

공개키 삭제

```
% gpg --delete-key 사용자명
```

keyring에 저장된 공개키를 표시

```
% gpg --list-keys 사용자명
```

사용자명을 지정하지 않으면 모든 정보가 표시된다.

5.4 파일의 암호화

```
% gpg [-a] --encrypt -r  [상대 사용자명]  [암호화 대상 파일명]
```

암호화대상파일명.gpg로 암호화된 파일이 생성된다.

-a 옵션을 지정하면 문자열 형식으로 출력되며, 파일명은 **암호화대상파일명.asc**가 된다.

5.5 암호화된 데이터의 복호화

```
% gpg -o [출력 파일명] --decrypt [암호화된 파일명]
```

패스 문구를 입력한다.

5.6 파일의 전자서명

```
% gpg --sign [서명 대상 파일명]
```

패스 문구를 입력한다.

전자서명이 부가된 서명대상파일명.gpg라는 파일이 생성된다.

문자열을 그대로 두고 문자열 형식으로 전자서명을 부가할 수도 있다.

```
% gpg --clearsign [서명 대상 파일명]
```

전자서명이 부가된 서명대상파일명.asc라는 파일이 생성된다. 문서 본체는 그대로 읽을 수 있다.

전자서명 확인

```
% gpg --verify [서명된 파일]
```

파일이 수정되지 않았으면 다음과 같이 표시된다.

```
gpg: Signature made 2012년12월03일11시49분04초JST using RSA key ID
                                                          0B9EEE72
gpg: Good signature from "상대의 이름(코멘트)<이메일 주소>"
```

수정되었다면 다음과 같은 경고가 표시된다.

```
gpg: invalid clearsig header
gpg: Signature made 2012년12월03일11시49분04초JST using RSA key ID
                                                          0B9EEE72
gpg: WARNING: signature digest conflict in message
gpg: Can't check signature: general error
```

Chapter **07**

UNIX 시스템 관리

1. UNIX의 관리 작업

이미 앞서 여러 번 언급했듯이 UNIX는 멀티 사용자 시스템이며 일반 사용자와 관리자가 있다. 과거 UNIX 시스템 운용에서는 일반 사용자와 관리자가 명확하게 구분되었다. 예를 들어 대학 전산실 등에서 보통 사용자는 어디까지나 일반 사용자이기 때문에 마음대로 애플리케이션을 추가 설치할 수 없었고, 관리자 역할을 하는 전담 직원이 따로 있었다. 기업에서도 정보시스템 부서만 관리자 권한을 가진 경우가 대부분이었다.

하지만, 지금은 클라이언트 단말기에 UNIX를 설치하면 누구나 관리자가 될 수 있다.

물론 여러 사용자를 관리하는 중앙 시스템의 관리자와 클라이언트 UNIX 단말기 관리자는 하는 일과 일의 양과 질이 다르지만, 관리자 권한을 가진 UNIX 단말기를 네트워크에 접속시킨다는 점에서 같은 책임이 따르게 된다. 참고로 1995년 전후 일부 Linux 배포판에서는 routed 실행 인수에 기본 경로를 출력하는 옵션이 기본으로 존재했다. 아무것도 모르는 채로 Linux에서 라우터를 만들고자 routed를 유효화하여 재시작하는 순간 해당 호스트의 기본 경로가 네트워크상에 뿌려져 RIP로 동작하던 주변 네트워크 경로가 모두 그 호스트로 빨려 들어가게 되는 사고가 자주 발생했다. 이처럼 UNIX뿐만이 아니라 관리자 권한을 가진 호스트를 네트워크에 접속할 때에는 그에 맞는 책임이 따르게 된다.

따라서 UNIX를 '사용하기만 하는' 사용자라 하더라도 UNIX를 '관리하는' 지식을 갖추어야한다. 이 책에서는 UNIX 시스템 관리의 기초, 특히 클라이언트 호스트 관리의 기초적인부분을 집중적으로 설명하도록 하겠다.

설계상의 이유로 UNIX에는 두 계층의 사용자 권한이 존재한다. UID가 0인 사용자는 root라고 부르며 관리자 사용자다. UID가 1인 사용자는 일반 사용자다. 단, 운용상 UID가 100미만이면 애플리케이션에 고유 권한을 부여하는 시스템도 있다.

또한, 최근에는 권한에 추가로 계층을 부여하려는 시도도 이루어지고 있다(FreeBSD의jail 등). Ubuntu처럼 root 사용자가 명확하게 보이지 않게 만들어둔 시스템도 있다.

이 책에서 다루는 클라이언트 호스트의 관리는 대부분 설정 메뉴에서 설정할 수 있으나, 내부에서 실제로 어떤 처리가 이루어지는지 조금 더 명확하게 살펴보도록 하겠다. 이것이 나중에 UNIX를 관리하는 업무를 담당하게 되었을 때 필요한 기초 지식이 될 수 있기 때문이다. CUI밖에 없는 상태에서도 시스템 설정과 환경 구축을 할 수 있어야 한다.

2. 구동과 셧다운

요즘은 컴퓨터를 셧다운 시키려고 갑자기 전원 케이블을 뽑아버리는 사람은 없을 것이다.이것만큼은 Windows에 고맙게 생각한다. UNIX처럼 복잡한 시스템에서는 셧다운 시에그에 맞는 절차를 거쳐야 하고, 마찬가지로 부팅 할 때에도 적절한 절차를 거쳐야 한다.

이번 장에서는 UNIX 시스템의 구동과 셧다운에 대해 살펴보도록 하겠다.

2.1 부트 로더

전원 입력 시 CPU의 초기화 처리는 이 책의 범주를 벗어나므로 BIOS (또는 이에 상응하는 모니터 등)의 초기화가 완료된 시점 이후부터의 처리에 대해 설명하겠다.

맨 처음 HDD 상의 부트 섹터(섹터 0)를 읽어온다. 부트 섹터는 512byte밖에 되지 않기 때문에 UNIX의 파일 시스템을 이해하고 커널을 읽어들여 실행하는 프로그램 모두를 담기는 어렵다.

보통은 여기에 제2단계, 즉 부트 로더를 읽어와 실행하는 프로그램이 들어 있다.

여러 개의 OS를 바꿔가며 사용할 때는 부트 셀렉터라고 하는 프로그램이 실행되어 부트 셀렉터에서 다음 스테이지의 부트 로더가 호출된다.

부트 로더는 UNIX 루트 파티션을 검색하여 커널 파일을 읽어 온다. 커널 파일을 메모리에 적재하고 처리를 커널의 엔트리 포인트로 넘긴다.

2.2 커널 구동 후의 처리

커널은 내부 변수의 초기화, 디바이스 인식과 초기화 등 다양한 처리를 수행한다. 최근 Linux에서는 구동 시 메시지가 보이지 않는 경우도 많지만, dmesg 명령어를 사용해 구동 시 커널 로그를 살펴보면 장치를 초기화하는 모습을 확인할 수 있다.

초기화 처리가 종료되면 커널은 init을 실행한다. init의 경로는 커널에 내장되어 있으며 보통은 /sbin/init에 들어 있다. init은 PID가 1인, 가장 처음 만들어지는 프로세스며(0은 커널 자신) 다른 모든 프로세스의 부모 프로세스가 된다.

init은 /etc/ 안의 rc 스크립트를 실행한다.

Linux는 배포판에 따라 디렉터리 구성이 달라질 수 있으나, System V 형식의 rc 스크립트를 사용한다. Ubuntu는 /etc/rc 런레벨.d/라는 디렉터리가 있으며 그 안에 실행 스크립트가 들어 있다. 스크립트의 파일명은 S 또는 K로 시작한다. S로 시작하는 스크립트의 서비스는 해당 런레벨에서 시작되며, K로 시작하는 서비스는 중지된다. 파일명의 2, 3번째 문자는 두 단위의 숫자이며 처리되는 순서를 나타낸다.

FreeBSD에서는 /etc/rc라는 셸 스크립트를 실행한다. 구형 BSD 계통 UNIX에서는 /etc/rc에서 직접 데몬 등을 실행했었으나, 현재 BSD 계통 PC-UNIX에서는 데몬 등을 실행하는 스크립트가 서비스별로 /etc/rc.d/ 다음에 들어 있다. 여기에 들어 있는 rc 스크립트의 실행 순서를 결정하는 것이 /sbin/rcorder 명령어다. rc 스크립트의 첫 코멘트에는 스크립트 간의 의존 관계가 기술되어 있다. rcorder은 이 의존 관계를 바탕으로 스크립트의 실행 순서를 결정한다. 서비스의 구동 on/off는 /etc/rc.conf 안에 기술된다.

2.3 셧다운

UNIX 시스템을 중지시킬 때에는 셧다운 절차를 거쳐야 한다. Linux와 BSD는 내부에서 이루어지는 처리는 서로 다르지만, 사용자가 실행하는 명령어에는 큰 차이가 없다. 다음은 셧다운에 사용하는 명령어를 정리하였다.

shutdown

shutdown 명령어는 싱글 사용자 모드로 이행하는 명령어다. 옵션으로 -h를 지정하면 halt (시스템 정지) 상태로, -r을 붙이면 재시작(reboot)한다. 인수로는 시각을 지정한다. now를 지정하면 즉시, 시각 또는 몇 시간 후라고 지정하면 해당 시각에 셧다운이 실행된다.

halt

halt 명령어는 그 즉시 시스템을 중지한다.

reboot

reboot 명령어는 바로 시스템을 재시작한다. 1990년대 전반까지 구형 시스템에서는 reboot 명령어가 디스크의 sync 처리를 하지 않고 재시작했기 때문에 sync를 실행하고 reboot을 실행해야 한다고 교육했다. 그러나 지금은 reboot 명령어 실행 시에도 파일 시스템의 sync와 unmount가 실행되므로 신경쓰지 않아도 된다.

fastboot/fasthalt

fastboot와 fasthalt는 다음 부팅 시 fsck (파일 시스템의 체크)를 건너뛰고 재시작(fasthalt는 종료)하는 명령어다. 최근 UNIX에서는 파일 시스템이 정상적으로 unmount 되어 있으면 시작 시 fsck가 생략되기 때문에 지금은 reboot, halt 명령어와 차이가 없다.

3. 사용자와 그룹의 관리

3.1 UNIX에서의 사용자 개념

UNIX는 멀티 사용자 시스템이므로 한 시스템에 여러 명의 사용자가 있다. 사용자에게는 UID라는 0 이상의 번호가 할당되어 있다. UID가 0인 사용자는 root라는 이름의 슈퍼 사용자며 특별한 권한을 가진다.

초기 UNIX에서는 UID는 short 형식(16bit)이었기 때문에 하나의 시스템에 수만 명 정도의 사용자밖에 수용하지 못했다. 이는 어느 정도 큰 규모를 갖춘 대학의 전교생을 수용하기에도 부족한 수준이다. 반면 현재 UNIX의 UID는 uid_t라는 형식이며 FreeBSD는 부호 없이 32bit 정수로 정의되어 있다.

UID는 사용자에게 할당된 숫자이자 실행 중인 프로세스 속성에 할당된 숫자이다. 프로세스는 해당 사용자의 UID에 부여된 권한에 맞추어 동작한다.

프로세스는 사용자 ID 외에 실효 사용자 ID (Effective UID)라는 값을 갖는다. 실효 사용자 ID는 프로세스의 소유자와는 상관없이 어느 사용자의 권한으로 처리를 실행할 것인지를 나타낸다. root 권한으로 실행된 프로세스라도 실제 처리에 root 권한이 필요 없다면 실효 사용자 ID를 일반 사용자로 변경해 두는 것이 좋다(setuid 시스템 콜). 만일 해당 프로그램이 외부에서 받은 데이터에 공격 코드가 포함되어 있어 악성 코드가 실행되어도 일반 사용자의 권한이기 때문에 피해의 범위를 줄일 수 있다.

반대로 일반 사용자가 실행하는 프로그램을 root 권한으로 동작시키고 싶을 때는 대상 프로그램 파일의 setuid 비트를 설정한다. /sbin/ping 명령어의 모드는 다음과 같이 되어 있다.

```
% ls -l /sbin/ping
-r-sr-xr-x 1 root wheel 27968 Sep 1 15:57 /sbin/ping
```

s 비트가 설정되어 있으므로 ping 프로그램은 실효 사용자가 root로 실행된다.

ping은 ICMP 패킷을 직접 송수신하기 위해 RAW 소켓을 사용한다. 따라서 root 권한이 필요한 것이다.

사용자는 보통 하나 이상의 그룹에 소속되며 한 그룹에는 여러 명의 사용자가 소속될 수 있다. 문자열로 그룹명, 정수로 그룹 ID (GID)가 그룹에 할당된다. GID가 0인 그룹은 wheel 그룹이라고 한다. wheel 그룹에 소속된 사용자는 su 명령어를 이용해 root로 전환할 수 있다. 단, Ubuntu에서는 root 계정이 잠겨있다.

그룹은 예를 들어 프로젝트 A 그룹(paj_a)과 프로젝트 B 그룹(prj_b)이 있다면 소스 코드 관리 등 사용하는 파일 저장 위치에 서로 쓰기를 못 하도록 막고 싶을 때 활용할 수 있다. 이때에는 각 디렉터리의 그룹을 다음과 같이 만들어 두면 된다.

```
% ls-l
total 0
drwxrwxr-x 2 root prj_a 0 Sep 29 14:11 project_a/
drwxrwxr-x 2 root prj_b 0 Sep 29 14:11 project_b/
```

각각의 프로젝트를 그룹으로 만들어 해당 그룹에 소속된 사용자의 쓰기만 허가하는 것이다.

3.2 사용자와 그룹 관리

네트워크가 집중화되어 있지 않은 시스템에서는 사용자와 그룹이 /etc/ 다음의 파일로 관리되고 있다.

/etc/passwd에는 사용자의 정보가 저장되어 있다. 초기 UNIX에서는 암호화된 비밀번호가 저장되어 있었으나 지금은 암호화된 비밀번호는 별도의 파일(Ubuntu에서는 /etc/shadow, FreeBSD는 /etc/master.passwd)에 저장되어 있다.

다음은 /etc/passwd 파일 일부를 발췌한 것이다.

```
root:*:0:0:Charlie &:/root:/bin/csh
toor:*:0:0:Bourne-again Superuser:/root:
daemon:*:1:1:Owner of many system processes:/root:/usr/sbin/nologin
operator:*:2:5:System &:/:/usr/sbin/nologin
bin:*:3:7:Binaries Commands and Source:/:/usr/sbin/nologin
tty:*:4:65533:Tty Sandbox:/:/usr/sbin/nologin
kmem:*:5:65533:KMem Sandbox:/:/usr/sbin/nologin
games:*:7:13:Games pseudo-user:/usr/games:/usr/sbin/nologin
news:*:8:8:News Subsystem:/:/usr/sbin/nologin
man:*:9:9:Mister Man Pages:/usr/share/man:/usr/sbin/nologin
sshd:*:22:22:Secure Shell Daemon:/var/empty:/usr/sbin/nologin
kimoto:*:1000:1000:Masahiko KIMOTO:/home/kimoto:/bin/tcsh
```

shadow나 master.passwd에는 암호화된 비밀번호가 저장되어 있다. 1990년대까지는 DES라는 암호화 알고리즘이 주류였으나 지금은 해독이 더 어려운 다른 알고리즘을 주로 사용한다.

/etc/group에는 그룹 리스트가 저장되어 있다. 다음은 /etc/group의 예다.

```
wheel:*:0:root,kimoto
daemon:*:1:
kmem:*:2:
sys:*:3:
tty:*:4:
operator:*:5:root,kimoto
```

다음으로, 사용자와 그룹 관련 명령어를 다음에 정리해 보았다.

id

id 명령어는 사용자에게 할당된 ID 번호 등을 표시한다. 인수를 지정하지 않으면 실행한 사용자의 정보를 표시하며, 인수로 사용자명을 지정하면 해당 사용자의 정보를 표시한다. 이 명령어는 여러 구현 형태가 있어 각기 사용 가능한 옵션이 다르므로 사용 환경에 따라 매뉴얼을 참조하기 바란다. 다음은 실행 예다.

```
% id
uid=1000(kimoto) gid=1000(user) groups=1000(user),0(wheel),5(operator)
```

whoami

whoami 명령어는 현재 사용자 ID (엄밀하게 말하면 실효 사용자 ID)를 로그인명으로 표시한다. 다음은 실행 예다.

```
% whoami
kimoto
```

groups

groups 명령어는 인수로 지정한 사용자(인수를 생략한 경우에는 실행한 사용자)가 소속되어 있는 그룹 리스트를 표시한다. 다음은 실행 예다.

```
% groups
user wheel operator
```

who

who 명령어는 현재 시스템에 로그인한 사용자의 리스트를 표시한다.

finger

finger 명령어는 사용자의 정보를 검색한다. 다른 호스트의 사용자 상태(로그인 중인지, 안 읽은 메일이 있는지 등)를 검색할 수 있어 해당 사용자가 자리에 있는지 부재중인지 확인하는 데 쓰였으나, 지금은 대부분 시스템에서 finger 서비스는 사용할 수 없다.

4. 패키지 관리

4.1 Ubuntu의 패키지 관리

Ubuntu를 비롯한 Debian 계통 Linux에서는 APT라는 패키지 관리 시스템을 사용하고 있다. APT 명령어의 대표적인 사용법을 살펴보자.

▣ 패키지 검색

```
apt-cache search 패키지명
```

▣ 패키지 설치

```
apt-get install 패키지명
```

▶ 패키지 삭제

```
apt-get remove 패키지명
```

▶ 패키지 갱신

```
apt-get update 패키지명
```

▶ 설치된 전체 패키지를 최신 버전으로 갱신

```
apt-get upgrade
```

APT에서는 deb 형식의 바이너리 패키지 파일을 취급하고 있다. APT에서 제공하지 않는 애플리케이션도 deb 형식으로 배포될 때가 있다. deb 형식의 파일은 dpkg 명령어를 사용해 설치할 수 있다.

APT 패키지는 /etc/apt/souces.list에 기재된 곳에서 받을 수 있다. 이 파일에 항목을 추가하면 비표준 패키지 배포 사이트도 이용할 수 있다.

4.2 FreeBSD의 패키지 관리

FreeBSD에는 ports와 packages라는 두 가지 패키지 관리 시스템이 있다(FreeBSD 10부터는 pkgng라는 새로운 바이너리 패키지 관리 시스템도 도입되었다).

ports는 소스 파일을 네트워크 경유로 입수하고 필요한 패치를 선택해 컴파일하고 설치한다. 컴파일 옵션 선택이나 패치 선택 등의 작업을 자동화한 것도 있다.

packages는 ports를 통해 컴파일되어 설치된 바이너리를 아카이브로 모은 것이다. package는 pkg_add라는 명령어로 설치한다. 아카이브 내에 해당 프로그램이 요구하는 라이브러리 등에 대한 정보도 들어 있으므로 pkg_add를 실행하면 이와 관련된 다른 package도 함께 설치된다. ports와 packages는 기본적으로 1대 1 대응이며 port에서는 make package를 실행함으로써 package를 생성할 수 있다.

다음은 이 책에서 소개한 emacs를 ports로 설치하는 순서를 나타내고 있다.

```
# cd /usr/ports/editors/emacs
# make config
(여기에서 옵션을 선택할 수 있다.)
# make
# make install
```

ports 디렉터리 갱신에는 portsnap 명령어를 사용한다. /etc/portsnap.conf 파일을 취득할 서버를 지정하고 다음을 실행한다.

```
# portsnap fetch
# portsnap update
```

ports를 최신으로 업데이트할 때 컴파일이 불가능한 상태가 될 수도 있다. 이에 반해 packages는 컴파일을 완료한 바이너리이므로 설치에 실패하는 일은 없다. 하지만, 요구하는 관련 라이브러리나 애플리케이션의 버전 기준이 까다로워 원래라면 문제없이 동작할 수 있을 정도의 작은 차이에도 관련 package를 추가로 업데이트할 것을 요구할 수가 있다.

FreeBSD에서는 바이너리 패키지와 ports를 적절히 병용해야 할 것이다.

5. TCP/IP 네트워크 관리

5.1 네트워크로의 접속

일부 OS에서는 네트워크 접속이 자동으로 설정되지만, 내부에서 처리되는 실행 과정을 파악해두면 문제 해결에 도움이 될 것이다.

IP 네트워크로 접속할 시에는 대략 다음과 같은 처리가 필요하다. 이더넷 인터페이스가 하나일 때를 전제로 하였다.

- 하드웨어의 네트워크 인터페이스를 사용 가능하게 하고 물리적으로 네트워크에 접속한다.
- 호스트명과 네트워크 주소를 할당한다(네트워크에 따라서는 DHCP를 사용할 수 있다).
- 기본 게이트웨이를 설정한다(네트워크에 따라서는 정적 라우터 설정이 필요할 때도 있다).
- 필요한 네트워크 설정을 부팅 시에 실행할 수 있도록 한다.
- 네트워크 접속을 테스트한다.
- 이용하려는 네트워크 서비스를 설정하여 사용 가능하게 한다.

5.2 ifconfig를 사용한 네트워크 인터페이스 설정

네트워크 인터페이스 설정에는 ifconfig 명령어를 사용한다. ifconfig는 원래 TCP/IP가 도입된 4.2 BSD에서 추가된 명령어지만, 이후 취급하는 네트워크 물리 인터페이스 종류가 다양화되고 OS마다 차이가 발생하여 OS에 따라 쓸 수 있는 인수가 달라졌다. 이 책에서는 일반적인 예를 정리하였다.

```
# ifconfig msk0 inet 192.168.1.2 netmask 255.255.255.0
```

msk0이라고 이름 붙여진 이더넷 인터페이스를 구성하여 지정된 인터넷 주소와 넷마스크를 할당한다.

- 제1인수: 인터페이스명. 이름 설정 규칙은 OS에 따라 다르다.

- 제2인수: 주소 패밀리를 나타낸다. IPv4는 inet이 되며, IPv6는 inet6라고 기재한다.

- 제3인수: IP 주소를 적는다.

- 제4인수: 넷마스크가 이어진다는 것을 나타내는 키워드, netmask다.

- 제5인수: 넷마스크를 10진수 도는 16진수 표기로 지정한다.

보통 UNIX는 자기 자신을 나타내는 루프백 인터페이스라는 것을 가지고 있기 때문에 인터페이스명에는 lo0이라는 이름이 붙어 있다.

또한, Linux의 ifconfig 명령어는 지금은 관리하지 않는 오래된 명령어이기 때문에 현재는 iproute2 패키지의 ip 명령어를 사용하는 것이 좋다.

5.3 기본 게이트웨이

근처 서브넷을 제외한 다른 네트워크와 통신을 하려면 외부와 중계해주는 라우터를 설정해야 한다. OS가 내부에 가진 각 목적지(주소)별 중계 라우터 정보를 가리켜 라우팅 테이블이라고 한다. 이 중 어느 주소와도 일치하지 않는 패킷은 기본 게이트웨이(또는 기본 라우터)로 보내진다.

라우팅 테이블은 route 명령어로 설정한다.

Linux에서의 기본 게이트웨이 지정은 다음과 같다.

```
# route add default gw 192.168.192.1
```

같은 설정을 FreeBSD에서 하려면 다음과 같이 하도록 한다.

```
# route add default 192.168.192.1
```

route 명령어는 4.2 BSD에서 유래했으나 FreeBSD와 Linux 간에는 표기 방법에 차이가 있다는 점에 주의하자. 또한, Linux에서는 라우팅 테이블을 세세하게 설정할 때 iproute2 패키지의 ip 명령어를 사용하는 것이 일반적인 방법이다.

5.4 라우팅 테이블의 표시

라우팅 테이블을 표시하려면 netstat −r 명령어를 사용한다. 다음은 FreeBSD에서의 실행 예다.

```
% netstat -rn
Routing tables

Internet:
Destination      Gateway         Flags        Refs      Use Netif Expire
default          192.168.1.1     UGS             0  4179727  msk0
127.0.0.1        link#2          UH              0   159328  lo0
192.168.1.0/24   link#1          U               0   172746  msk0
192.168.1.5      link#1          UHS             0        0  lo0

Internet6:
Destination      Gateway                          Flags     Netif Expire
::/96            ::1                              UGRS       lo0    =>
default          fe80::226:18ff:fe0f:a1db%msk0    UG        msk0
::1              link#2                            UH        lo0
::ffff:0.0.0.0/96::1                              UGRS      lo0
~ 생략 ~
```

앞쪽은 IPv4의 라우팅 테이블, 뒤쪽은 IPv6의 라우팅 테이블이 표시된다. 뒤는 생략하였다. 테이블의 맨 처음 한 줄은 기본 루트를 나타낸다. 다음 행은 로컬 호스트(127.0.0.1)를 목적지로 하는 패킷을 루프백 인터페이스로 보내는 경로를 나타내고 있다. 다음 행은 자기 호스트가 접속된 서브넷에 대한 경로로, 외향 네트워크 인터페이스를 거쳐 직접 송신하는 경로다. 다음 행은 자기 호스트의 IP 주소를 목적지로 하는 패킷은 루프백 인터페이스로 보낸다는 경로를 나타낸다.

5.5 정적 경로 지정

특정 목적지로 보내는 패킷을 다른 라우터에 거치게 하려면 정적 경로(Static Routing)를 지정해야 한다.

```
# route add -net 192.168.2.0/23 192.168.1.128
```

위에서는 192.168.2.0/23의 네트워크로의 통신은 192.168.1.128 라우터를 거치도록 설정하고 있다. 같은 내용을 Linux에서는 다음과 같이 기술한다.

```
# route add -net 192.168.2.0 netmask 255.255.240.0 gw 192.168.1.128
```

Linux에서는 iproute2를 사용함으로써 소스 라우팅(출발지에 따라 다음 경로를 결정) 등 더욱 자세한 설정이 가능하다.

5.6 부팅 시의 설정

OS 부팅 시에 자동으로 네트워크 인터페이스 설정을 하려면 다음의 파일에 기술하도록 한다. OS마다 기술 방법은 달라진다.

```
FreeBSD : /etc/rc.conf
Linux(Ubuntu) : /etc/network/interfaces
```

FreeBSD와 Linux에 지금까지의 설정을 반영시키는 방법을 예를 통해 살펴보자. 우선은 FreeBSD의 /etc/rc.conf의 기술 방법이다.

```
ifconfig_msk0="inet 192.168.1.2 netmask 255.255.255.0"
defaultrouter="192.168.1.1"
static_routes="st1"
route_st1="-net 192.168.2.0/23 192.168.1.128"
```

Ubuntu에서는 /etc/network/interfaces에 다음 내용을 추가한다.

```
auto eth0
iface eth0 inet static
address 192.168.1.2
netmask 255.255.255.0
gateway 192.168.1.1
```

또한, 정적 경로를 설정하도록 /etc/network/if-up.d/routes를 생성하여 다음 내용을 추가한다. 이 파일은 셸 스크립트로서 실행되기 때문에 실행 권한을 부여해 두어야 한다.

```
#!/bin/sh
route add -net 192.168.2.0 netmask 255.255.240.0 gw 192.168.1.128
```

5.7 이름 분석

IP 주소를 설정하면 외부 네트워크와 통신을 할 수 있게 되지만, 이것만으로는 호스트명을 사용하여 접근할 수 없다.

이름 분석이란 이에 대응하는 IP 주소로 호스트명을 변환하는 처리를 가리키며, 다음 방법 중 하나로 이루어진다.

- /etc/hosts 파일에 기재되어 있는 대응 관계 정보를 참조한다.
- DNS (Domain Name Service) 서버와 통신하여 검색한다.

/etc/hosts는 DNS라는 분산 데이터베이스가 존재하지 않을 때의 이름 해결 방법이다. /etc/hosts라는 파일에 호스트명과 IP 주소 대응관계를 텍스트 형식으로 기술하면 애플리케이션이 호스트명으로 IP 주소를 검색할 수 있게 된다.

/etc/hosts의 엔트리는 네트워크 통신이 불가능한 상태에도 참조할 수 있다. 예를 들어 자기 호스트의 IP 주소를 /etc/hosts에 기재해 두면 ifconfig 명령어에 IP 주소 대신 호스트명을 지정할 수 있다. 또한, 뒤에서 설명할 nsswitch의 지정에 따라 달라지지만, 보통은 DNS보다 /etc/hosts 파일이 먼저 검색되므로 DNS 설정을 덮어씌우거나 가상서버의 동작 테스트를 할 때에도 활용할 수 있다.

다음은 /etc/hosts의 예다. 좌변이 IP 주소(IPv6 주소도 지정 가능), 우변이 호스트명(공백으로 구분)이다.

```
::1                localhost localhost.example.com
127.0.0.1          localhost localhost.example.com
192.168.1.200      myserver myserver.example.com
```

DNS는 IP 주소를 검색하기 위한 광역 분산 데이터베이스다. DNS에 대해서는 다음 절에서 설명하겠으나 우선 여기에서는 클라이언트에서 DNS 이름 분석 설정 방법에 대해 살펴보자. 다음은 /etc/resolv/conf의 예다.

```
search example.com
nameserver 192.168.0.2
nameserver 192.168.10.2
```

search 행은 검색 시 도메인을 생략했다면 이를 보완할 도메인을 지정한다. nameserver 행은 DNS 서버를 지정한다. 먼저 지정한 엔트리를 우선으로 한다.

Ubuntu에서는 /etc/resolv.conf가 resolvconf 유틸리티에 의해 동적으로 생성되어 ../run/resolvconf/resolv.conf에 대한 심볼릭 링크로 배치될 수가 있다. 이 경우에는 /etc/resolv.conf를 실제 파일로 치환해서 resolvconf 실행을 막거나 /etc/network/interfaces에 'dns-nameservers 192.168.0.2'를 기술한다.

5.8 네임 서비스 스위치

호스트명이나 비밀번호의 대응 관계는 가장 처음에는 로컬 파일에 저장되었으나, LAN 내에서 공유하는 수요가 발생하게 되어 공유 시스템이 등장하게 되었다. Sun Microsystems의 NIS (YP)나 NeXT STEP에 탑재된 NetInfo (현재는 Mac OS X로 계승됨) 등이 유명하다. 호스트명은 DNS에 의한 광역분산 관리도 이루어지게 되었다.

초기에는 이와 같은 정보의 검색 순서나 기능 유효·무효화 설정이 임시적 방법으로 이루어졌으나 보다 포괄적으로 지정하기 위하여 생겨난 것이 바로 네임 서비스 스위치다. 네임 서비스 스위치 동작은 /etc/nsswitch.conf라는 파일에 기술한다. nssitch.conf는 쌍점(:)으로 구분하여 왼쪽에는 데이터베이스명, 오른쪽에는 데이터 공급원을 우선도가 높은 차례로 공백으로 구분하여 기술한다.

```
hosts: files dns mdns
shells: files
```

위 기술 예에서는 호스트명은 파일(/etc/hosts), DNS, 멀티캐스트 DNS (이 책에서는 자세한 내용을 다루지 않으나 Mac OS X의 Bonjour와 같음) 순으로 검색한다. 셸로 쓸 수 있는 명령어 리스트는 파일(/etc/shells)을 참조한다.

6. DNS (이름 서비스)

6.1 DNS란?

DNS (Domain Name System)란 인터넷상에서 도메인명을 운용, 관리하기 위한 시스템이다. 호스트명과 IP 주소를 매핑하여 상호 분석하는(이를 **이름 분석**이라 부름) 역할을 담당한다.

인터넷 통신에서는 상대의 IP 주소를 지정해야 한다. 예를 들어 프리렉의 웹 페이지에 접근하려면 호스트명 www.freelec.co.kr를 DNS에 질의하여 IP 주소 116.124.128.181을 얻음으로써 프리렉이 운영하는 웹 서버이 주소를 알 수 있다.

6.2 DNS의 역사

인터넷의 전신인 ARPAnet은 수백 대의 호스트만으로 구성되어 있었기 때문에 모든 호스트명과 IP 주소 대응을 'HOST.TXT'라는 텍스트 파일로 관리했다. 당시 UNIX의 '/etc/hosts'는 이 파일을 기반으로 만들어졌다. HOST.TXT는 SRI-NIC (Stanford Research

Institute's Network Information Center)가 관리했으며, Anonymous FTP로 공개되었었다. ARPAnet에 접속하는 호스트는 SRI-NIC에 FTP 접속하여 최신 HOST.TXT를 얻은 다음 로컬 UNIX 시스템의 /etc/hosts에 반영했다. 하지만, ARPAnet이 TCP/IP 프로토콜로 이행하면서 네트워크의 호스트 수가 폭발적으로 증가하였고 다음과 같은 문제가 발생했다.

- 접속 호스트 수 증가에 다른 HOST.TXT 파일의 비대화
- HOST.TXT를 집중적으로 관리하는 SRI-NIC의 부하 증가
- 실수로 이미 등록된 호스트명을 등록할 때 이름끼리 충돌 발생

이 문제를 해결하기 위하여 DNS가 개발되었다.

6.3 DNS의 구조

DNS라는 것은 호스트 정보의 분산 데이터베이스다. DNS의 이름공간(Namespace)은 트리 구조로 되어 있으며, **도메인 트리**라고 한다. 도메인 트리의 최상위는 ROOT로 정의하며 온점(.)으로 표시한다. 트리는 몇 개의 계층으로 나누어져 각각의 계층마다 그다음에 포함된 하위 도메인명을 관리하고 있다.

최상위 루트 DNS 서버는 kr이나 com 등의 TLD (Top Level Domain) DNS 서버의 정보를 가지며, TLD의 DNS 서버는 각각의 이름공간에서 관리되는 ac, co 등의 DNS 서버 정보를 가진다.

이처럼 도메인의 관리는 분할되어 있으며(분할한 것을 zone이라고 부른다), 각 DNS 서버는 담당하는 zone의 정보만 가진다.

zone 별로 분할함으로써 이름 분석 부하를 분산시킬 수 있으며, 도메인 관리를 각 DNS 서

버에 맡김으로써 관리 효율도 향상된다. zone의 관리를 다른(하위) 서버에 맡기는 것을 권한 이양(Delegation)이라고 한다. 도메인 트리의 트리 구조는 권한 이양을 나타내는 트리 구조라고도 할 수 있다.

6.4 이름 분석의 흐름

애플리케이션의 요구를 받아 이름 분석을 하는 소프트웨어가 리졸버다. 리졸버는 UNIX에서 라이브러리 함수로 구현되어 있다.

리졸버는 /etc/resolv.conf에 기재된 네임 서버에 이름 분석 요구를 송신한다. 이 네임 서버를 풀서비스 리졸버라고 부른다. 명칭이 혼동될 수 있으므로 전자를 스터브(stub) 리졸버라고 구분하기도 한다. 보통 리졸버라고 하면 스터브 리졸버를 가리킨다.

한 예로, example.co.kr이라는 호스트명의 IP 주소를 분석하는 흐름을 살펴보자.

스터브 리졸버가 풀서비스 리졸버에 이름 분석을 의뢰하면, 풀서비스 리졸버는 루트 서버에 example.co.kr의 IP 주소를 질의한다.

루트 서버는 example.co.kr 호스트명을 직접적으로 갖고 있지는 않기 때문에(권한이 이양되어 있음) 풀서비스 리졸버에게 "kr 도메인이 관리하고 있다."라고 통보한다.

풀서비스 리졸버는 이 통보를 받고 kr 도메인을 관리하는 네임 서버에 질의하여 "co.kr 도메인이 관리하고 있다."라는 통보를 받는다. 그다음에는 co.kr 도메인 네임 서버에 질의하여 example.co.kr 도메인을 직접 관리하는 네임 서버의 IP 주소(NS 레코드)를 받는다.

최종적으로 example.co.kr의 네임 서버에 질의하면 IP 주소(A 레코드)를 얻을 수 있다.

이처럼 풀서비스 리졸버가 이름 분석을 위해 몇 개의 네임 서버를 거치는 동작을 가리켜 반복 질의(Iterative Query)라고 부른다.

6.5 이름 분석 클라이언트

대표적인 이름 분석 클라이언트를 살펴보자.

nslookup

nslookup은 대화 형식으로 조작하며, 이름 분석 요구를 보내어 결과를 취득할 수 있다. 다음 실행 예에서는 검색 대상에 AAAA 레코드(IPv6 주소)를 지정, 호스트명으로부터 IP 주소를 검색(순방향)하고 있다.

```
% nslookup
> set q=aaaa
> www.soum.co.kr
Server:      127.0.1.1
Address:     127.0.1.1#53

Non-authoritative answer:
www.soum.co.kr canonical name = soumgw.soum.co.kr.
soumgw.soum.co.kr has AAAA address 2001:240:10e::1

Authoritative answers can be found from:
>
```

dig

dig (domain information groper) 명령어는 nslookup보다 세밀하게 DNS 서버의 동작을 확인할 때 유용하다.

dig의 전형적인 인수는 다음과 같다.

```
dig @server domainname type
```

server에는 네임 서버를 지정한다. domainname에는 검색 대상 호스트명, type에는 레코드 종류를 지정한다. 앞서 설명한 nslookup에서의 AAAA 레코드의 검색과 같은 동작을 dig 명령어로 실행하면 다음과 같이 실행된다.

```
% dig @127.0.1.1 www.soum.co.kr aaaa

; <<>> DiG 9.9.2-P1 <<>> @127.0.1.1 www.soum.co.kr aaaa
; (1 server found)
;; global options: +cmd
;; Got answer:
;; ->>HEADER<<- opcode: QUERY, status: NOERROR, id: 11425
;; flags: qr rd ra; QUERY: 1, ANSWER: 2, AUTHORITY: 0, ADDITIONAL: 1

;; OPT PSEUDOSECTION:
; EDNS: version: 0, flags:; udp: 4096
;; QUESTION SECTION:
;www.soum.co.kr.                 IN AAAA

;; ANSWER SECTION:
www.soum.co.kr.          3600 IN CNAME      soumgw.soum.co.kr.
soumgw.soum.co.kr.       2684 IN AAAA       2001:240:10e::1

;; Query time: 99 msec
;; SERVER: 127.0.1.1#53(127.0.1.1)
;; WHEN: Wed Sep 18 17:18:21 2013
;; MSG SIZE rcvd: 92
```

host

host 명령어는 위의 두 명령어보다 간단한 DNS 검색 명령어이다. 호스트명을 인수로 지정하면 사람이 알아보기 쉬운 형식으로 주소를 출력한다.

```
% host www.soum.co.kr
www.soum.co.kr is an alias for soumgw.soum.co.kr.
soumgw.soum.co.kr has address 202.221.40.1
soumgw.soum.co.kr has IPv6 address 2001:240:10e::
```

7. 서비스 관리

7.1 구동 파일

UNIX에서 사용하는 '서비스'라는 단어는 정의하기가 어렵다. 커널이 제공하는 시스템 콜을 제외하면 UNIX가 제공하는 서비스라는 것은 (보통은 관리자 권한으로 동작하는) 프로세스가 제공하는 것을 가리킨다. 제공하는 '것'이란 보통은 네트워크 서버로 동작하거나 프로세스 간 통신에서 서버로써 동작하는 것이지만, cron과 같이 서버로 동작하지 않는 것도 있다.

이 책에서는 구동 방법을 기준으로 '서비스'를 정의하여 구동 시에 rc 스크립트에서 구동되는 것을 가리켜 서비스라고 정의하겠다.

이것은 다른 OS의 비슷한 기능(예를 들어 Mac OS X launchd)과 비교했을 때에도 적절한 분류라고 생각한다.

7.2 서비스 실행 제어(FreeBSD)

FreeBSD에서의 서비스 실행은 간단한 셸 스크립트로 구현되어 있다. 서비스를 실행, 중지, 재시작하는 스크립트는 /etc/rc.d, /usr/local/etc/rc.d/ 다음에 들어 있다.

ntpd를 예로 살펴보자. NTP 서버의 서비스를 유효화하려면 우선 /etc/rc.conf에 다음 내용을 기술한다.

```
ntpd_enable=''YES''
```

서비스를 구동할 때에는 다음을 실행한다.

```
# /etc/rc.d/ntpd start
Starting ntpd.
```

서비스를 중지할 때에는 다음을 실행한다.

```
# /etc/rc.d/ntpd stop
Stopping ntpd.
Waiting for PIDS: 865.
```

서비스의 동작 상황을 알아볼 때에는 다음을 실행한다.

```
# /etc/rc.d/ntpd status
ntpd is running as pid 865.
```

/etc/rc.conf의 설정은 시스템 부팅 시 서비스 시작 여부에 반영된다. 서버를 구축하는 도중처럼 일시적으로 서비스의 구동, 정지를 실행하고 싶을 땐 다음처럼 start, stop 앞에 one을 붙여서 실행한다.

```
# /etc/rc.d/ntpd onestart
Starting ntpd.
# /etc/rc.d/ntpd onestop
Stopping ntpd.
Waiting for PIDS: 46473.
```

7.3 서비스 실행 제어(Linux)

Linux에서도 FreeBSD와 마찬가지로 rc 스크립트를 직접 실행하여 서비스를 구동, 중지할 수 있다. Ubuntu에서 rc 스크립트는 /etc/init.d/ 다음에 들어 있으며, 이들 스크립트를 실행하여 서비스를 제어할 수 있다.

Linux에서는 더 범용적인 방법인 service 명령어가 준비되어 있다.

다음을 실행하면 현재 서비스의 가동 상황 리스트가 표시된다.

```
# service --status-all
```

FreeBSD와 마찬가지로 NTP 서비스의 구동, 동작 상황 표시, 중지를 실행하면 다음과 같이 실행된다. 참고로 다음은 Ubuntu의 실행 예다.

```
% sudo service ntp start
* Starting NTP server ntpd
    ...done.
% sudo service ntp status
* NTP server is running
% sudo service ntp stop
* Stopping NTP server ntpd
    ...done.
```

8. 문제 해결

8.1 문제 해결이란?

가동 중인 시스템에 문제가 발생하지 않도록 막는 것은 거의 불가능한 일이다. 문제의 원인은 하드웨어 고장, 버그, 설정 오류 등 실로 다양하기 때문이다. 문제 발생 시에 그 원인을 파악하여 제거하고, 정상적인 상태로 복구하는 작업은 시스템 관리자에게 있어서 중요한 업무 중의 하나라고 할 수 있다. 이와 같은 작업을 **문제 해결(Trouble Shooting)**이라고 부른다.

문제 해결을 통해 다양한 지식을 얻는 한편, 신속한 문제 해결을 위해서는 다양한 지식과 경험을 총동원해야만 한다. 문제 해결에는 높은 기술력이 필요하다. 따라서 문제 해결을 반복해서 경험할수록 더 높은 기술력을 축적할 수 있게 된다.

문제가 발생한 시스템이 업무에 필요한 공용 시스템이거나 외부에 서비스를 제공하는 시스템이면 영향 범위가 막대하기 때문에 특히 신속한 대응이 필요하다.

하지만, 업무상 시스템 문제가 발생하였을 때 혼자서 대응하려는 것은 올바르지 못한 판단이다. 특히 경험이 적을 때에는 잘 모르는 상태에서 이것저것 시도해 보다가 결과적으로 사태를 더 심각하게 만들 가능성도 있다. 이 같은 상황에는 우선 상사나 선배에게 보고하고 자신이 무엇을 할 수 있는지 지시를 기다리는 것이 업무적 측면에서 가장 적절한 행동이라고 할 수 있겠다.

반면 개인이 사용하는 단말기에서 문제가 발생하였을 때는 대부분 자신에게만 영향이 발생하기 때문에 주저하지 말고 바로 대응해야 한다. 때로는 상사나 선배의 조언을 구할 필요가 있겠으나 경험을 쌓을 기회라고 생각하고 적극적으로 문제를 해결하도록 하자.

이미 문제가 발생한 상황이 아니더라도 평소에 문제 발생을 미리 방지하는 노력을 기울이는 것 또한 중요하다. 정기적인 시스템 로그 체크 등도 하나의 방법이며 다중 전원을 가진 시스템이나 RAID를 사용한 시스템으로 장애 발생 시에도 시스템 전체는 정상적으로 가동시킬 수 있도록 준비해두는 방법도 있다. 이와 같은 장애 내성(Fault Tolerance)을 가진 시스템을 이용하는 경우 실제 운용에 들어가기 전에 미리 장애 시험을 해 둘 필요가 있다. 핫스왑이 되어 있으니 안심할 수 있다 해도 실제로 운용에 들어간 상태에서 처음으로 해당 조작을 하려면 큰 용기가 필요하다. 영향이 발생하지 않는 환경에서 미리 테스트를 해 두면 실제로 문제가 발생했을 때에 침착하게 대응할 수 있다.

지금부터는 문제 해결 시 원인을 찾아내는 방법에 대해 설명하겠다. 원인 파악 후에는 복구 작업이 필요하나, 복구 작업은 발생한 현상에 따라 대처 방법이 다르므로 이 책에서는 복구 자체보다는 앞 단계인 원인 파악을 위한 조사 방법을 중점으로 살펴보겠다.

8.2 로그와 메시지 확인

셸 프롬프트에 명령어를 입력했을 때 제대로 동작하지 않았다면 화면 상에 메시지가 뜨는 경우가 많을 것이다. 또는 데몬으로 동작하는 프로세스가 비정상적인 처리를 했을 때는 시스템 로그에 기록이 남게 된다.

문제 해결의 기본은 로그와 메시지를 확인하는 것이다.

대부분은 메시지 속에 원인을 파악할 수 있는 정보가 들어 있다. 설정 파일의 작성 실수 등도 로그를 보면 발견할 수 있는 경우가 많다.

아주 간단한 예로, ls 명령어를 실행하려다 실수로 sl이라고 쳤을 때는 화면에 다음과 같은 메시지가 표시된다.

```
sl: Command not found.
```

이 표시를 보면 타이핑에서 실수가 있었다는 것을 알 수 있다.

메시지, 로그의 형식이나 내용에는 다양한 종류가 있다. 또한, 복잡한 시스템의 로그는 더더욱 복잡하다. UNIX의 메시지 대부분은 영어로 되어 있으므로 영어 독해 능력도 필요하다.

광범위한 지식과 경험이 필요하지만, 메시지의 내용을 정확하게 이해하는 것이 문제 해결의 지름길이라고 할 수 있겠다.

8.3 직접 재현

사용자에게서 "웹 페이지가 열리지 않는다."라는 보고가 들어온 상황을 생각해보자. 단순히 웹이 열리지 않는다고 하지만 원인은 여러 가지가 있을 수 있다. 사용자에게서 자세한 내용을 알아낼 필요도 있으나, 해당 사용자의 기술적 지식이 깊지 않다면 정확하고 적절한 문제 관련 정보를 얻을 수 없을지도 모른다.

이 같은 경우에는 자신이 직접 재현 시험을 하는 것부터 시작하도록 하자. 사용자가 열리지 않는다고 하는 페이지가 자신에게는 보이는가, 안 보이는가? 자신의 환경에서 보인다면 네트워크에 문제가 있는 것은 아닐까?

다음에 서버 자체의 문제일 때와 네트워크에 문제가 있을 때의 문제 해결 과정을 순서대로 정리해보았다.

8.4 프로세스 상태의 확인

서버에 문제가 없는지 조사하려면 우선 서비스를 제공하는 장치에 로그인하도록 한다. 로그인할 수 있다면 최소한 해당 장치가 구동 중이라는 것은 확인할 수 있다.

로그인했다면 서버 프로세스가 동작하고 있는지 확인한다. 대부분의 Linux 시스템에서는 다음과 같이 실행하면 프로세스가 동작하고 있는지 알 수 있다(웹 서버를 예로 들었기 때문에 httpd를 확인하고 있다).

```
% ps -ef | grep httpd
```

ps 명령어는 BSD 계통과 System V 계통의 인수가 크게 다르기 때문에 다른 운영체제일 때는 지정하는 인수를 변경해야 할 수도 있다.

또한, 프로세스의 명칭이 httpd가 아닌 다른 것이라면 마찬가지로 위 예의 httpd 대신 다른 문자열을 넣으면 확인할 수 있다.

Linux에서는 root 권한을 가진 상태에서 다음 명령어를 실행하면 서비스의 가동 상황이 표시될 것이다.

```
# service httpd status
```

하지만, 이 방법은 서버 프로세스의 상태 파일 등을 확인하는 것이기 때문에 서버가 비정상적으로 종료된 경우 등에는 정확하게 반영되지 않을 수 있으므로 주의해야 한다.

만약 서버 프로세스가 실행되고 있지 않다면, 일단은 실행시키는 것이 해결 방법이 될 수 있다. 대부분 사용자는 서비스의 신속한 복구를 원한다. 프로세스를 실행시켜 문제가 해결되었다면 그 후에 시간을 들여 프로세스가 중지된 원인을 찾으면 된다.

하지만, 네트워크를 거쳐 불법 침입을 받았을 때는 프로그램 파일이 바뀌어 있을 가능성이 있다. 이 같은 경우에는 함부로 프로그램을 실행하면 안 되니 주의해야 한다.

확인 결과 프로세스가 실행되는 것이 확인되었다면 문제가 발생한 원인은 다른 곳에 있는 것이다.

8.5 ifconfig

ifconfig 명령어는 네트워크 인터페이스를 설정하는 명령어임과 동시에 인터페이스 상태도 표시해준다.

```
% ifconfig -a
```

또는

```
% ifconfig [interface]
```

라고 실행하면 인터페이스의 상태가 표시된다.

표시 결과는 운영체제에 따라 다르나 가동 상황(UP되어 있는지 아닌지), 설정된 주소 등은 반드시 포함되어 있으므로 설정된 주소가 정확한지 확인할 수 있다.

또한, Linux에서는 패킷 송수신 수까지 표시되므로 서비스를 실행하기 위한 네트워크 통신이 이루어지고 있는지(송수신 수의 값이 적절하게 증가하고 있는지)도 확인할 수 있다.

8.6 netstat

netstat 명령어는 해당 호스트의 네트워크 사용 상황을 표시한다.

netstat 명령어를 인수 없이 실행하면 현재 통신 중인 세션의 정보밖에 얻을 수 없으나, −a 옵션을 지정하면 대기 상태의 정보도 표시된다. 표시 결과의 state 값이 LISTEN으로 되어 있는 것이 대기 상태인 세션이다.

Local Address 부분의 가장 마지막이 대기 포트 정보이므로 HTTP 서버의 상태를 확인하려면 http (80)이나 http (443)이 되어 있는 것을 찾는다. 엔트리가 있으면 HTTP 서비스가 외부에서의 접속을 기다리는 상태라는 것을 확인할 수 있다. 엔트리가 없으면 서비스 제공이 불가능한 상태다.

사전에 프로세스를 확인해 두었다면 일단 현재 프로세스를 종료하고 재시작하면 문제가 해결되는 때도 있다.

netstat 명령어에 −r 옵션을 지정하면 해당 호스트의 라우팅 정보를 표시한다. 이 결과를 바탕으로 호스트의 경로 표가 적절히 설정되어 있는지 확인할 수 있다. 동적 경로 프로토콜을 이용하지 않을 때에 경로 정보가 올바르지 않다면 그 원인을 알아내야 한다.

8.7 lsof

lsof 명령어는 기본으로 설치되어 있지 않을 수도 있다. 이 명령어는 현재 가동 중인 프로세스가 어떤 파일을 열고 있는지 표시한다. lsof 명령어를 통해 프로세스가 올바른 파일(디바이스 파일이나 소켓 포함)을 열고 있는지를 확인할 수 있다.

-i 옵션을 지정하면 프로세스가 연 포트를 확인할 수도 있다. netstat의 -a 옵션과 비슷한데, lsof 명령어는 프로세스까지 표시되기 때문에 올바른 프로세스가 올바른 포트를 열고 있는지 알 수 있다. 예를 들어 http (80) 포트가 열려 있는지(LISTEN 상태인지) netstat -a로 알 수 있으나 해당 포트를 사용하는 것이 httpd인지 아닌지는 lsof가 아니면 알 수 없다. 또한, GNU의 netstat에서는 netstat -tulp로 lsof -i에 해당하는 정보를 표시할 수 있다.

8.8 ping

앞에서는 서버 측에 문제가 있다고 추측하여 문제를 조사하는 방법을 설명하였다. 지금부터는 서버 자체에는 이상이 없고 네트워크 통신상에 문제의 원인이 있다는 것을 가정하여 살펴보겠다.

가장 먼저 등장하는 것은 ping 명령어다.

```
% ping [hostname]
```

위와 같이 실행하면 실행한 호스트는 인수로 지정한 호스트를 상대로 패킷을 송출하여 응답이 있었는지를 표시한다.

보통은 응답이 있기 때문에 실행한 호스트와 상대 호스트 간에 정상적으로 통신할 수 있는 상태라는 것을 확인할 수 있다.

하지만, 최근에는 방화벽 등의 설정으로 ping에서 사용하는 ICMP 패킷을 차단하는 경우가 많아 ping 명령어에 대한 응답을 얻을 수 없다. 중간 경로의 네트워크 구성을 파악하고 소통이 있어야 한다고 단언할 수 있는 경우를 제외하고, 그렇지 않은 네트워크를 거칠 때 ping 명령어는 응답이 있으면 정상이라는 판단을 하기 위한 하나의 도구 정도로만 생각해 두는 편이 좋을 것이다.

8.9 traceroute

traceroute 명령어는 대상 장치로의 경로를 추적하여 표시한다.

```
% traceroute [hostname]
```

위와 같이 실행하면 실행한 호스트에서 인수로 지정한 호스트에 이르는 경로 중간에 있는 라우터를 순서대로 표시한다.

지정한 호스트까지 표시가 완료되면 경로 상에는 문제가 없다는 뜻이다.

단, ping 명령어와 마찬가지로 방화벽 등으로 traceroute에서 사용하는 패킷이 필터링되는 경우도 있으므로, 지정한 호스트까지 표시되지 않아도 경로에 문제가 있다고 단정하기는 어렵다.

8.10 telnet

telnet은 원래 로컬 장치에서 원격 장치로 로그인하기 위한 명령어였다. 하지만, TELNET 프로토콜은 단말기 조작 내용이 암호화되지 않은 채로 네트워크를 흐르기 때문에 지금은 이 목적으로 인터넷을 거쳐 사용하는 경우는 거의 없다.

대신 telnet 명령어는 접속할 포트를 지정하여 범용 TCP 클라이언트로써 사용할 수 있다.

원격 장치의 http 포트에 접속할 때는 다음과 같이 한다.

```
% telnet [hostname] http
```

또는 다음과 같이 포트를 지정한다.

```
% telnet [hostname] 80
```

ping이나 traceroute와는 달리 실제로 접속할 수 있는 서비스기 때문에 네트워크에 문제가 있는 것인지, 사용자의 애플리케이션에 문제가 있는 것인지 구분하기 쉽다.

TCP 통신의 내용을 직접 조작할 수 있기 때문에 프로토콜을 이해하고 있다면 HTTP나 SMTP 서버와 대화하여 웹 페이지를 가져오거나 메일 송신을 실제로 시도해봄으로써 동작을 확인하는 목적으로도 사용할 수 있다.

8.11 tcpdump와 wireshark

네트워크 서비스에 관련된 문제 조사 시에는 실제로 네트워크에 흐르는 패킷을 확인하는 것도 유익한 정보가 될 수 있다. 이때 효과적인 것이 바로 패킷 캡처 도구다. tcpdump는 커맨드라인에서 실행하는 패킷 캡처 기본 도구며 wireshark는 GUI에서 조작하는 응용 도구다.

tcpdump와 wireshark는 공통 라이브러리(libpcap)을 사용하고 있어서 tcpdump로 캡처한 패킷을 파일로 저장하여 이것을 wireshark에서 표시할 수도 있다. wireshark는 UNIX뿐만 아니라 Windows나 Mac OS X에서도 동작하기 때문에 UNIX 서버상에서 캡처한 파일을 Windows/Mac OS X의 클라이언트 장치로 전송하여 해당 장치에서 분석할 수도 있다.

모든 패킷을 캡처하면 원하는 패킷이 필요 없는 패킷에 파묻혀 찾을 수 없게 된다. 적절한 필터를 설정하여 필요 없는 패킷을 가능한 한 포함하지 않도록 하는 것이 중요하다. 일단 모든 패킷을 캡처해 두고 표시할 때에 필터를 설정하는 방법도 있다.

필터 설정 방법으로는 IP 주소 지정, 포트 번호 지정, 인터페이스 지정 등이 가능하며 여러 개를 함께 지정할 수도 있다.

tcpdump 자체에 어느 정도 패킷 분석 기능은 포함되어 있으나 wireshark는 보다 강력한 분석 기능을 가지고 있다. 따라서 조사 대상인 프로토콜에 대해 다양한 지식을 갖고 있지 않아도 어느 정도 수준의 현상은 알아낼 수 있다.

8.12 디버깅

옵션 지정이나 설정은 규정을 잘 따르고 있는데도 동작이 의도한 대로 실행되지 않거나 일반적인 조사 방법으로는 충분한 정보를 얻을 수 없을 때 디버깅을 활용할 수도 있다.

즉, 소프트웨어의 외부 동작을 관찰하는 것이 아니라 내부 동작이나 구현을 조사하는 방법 이다.

소스 코드를 입수할 수 있다면 소스 코드를 분석하여 조사한다. ptrace/strace 등의 디버깅 도구을 사용하여 실행 중인 내부 동작을 분석하는 방법도 있다.

8.13 문제 해결 정리

이상으로 문제 해결 시 일반적으로 많이 사용하는 방법을 소개하였다. 실제로 문제가 발생하면 아주 다양한 상황을 마주하게 될 것이다. 이런 상황에 가장 도움이 되는 것은 결국 경험과 지식 그리고 이 두 가지를 바탕으로 한 '감'이다.

경험이 적은 사람이 온종일 붙잡고 있어도 해결하지 못하는 것을 경험이 많은 사람은 불과 몇 분 만에 해결하는 일도 많다.

처음에는 좀처럼 스스로 해결할 수 없는 상황이 많겠지만, 차차 경험을 쌓아가면서 신속히 대응을 할 수 있도록 실력을 기르도록 하자.

02
프로그래밍 환경 편

## Chapter 08

UNIX 프로그래밍 환경

1. 프로그래밍 환경 개요

Part 2에서는 UNIX의 프로그래밍 환경에 대해 살펴보도록 하자. 단, 이 책은 프로그래밍을 배우기 위한 서적이 아니므로 각 언어에 대한 상세한 내용을 언급하지는 않으며, UNIX 프로그래밍의 간략한 접근법 정도만 다루도록 하겠다.

이번 장에서는 먼저 UNIX 프로그래밍 환경의 특징이나 OS 별 명령어의 차이, 프로그래밍에 사용하는 언어에 대해 살펴보겠다.

1.1 UNIX 프로그래밍 환경의 특징

도구 상자 접근법

프로그래밍 환경은 크게 두 가지로 나눌 수 있다.

먼저 하나는 NetBeans[1]나 Eclipse[2]와 같은 IDE (Integrated Development Environment: 통합 개발 환경)라는 소프트웨어를 사용하는 방법이다. IDE는 풍부한 기능으로 프로그래머의 부담을 경감[3]시켜준다. 하지만, 필요한 기능을 거의 모두 갖춘 만큼 컴퓨팅 자원 소모가 크며 자원이 적은 환경에서는 구동되지 않거나, 구동되어도 상용에서 쓰다가 문제가 발생할 때도 있다. 또한, 미리 준비해둔 기능밖에 쓰지 못하기 때문에[4] 오히려 작업 효율이 저하되기도 한다. 이처럼 필요한 모든 기능을 하나의 소프트웨어로 모으는 방법을 가리켜 **부엌 싱크대 접근법(Kitchen Sink Approach)**이라고 부른다.

두 번째는 하나의 기능(단일 기능)을 가진 소프트웨어를 많이 준비해 두고 필요에 따라 이를 조합해서 쓰는 방법이다. 기능을 조합하여 사용하면 부족한 기능을 보완할 수 있는 소프트웨어를 만들거나 동작 변경을 위해 소프트웨어를 수정하는 등 작업을 비교적 간단하게 할 수 있다.

하지만, 준비된 각 소프트웨어 기능과 사양에 대한 전체적인 이해 능력이 부족하면 알맞게 조합해서 쓸 수 없으므로 같은 기능을 가진 소프트웨어를 여러 개 만들거나 단일 기능으로 구현할 수 있는 것을 굳이 여러 기능을 조합하는 등의 불필요한[5] 작업이 발생할 수도 있다. 이와 같은 방법을 **도구 상자 접근법(Toolbox Approach)**이라고 한다. 대부분의 UNIX 프로그래밍 환경은 이 도구 상자 접근법에 가깝다.

프로그래밍할 수 있는 셸

UNIX 장치에 로그인해서 로그아웃할 때까지 대화 형식으로 이용하는 셸은 단순히 명령어

---

1   http://www.netbeans.org/

2   http://www.eclipse.org/

3   알기 쉬운 예로 GUI 빌더 기능을 갖춘 환경에서는 복잡한 GUI 애플리케이션 생성 부담을 대폭 줄일 수 있다.

4   IDE에는 플러그인 기능확장이 가능한 것도 있으므로 이를 통해 문제를 해결할 수 있는 때도 있다.

5   추가, 변경이 쉬운 만큼 별생각 없이 불필요한 작업을 만드는 부작용이 생기기도 한다(reinventing the wheel).

를 투입하기만 하는 환경이 아니다. if 문이나 while 문처럼 제어 구조의 명령어를 가진 인터프리터이기도 하다. 특히 UNIX 명령어를 여러 개 조합하여 작업을 자동화할 때 그 힘을 발휘한다. 프로그래밍 언어를 사용하지 않아도 셸 기능만으로 필요한 프로그램을 완성할 수 있는 경우도 많다.

셸의 기능을 사용한 프로그램(셸 스크립트)은 개발 업무뿐만 아니라 운용 업무에도 도움이 된다. UNIX의 부팅 처리[6]에도 많은 셸 스크립트를 사용한다.

'한 줄 프로그램'을 쓸 수 있다

셸로 프로그래밍할 수 있다고는 하지만 꼭 수십 줄이나 되는 큰 프로그램만 만들어야 하는 것은 아니다. 보통은 두세 개의 명령어를 조합해서 한 줄의 프로그램을 만들면 원하는 결과를 얻을 수 있는 경우도 많다. 한 줄로 완결되는 프로그램을 One Liner라고 부르며, 여기에는 몇 가지 기본 형식이 있다.

온라인 매뉴얼이 있다

명령어 사용법을 확인하고 싶을 때에는 그 자리에서 온라인 매뉴얼을 참조할 수 있는 명령어를 입력하여 확인할 수 있다.

man

UNIX 기본 온라인 매뉴얼 명령어다. 'man '명령어 이름'이라고 입력한다. man 명령어에 대해 알아보려면 'man man'이라고 입력하면 된다.

GNU info

GNU Project[7]에서 제공하는 소프트웨어라면 info 명령어를 사용해 자세한 정보를 얻을 수 있다.

---

6   대부분이 /bin/sh 베이스로 기술되어 있으므로, 다른 셸을 사용하는 사용자라 하더라도 /bin/sh는 학습해두자.

7   http://www.gnu.org

−h, −− help

명령어 종류에 따라 다르지만, 인수에 −h나 −help를 지정하면 간단한 도움말을 참조할 수 있다.

또한, 온라인 매뉴얼에는 각 명령어 이외에도 시스템 콜, 라이브러리 함수의 매뉴얼도 있다. UNIX 매뉴얼에 ls(1)라는 표기가 있다면 이것은 '매뉴얼 섹션 1의 ls'라는 뜻이다. 마찬가지로 시스템 콜은 open(2), C 라이브러리 함수는 fopen(3C)와 같이 표기한다.

그리고 각 매뉴얼 섹션에는 intro라는 섹션의 도입용 매뉴얼이 있으므로 이 또한 참조하기 바란다. intro(2)를 참조하려면 다음과 같이 입력하도록 한다.

```
% man -s 2 intro
```

1.2 주요 명령어의 배치

앞서 설명하였듯이 UNIX 계통 OS에는 유사점과 차이점이 있다. 예를 들어 명령어의 배치는 다양한 이유로 OS마다 차이가 나는 편이다. 또한, 하나의 호스트 안에 같은 이름인데도 동작이 미묘하게 다른 명령어가 여러 개 있을 때도 있다.

UNIX 프로그래밍 환경을 익숙하게 사용하려면 명령어 배치를 어느 정도 익혀 둘 필요가 있다. 다음은 Ubuntu 12.04와 FreeBSD 8.0 RELEASE의 명령어 리스트를 정리한 것이다. 또한, 일부 명령어는 Ubuntu는 apt로, FreeBSD는 ports로 설치한 경우를 전제로 하고 있다.

▼ **표 8-1** Ubuntu, FreeBSD의 명령어

		Ubuntu	FreeBSD
컴파일러	GNU 컴파일러	/usr/bin/gcc	/usr/bin/gcc
make		/usr/bin/make	/usr/local/bin/gmake

		Ubuntu	FreeBSD
디버거	GNU 디버거	/usr/bin/gdb	/usr/bin/gdb
버전 관리 시스템	RCS	/usr/bin/rcs	/usr/bin/rcs
	CVS	/usr/bin/cvs	/usr/bin/cvs
	Subversion	/usr/bin/svn	/usr/local/bin/svn
	Git	/usr/bin/git	/usr/local/bin/git
필터 계열 명령어		/bin/grep	/usr/bin/grep
		/bin/egrep	/usr/bin/egrep
		/bin/fgrep	/usr/bin/fgrep
		/bin/sed	/usr/bin/sed
		/usr/bin/awk	/usr/bin/awk
		/usr/bin/gawk	/usr/local/bin/gawk
Java 환경		/usr/lib/jvm	/usr/local/jdk1.6.0
인터프리터	Perl	/usr/bin/perl	/usr/bin/perl
	Python	/usr/bin/python	/usr/local/bin/python
	PHP	/usr/bin/php	/usr/local/bin/php
	Ruby	/usr/bin/ruby	/usr/local/bin/ruby
셸	sh	/bin/sh	/bin/sh
	bash	/bin/bash	/usr/local/bin/bash
	tcsh	/bin/tcsh	/bin/tcsh
	csh	/bin/csh	/bin/csh
	ksh	/bin/ksh	/usr/local/bin/ksh93
	zsh	/bin/zsh	/usr/local/bin/zsh

1.3 대표적인 프로그래밍 언어

UNIX에서 사용할 수 있는 대표적인 프로그래밍 언어는 다음과 같다.

C

1972년에 Brian W. Kernighan, Dennis M. Ritchie에 의해 UNIX 개발용으로 개발된 언어다.

- 연산자, 데이터 형식, 제어 구조가 풍부함
- 이식성이 뛰어남
- HW에 가까운 낮은 수준의 처리를 기술할 수도 있음

→ UNIX에서는 개발의 기본이 됨. 디바이스 드라이버, 임베디드 개발에는 필수

C++

C 언어를 객체지향적으로 확장한 언어다.

- C 언어의 상위 호환(C++ 처리 계열을 이용해 C 언어에서도 개발할 수 있음)
- 언어 사양이 풍부하기 때문에 숙달하기에 어려운 것으로 알려짐
- STL (Standard Template Library)을 사용한 프로그래밍

→ 실행 시 성능을 중요시하는 시스템에서 뒤에 설명할 Java 대신 사용하는 경우가 많음

Java

Sun Microsystems가 개발한 객체지향 프로그래밍 언어다.

- Java 프로그램은 Java 가상 머신에 의해 실행됨

- Java 가상 머신이 각 플랫폼의 차이를 흡수하여, 어디에서나 같은 Java 프로그램을 실행할 수 있음 (Write Once, Run Anywhere)

- Java 가상 머신상에서 실행하기 때문에 동작 속도가 느림

- 보안 기능이나 네트워크 기능이 다양

→ 동작 속도보다 개발 속도나 동작 플랫폼에 중점을 두는 개발에 주로 이용

또한, 개발이나 운용 보조 도구로써 다음과 같은 경량 프로그래밍 언어(Lightweight Language)를 사용하기도 한다.

Perl

텍스트 검색이나 추출에 적합한 언어다. 뒤에 설명할 Python이나 Ruby에도 영향을 주었다.

- 표기 형식은 C 언어와 비슷함

- CGI 개발 등에 많이 사용함

→ 웹 애플리케이션 개발, 텍스트 처리, UNIX 도구 개발 등에 이용

Python

Perl과 함께 유럽과 미국에서 많이 쓰이는 객체지향 언어다.

- 언어 사양이 작음

- indent (들여쓰기)를 사용한 블록 구조

→ 시스템 도구로 널리 사용하고 있으며 일부 Linux 배포판에서는 인스톨러나 패키지 매니지먼트 도구로 Python을 사용

Ruby

일본인 마츠모토 유키히로가 개발한 객체지향 언어다.

- 간단한 문법
- 정수나 문자열 등을 포함한 모든 것이 객체

→ Ruby on Rails가 유명

이외에도 다음과 같은 언어를 사용할 수도 있다.

Lisp

대표적인 함수형 언어다.

- 전치 기법(Polish Notation)
- 괄호를 사용한 리스트 표현으로 구성
- 리스트로 표현된 프로그램은 데이터로 취급 가능

→ 인공지능 등 고도의 지적인 처리를 위한 연구 등에 많이 이용. Emacs 에디터 설정이나 기능 확장 시에도 이용

어셈블리 언어

기계어와 거의 1대 1로 대응하는 언어다.

■ 텍스트로 기계 언어처럼 처리를 기술할 수 있음

→ C 언어로는 생성할 수 없는 특수 기계어의 생성이나 머신에 의존하는 특수한 최적화 처
리를 할 때 이용

1.4 개발 도구

그림 8-1은 컴파일형 언어의 생성 파일 흐름과 각 도구(명령어)를 사용하는 시점을 나타낸
것이다.

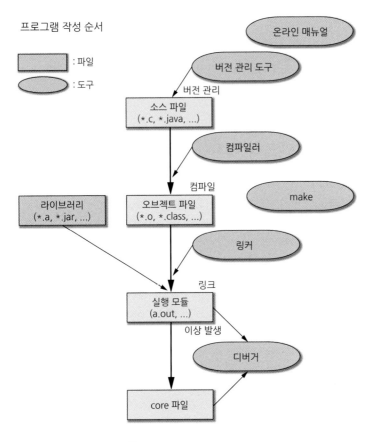

▲ 그림 8-1 파일 흐름과 사용 도구

1.5 컴파일러

컴파일러[8]는 컴파일 대상 언어로 쓰인 소스 파일을 바탕으로 실행 가능한 바이너리를 생성하는 프로그램이다. 예를 들어 C 언어 컴파일러에는 GCC나 Clang 등이 있다. 이들은 오픈소스 컴파일러지만 소스가 공개되어 있지 않은 컴파일러도 많다.

소스 프로그램이 같다면 컴파일러 종류에 상관없이 얻을 수 있는 동작 결과도 거의 비슷하다. 하지만, 각 컴파일러의 최적화 처리 등에 차이가 있으므로 프로그램의 처리 내용에 따라서는 실행 시 성능에 큰 차이가 발생할 수도 있다.

컴파일러 실행 시에 지정할 수 있는 옵션은 다양하다. 사용하는 컴파일러의 기능을 정확하고 효율적으로 활용하려면 매뉴얼을 제대로 확인하고 사용하는 것이 바람직하다.

1.6 make

make는 파일 의존 관계나 컴파일, 링크 순서를 기술한 파일(Makefile)을 바탕으로 이들 처리를 자동으로 실행하는 도구다.

파일 의존 관계라는 것은 예를 들면 C의 소스 파일 foo.c가 헤더 파일 bar.h를 포함(include)하는 것과 같은 관계를 가리킨다. foo.c를 수정하면 재컴파일을 해야 하는데, foo.c는 수정하지 않고 bar.h만 수정하더라도 재컴파일이 필요하다. 하지만, foo.c와 bar.h 양쪽 모두 수정하지 않았다면 재컴파일할 필요는 없다. make는 이를 자동으로 판단함으로써 컴파일 작업을 효율화한다.

make에는 여러 가지 구현이 있다. 기본적인 기술 방법과 기능에 어느 정도의 공통점은 있으나 확장 기능에는 큰 차이가 있다. GNU make용으로 작성된 Makefile은 BSD나

---

8   여기에서는 프리 프로세스, 컴파일, 링크와 같은 일련의 처리를 실행하는 명령어라는 의미로 사용했다.

Solaris의 make에서는 정상적으로 다룰 수 없을 때도 있다.

따라서 개발 프로젝트에서 make를 사용할 때는 해당하는 시스템의 make로 동작을 확인하도록 주의해야 한다.

1.7 디버거

디버거란 프로그램에 이상이 발생했을 때 원인을 규명하는 데 사용하는 도구다. 프로그램 디버깅 방법으로는 dest debug, printf debug, 메모리 내 로그 출력 등 여러 가지 방법이 있으나 디버거를 제대로 사용함으로써 더 간단하게 이상의 원인을 찾아낼 수 있는 때도 있다.

소프트웨어 디버거

소프트웨어 디버거는 주로 OS보다는 사용자 프로그램의 디버깅을 위한 도구다. 중단점(Break Point)을 설정하여 특정 지점에서 프로그램 실행을 중지시키고 해당 지점의 변수나 레지스터 값을 확인하거나 중지시킨 지점을 기준으로 한 단계씩 프로그램을 실행할 수 있다.

대표적인 디버거로는 GNU 디버거(gdb)가 있으며, 아주 많은 기능을 제공한다. PC-UNIX에서는 대부분은 기본 제공되고 있으므로 활용법을 익혀 두는 것이 좋다. 자세한 것은 gdb의 info를 참조하기 바란다.

하드웨어 디버거

소프트웨어 디버거는 OS 지원이 필요하므로 일단 동작하는 OS가 없으면 사용할 수 없다. 임베디드 개발에서는 부트 로더나 OS를 사용할 수 없는 때도 있기 때문에 디버깅을 지원하기 위해서 ICE나 JTAG 디버거를 사용하기도 한다.

이 디버거는 직접 CPU에 디버깅하기 때문에 OS가 없어도 사용할 수 있다. 소프트웨어 디
버거와 마찬가지로 중단 지점 설정, 변수 표시, 단계 실행 등이 가능하며 그 외에 대상이 되
는 보드 상의 플래시 롬(Flash ROM)에 직접 프로그램을 쓸 수 있는 기능도 갖고 있다.

2. C 언어 개발 예

UNIX 환경에는 C 언어를 사용한 프로그램 개발을 지원하는 명령어가 많이 마련되어 있
다. 지금부터 이 명령어를 다룰 때 필요한 지식과 사용법, 실제 예를 살펴봄으로써 UNIX
환경에서 다음과 같은 작업을 할 수 있는 실력을 갖추도록 하자.

- C 소스 코드로 실행 가능한 파일 생성
- make를 사용하여 실행 가능한 파일 생성 자동화
- C 프로그램 디버깅

단, 이 책은 프로그래밍 교과서가 아니므로 언어 문법이나 설계 테크닉 등은 다루지 않겠
다. 여기에 실린 C 소스 코드도 관련 지식이 없어도 읽어나갈 수 있을 정도로 간단하고 쉬
운 것들이다.

그리고 앞에서 설명한 것처럼 명령어의 이름이나 이용 목적이 같더라도 GNU, BSD 또는
기타 UNIX 환경에서 사용법이 미묘하게 다를 수가 있다. 여기에서는 가장 입수하기 쉬운
편인 GNU 환경의 명령어를 중심으로 설명하였으며 필요에 따라 다른 환경과의 차이점을
보충 설명해 두었다.

2.1 C 컴파일러

C로 적은 소스 코드는 그 자체만으로는 아무런 쓸모가 없다. 계산기 상에서 실행할 수 있게 하려면 '컴파일'이라는 작업이 필요하다. cc는 C로 작성한 소스 코드를 UNIX 환경에서 실행할 수 있는 프로그램으로 컴파일하는 명령어다.

그러면 실제로 확인해보자. 다음 소스 코드는 'hello, world'라는 메시지를 표시하기만 하는 프로그램이다. 이것을 hello.c라는 이름의 파일로 저장하자.

```c
#include <stdio.h>
int main(void)
{
    printf("hello, world\n");
}
```

cc로 hello.c를 컴파일한다.

```
% cc hello.c
% ls-l
total 12
-rwxrwxr-x. 1 user  group  6393    Dec    18    11:20   a.out
-rw-rw-r--. 1 user  group  135     Oct    29    17:02   hello.c
%
```

a.out이라는 파일은 cc가 hello.c를 컴파일하여 생성한 실행 가능 파일이다. a.out을 실행하여 'hello, world'라는 메시지가 표시되는지 확인해보자.

```
% ./a.out
hello, world
%
```

cc로 생성한 실행 가능 파일명은 기본으로 a.out라 되어 있다. 이는 그다지 적절한 파일명이 아니므로 보통은 생성하는 파일명을 −o file 뒤에 적어서 인수로 주어 실행한다. 다음 예에서는 'hello'라는 이름으로 파일을 생성하고 있다.

```
% cc -o hello hello.c
% ls-l
total 12
-rwxrwxr-x. 1  user  group  6393   Dec    18   11:20  a.out
-rwxrwxr-x. 1  user  group  6393   Dec    18   11:20  hello
-rw-rw-r--. 1  user  group   135   Oct    29   17:02  hello.c
% ./hello
hello, world
%
```

실제 개발 현장에서는 단일 소스 코드로 실행 가능 파일을 생성하는 일은 거의 없다. 보통은 기능에 따라 소스 코드를 여러 개로 분할하여 개발한다. 그 예로 다음에서는 arith.c에는 계산용 함수만을 정의하고 데이터 입력과 결과 표시는 main.c에 정의하고 있다.

▶ main.c

```
#include <stdio.h>
main()
{
   printf("3 + 5 = %d\n", plus(3, 5));
   printf("3 - 5 = %d\n", minus(3, 5));
}
```

■ arith.c

```
int plus(int a, int b)
{
    return a + b;
}

int minus(int a, int b)
{
    return a - b;
}
```

이를 컴파일하여 calc라는 실행 가능 파일을 생성하는 방법은 두 가지다. 첫 번째는 다음과 같이 단순히 파일명을 나열만 하는 것이다.

```
% cc -o calc main.c arith.c
```

또 한가지는 소스 파일을 하나씩 컴파일하여 가장 마지막에 하나의 파일을 만드는 방법이다(여기에 나오는 인수나 파일명은 뒤에서 설명하도록 하겠다).

```
% cc -c main.c
% cc -c arith.c
% cc -o calc main.o arith.o
```

두 방법을 비교했을 때 전자 쪽 작업이 편할 것처럼 보이지만 실제 개발 업무에서 이용하는 것은 후자다. 개별적으로 컴파일하는 방법의 장점은 하나의 소스 코드만을 수정했을 때 다른 소스 코드는 컴파일하지 않아도 된다는 것이다. 파일 수가 늘어나면 컴파일에 걸리는 시간도 길어진다. 최신 고성능 컴퓨터에서도 이 작업은 꽤 시간이 걸리고 과거 구형 컴퓨터에서는 훨씬 더 걸렸다. 시간을 절약하려면 개별적으로 컴파일하는 것이 좋다.

그러면 소스 코드를 하나씩 컴파일할 때 cc 명령어 사용법을 살펴보자. main.c와 arith.c 를 컴파일하는 cc 명령어에는 -c라는 옵션이 지정되어 있다. 이것은 오브젝트 파일 작성까 지만 완료하고 링크는 실행하지 않도록 하는 옵션이다. 오브젝트 파일이란 머신 언어의 코 드나 심볼 테이블로 구성된 바이너리 파일이다. -c 옵션으로 생성한 오브젝트 파일의 이름 은 소스 파일의 확장자 .c가 .o로 바뀐다. 즉 cc -c main.c 는 main.o를 생성하며 cc -c arith.c는 arith.o를 생성한다.

각각의 오브젝트 파일은 단독으로 실행할 수 없으나 '링커'라고 불리는 명령어를 사용하여 다른 오브젝트 파일이나 라이브러리와 결합(링크)하여 실행 가능 파일을 완성하게 된다. 가 장 마지막에 실행하는 cc -o calc main.o arith.o라는 명령어는 두 개의 오브젝트 파일을 링크하도록 링커를 실행하는 것이다.

앞서 설명했듯이 오브젝트 파일은 원본 소스 코드를 수정하지 않는 한 재작성할 필요가 없 다. 예를 들어 main.c를 다시 써서 plus 함수를 호출하는 처리를 추가하려면 cc -c main. c를 실행하여 main.o를 다시 만들어야 하지만 arith.o는 그대로 두어도 된다. 그 후 cc -o calc main.o arith.o를 실행하면 main.c 수정을 반영한 calc가 완성된다.

또한, 소스 파일을 직접 수정하지 않아도 해당 소스 파일을 포함(include)한 헤더 파일을 수정했다면 오브젝트 파일을 재작성해야 한다. 그리고 위의 calc와 같은 실행 가능 파일은 오브젝트 파일을 재작성했을 때 링크를 재실행해야 한다. 소스 파일을 개별적으로 컴파일 할 때는 누락이 없도록 파일의 의존 관계에 주의하도록 한다.

-c 옵션에 덧붙여 자주 이용하는 cc 명령어 옵션을 몇 가지 소개하겠다. -g는 디버그 정보 를 생성하기 위한 옵션이다. 옵션을 지정하여 생성한 프로그램은 소프트웨어 디버거를 사 용해 디버깅할 수 있다. 개발 진행 중인 프로그램에는 수많은 버그가 숨어 있기 때문에 원 인을 조사할 수 있도록 반드시 디버그 정보가 필요하다. 하지만, 오브젝트 파일이 디버그 정보를 포함하면 용량이 너무 커지기도 하고 일반적인 실행에는 이 정보가 쓸모없다. 따라 서 제품으로 출하하는 프로그램을 컴파일할 때에는 -g를 지정하지 않는다. 디버거를 사용 한 C 프로그램 디버깅에 대해서는 뒤에서 설명하겠다.

-Wall이라는 옵션을 사용하면 컴파일하는 소스 코드의 문제점을 경고하는 메시지를 출력한다. 다음 예에서는 의도적으로 경고를 표시하도록 소스 코드를 작성하였으나 프로그램 품질을 향상시키려면 항상 -Wall 옵션을 부여해 두고 경고가 출력되지 않는 상태를 유지해야 할 것이다.

```
% cc -Wall -o calc main.c arith.c
main.c: In function 'main':
main.c:5:2: warning: implicit declaration of function 'plus'
    [-Wimplicit-function-declaration]
main.c:6:2: warning: implicit declaration of function 'minus'
    [-Wimplicit-function-declaration]
main.c:7:1: warning: control reaches end of non-void function
    [-Wreturn-type]
%
```

2.2 make를 사용한 컴파일 자동화

make를 사용하면 위와 같은 컴파일 작업을 의존관계에 근거하여 필요한 파일만 자동으로 컴파일하여 생성할 수 있다.

우선 Makefile을 작성한다.

```
CFLAGS = -g
OBJS = main.o arith.o

all: calc
calc: $(OBJS)
   cc $(CFLAGS) -o $@ $(OBJS)
clean:
   rm -f calc $(OBJS)
```

Makefile을 사용할 때 명령어 행의 맨 처음에는 스페이스가 아닌 탭 문자(TAB)를 기술하는 것이 좋다.

위에서처럼 행 첫머리에 기술한 all, calc, clean을 **타깃**이라고 한다. 타깃을 make 명령어 인수로 지정하면 해당 타깃에 기술된 처리와 해당 타깃이 의존하는 타깃에 기술된 처리를 재귀적으로 실행한다.

make 명령어를 실행한다.

```
% make
cc -g -c -o main.o main.c
cc -g -c -o arith.o arith.c
cc -g -o calc main.o arith.o
% make clean
rm -f calc main.o arith.o
```

맨 처음 make 명령어 실행에서는 타깃을 지정하지 않고 있다. 이 경우 Makefile의 가장 처음에 나오는 타깃(all)을 실행한다. all은 타깃 calc에 의존하고 있기 때문에 calc도 실행된다. 두 번째 make 명령어에서는 타깃 clean을 지정하고 있으므로 rm -f calc main.o arith.o가 실행되고 있다.

그런데 위 Makefile에는 main.o를 타깃으로 하는 기술이 없다. 하지만, 실행 예에서는 cc -c main.c를 실행하고 있다. 이것은 '확장자 규칙(Suffix Rule)'이라는 암묵적인 규칙에 따라 실행된 것이다.

예를 들어, main.o는 보통 main.c로부터 생성된다. 그리고 .c라는 확장자에서 .o라는 확장자를 가진 파일을 생성하는 경우, 파일 생성 절차는 대부분 같다(cc -c). 이 같이 정해진 절차가 시스템에 정의되어 있으므로 Makefile에는 따로 기술할 필요가 없다.

이미 정의된 확장자 규칙과 매크로는 다음과 같은 순서로 확인할 수 있다.

```
% make -p
# GNU Make 3.81
(~ 생략 ~)
# default
OUTPUT_OPTION = -o $@
(~ 생략 ~)
# default
SUFFIXES := .out .a .ln .o .c .cc .C .cpp .p .f .F .r .y .l .s .S
    .mod .sym .def .h .info
    .dvi .tex .texinfo .texi .txinfo .w .ch .web .sh .elc .el
# default
CC = cc
(~ 생략 ~)
# default
COMPILE.c = $(CC) $(CFLAGS) $(CPPFLAGS) $(TARGET_ARCH) -c
(~ 생략 ~)
%.o: %.c
# commands to execute (built-in):
    $(COMPILE.c) $(OUTPUT_OPTION) $<
(~ 생략 ~)
```

2.3 C 프로그램 디버그

다음 C 프로그램을 gdb를 사용하여 한 단계씩 실행해보자.

```
#include <stdio.h>

int
main(int argc, char *argv[])
```

```
{
    int i, j, k;
    i=1;
    j = -20;
    k = 128;

    printf("Hello, World!\n");
    printf("i = %d, j = %d, k = %d\n", i, j, k);

    return 0;
}
```

먼저 위 소스 코드를 파일로 저장하고 컴파일하여 a.out을 생성한다. 이때 −g 옵션을 지정하는 것을 잊지 말자. 다음으로, 생성한 a.out을 gdb를 사용해 실행한다.

(gdb)라는 프롬프트가 표시되면 다음 실행 예제와 같이 gdb 명령어를 입력하여 프로그램 동작을 확인하자. 또한, 변수 i, j, k는 초기화되어 있지 않으므로 대입 전에는 실행 예와 다른 값이 표시될 수 있다.

```
% gdb a.out
GNU gdb (Ubuntu/Linaro 7.4-2012.04-0ubuntu2.1) 7.4-2012.04
Copyright (C) 2012 Free Software Foundation, Inc.
License GPLv3+: GNU GPL version 3 or later
                            <http://gnu.org/licenses/gpl.html>
This is free software: you are free to change and redistribute it.
There is NO WARRANTY, to the extent permitted by law. Type "show copying"
and "show warranty" for details.
This GDB was configured as "x86_64-linux-gnu".
For bug reporting instructions, please see:
<http://bugs.launchpad.net/gdb-linaro/>...
Reading symbols from /home/inajima/a.out...done.
(gdb) break main
Breakpoint 1 at 0x400553: file g.c, line 8.
```

```
(gdb) run
Starting program: /home/lecstaff/a.out

Breakpoint 1, main (argc=1, argv=0x7fffffffe688) at g.c:8
8       i=1;
(gdb) print i
$1 = 32767
(gdb) step
9       j = -20;
(gdb) print i
$2 = 1
(gdb) print j
$3 = 0
(gdb) step
10      k = 128;
(gdb) print j
$4 = -20
(gdb) continue
Continuing.
Hello, World!
i = 1, j = -20, k = 128
[Inferior 1 (process 30055) exited normally]
(gdb)
```

자주 사용하는 명령어를 다음에 정리하였다.

run

프로그램을 실행한다.

break

중단점을 설정한다.

continue

프로그램 실행을 재개한다.

bt

스택 추적(Stack Trace)을 출력한다.

step

한 단계씩 실행한다. 함수를 호출했을 때 해당 함수의 시작 부분에서 정지한다.

next

한 단계씩 실행한다. 함수를 호출했을 때 해당 함수에서 돌아온 지점에 정지한다.

print 변수명

변숫값을 표시한다.

print 변수명=값

변숫값을 변경한다.

disp 변수명

프로그램이 정지했을 때 해당 변숫값을 표시한다.

info reg

레지스터 값을 표시한다.

x/nx address

address 번지에서 n 워드만큼 16진수로 덤프한다.

finish

현재 함수에서 돌아올 때까지 실행하고 돌아오면 정지한다.

return [n]

현재 함수에서 즉시 돌아온다. 반환값을 지정할 수도 있다.

quit

gdb를 종료한다.

3. Java 개발 예

3.1 JDK

Java 개발에는 통합 개발 환경인 Eclipse나 빌드 도구인 Ant, Maven과 같은 여러 가지 도구를 사용할 수 있다. 이 도구의 기능 또한 상당히 풍부하다.

그러나 이번 장에서는 Java 환경의 기본을 공부한다는 의미에서 JDK (Java SE Development Kit)에 포함된 커맨드라인 도구만으로 Java 프로그램의 컴파일과 실행 방법을 살펴보도록 하겠다.

JDK 개발 시에는 주로 다음 명령어를 사용한다.

- javac   컴파일러
- java   Java 가상 머신
- jdb   디버거
- jar   Java 아카이브(JAR) 생성
- javadoc   API 도큐먼트 생성 도구

Java 언어로 기술한 소스 파일(*.java)를 javac로 컴파일하면 클래스 파일(*.class)이 생성된다. main 메서드가 정의되어 있는 클래스는 Java 가상 머신 상에서 동작할 수 있다.

Java 가상 머신 구동에는 java 명령어를 사용한다. 단, 인수로 지정하는 것은 클래스 파일명이 아닌 클래스명이다. java 명령어 대신에 jdb 명령어를 사용하면 Java 디버거로 디버깅을 할 수 있다.

cc (C 컴파일러)와는 달리 javac에는 복수 클래스 파일을 하나의 실행 형식 파일로 묶는 기능은 없다. 대신 jar 명령어를 사용하여 JAR 파일(*.jar)을 생성한다. JAR 파일을 사용하여 실행하려면 java 명령어의 -jar 인수로 JAR 파일명을 지정한다.

javadoc 이용 방법은 'Chapter 10 소스 코드로 문서 만들기'를 참조하기 바란다.

3.2 Java 프로그램의 컴파일 및 실행

한 예로 /home/lecstaff/tmp/ 디렉터리에 들어 있는 다음 Java 코드를 컴파일해보자.

```
/home/lecstaff/tmp/sample/Main.java
/home/lecstaff/tmp/sample/Robot.java
/home/lecstaff/tmp/sample/Greetings.java
/home/lecstaff/tmp/sample/en/GreetingsImpl.java
/home/lecstaff/tmp/sample/ja/GreetingsImpl.java
```

Java에서는 소스 파일이 들어 있는 디렉터리 이름을 패키지명으로 사용한다. 다음 예에서는 sample, sample.ko, sample.en를 Java 패키지 명으로 사용하고 있으므로 위와 같은 디렉터리 구성이 된다.

소스 코드는 다음과 같다.

▶ sample/Main.java

```java
package sample;

import sample.ko.*;
import sample.en.*;

public class Main
{
    public static void main(String[] args) {
        Robot american = new Robot(new sample.en.GreetingsImpl());
        Robot Korean = new Robot(new sample.ko.GreetingsImpl());
```

```
        System.out.println("*** American ***");
        american.sayHello();
        System.out.println("*** Korean ***");
        Korean.sayHello();
    }
}
```

▶ sample/Robot.java

```
package sample;

public class Robot
{
    private Greetings greetings;

    public Robot(Greetings greetings) {
        this.greetings = greetings;
    }

    public void sayHello() {
        greetings.hello();
    }
}
```

▶ sample/Greetings.java

```
package sample;

public interface Greetings {
    public void goodMorning();
    public void hello();
    public void goodNight();
    public void goodBye();
}
```

▶ sample/ko/GreetingsImpl.java

```java
package sample.ko;

import sample.Greetings;

public class GreetingsImpl implements Greetings {
    public void goodMorning() {
    System.out.println("좋은 아침입니다.");
    }
    public void hello() {
        System.out.println("안녕하세요.");
    }
    public void goodNight() {
        System.out.println("안녕히 주무세요.");
    }
    public void goodBye() {
        System.out.println("잘 가세요.");
    }
}
```

▶ sample/en/GreetingsImpl.java

```java
package sample.en;

import sample.Greetings;

public class GreetingsImpl implements Greetings {
    public void goodMorning() {
        System.out.println("Good morning.");
    }
    public void hello() {
        System.out.println("Hello.");
    }
    public void goodNight() {
```

```
        System.out.println("Good night.");
    }
    public void goodBye() {
        System.out.println("Good-bye.");
    }
}
```

컴파일은 /home/lecstaff/tmp/ 디렉터리에서 실행해야 한다. 각 파일의 import 문에 따라 의존 관계가 있는 파일을 검색하므로 javac의 인수에 sample/Main.java를 지정하기만 하면 모든 파일이 컴파일된다.

```
% cd /home/lecstaff/tmp/
% javac sample/Main.java
```

실행 방법은 다음과 같다.

```
% java sample.Main
```

javac, java 모두 -help 옵션으로 자세한 사용법을 확인할 수 있다.

4. LL 언어를 사용한 개발 예

4.1 개요

LL 언어란 Lightweight Language라는 프로그래밍 언어를 통틀어 이르는 말이다. 경량 언어라고 직역하기도 하는데, 여기에서 경량이라는 것은 동작이 가볍고 응답이 빠르다는 의미가 아니라 개발이 쉽고 개발 속도가 빠르다는 의미다.

LL 언어의 대부분은 기존 C 언어에 대한 안티테제적인 측면에서 개발되었다. C 언어에서는 변수 형태가 정해져 있어 컴파일러가 이를 확인하여 형태가 다른 변수 대입 시에는 에러 또는 경고를 표시한다.

제대로 된 프로그래밍을 하는 데 필요한 기능이기는 하지만, 프로그래머에게는 불편한 점으로 작용하기도 한다. 예를 들어 어떤 변수에 정수 값을 넣었다고 해보자. 이 변숫값이 어떤 값을 취하는 지 출력해서 확인하는 간단한 처리조차도 C 언어에서는 정수 형태를 문자열 형태(엄밀하게 말하면 문자의 배열)로 변환해서 표시하는 처리를 만들어 넣어야만 한다.

과연 여기에서 프로그래머가 하고 싶었던 것은 무엇일까? 정수를 문자열 형태로 변환하는 것이었을까? 그렇지 않다. 단순히 변숫값을 표시하고 싶었을 뿐이다. 변수 형태 변환이라는 프로그램 언어상의 제약으로 말미암은 처리를 가능한 한 자동화함으로써 프로그래머가 원하는 처리에 집중할 수 있도록 개발한 것이 바로 LL 언어다.

따라서 대부분의 LL 언어는 형태 제약이 느슨하게 설정되어 있다. 예를 들어 Perl에서는 $n이라는 변수에 1을 대입하여 이것을 +1한 결과를 출력하는 프로그램을 다음과 같이 나타낼 수 있다.

```
$n=1;
$n++;
print $n;
```

여기에서는 변수 $n을 사용하고 있으나 애초에 이 변수 선언이 없으므로 그냥 사용할 수 있다. 1을 대입하고 increment(+1)함으로써 분명히 $n은 정수를 가지는 변수가 되었다. 그러나 그 후에 print라는 함수를 사용하여 수치를 직접 표시하고 있다. print는 표시하는 함수라는 것을 Perl 처리 계열이 알고 있기 때문에 정수는 십진수 문자열로 출력되어야 한다는 것을 자동으로 판단하여 그 결과를 표시하는 것이다.

이처럼 변수 형태를 내부에서 관리하여 동적으로 판단하기 때문에 대부분의 LL 언어는 인터프리터로 구현됐었다. 인터프리터 언어는 컴파일러 언어와 다르게 프로그램 소스 실행 시 그때마다 해석하는 방식이다. 컴파일러 언어는 프로그램 소스를 컴퓨터 CPU가 직접 해석할 수 있는 기계어 코드(바이너리라고도 함)로 변환하지만, 인터프리터 언어는 기본적으로 기계어로 변환이 이루어지지 않는다. 프로그램 소스를 그때마다 해석함으로써 인터프리터 자체가 프로그램 소스를 대신해 CPU 상의 명령을 실행한다.

따라서 실행 속도는 C 언어의 대표인 컴파일러 언어보다 느리다고 할 수 있다. 하지만, 최근에는 인터프리터면서도 중간 언어나 기계어로 번역하는 것을 내부에서 자동으로 수행하여 처리 속도를 높이는 기술이 발달하고 컴퓨터의 처리 속도 자체도 대폭 향상됨으로써 LL 언어가 느리다는 문제가 서서히 개선되고 있다.

4.2 Perl 환경

지금부터는 Perl을 예로 LL 언어 개발 예를 살펴보겠다.

perl 명령어는 /usr/local/bin/perl에 설치된 것으로 가정하자. perl 라이브러리는 명령어와 같은 prefix의 lib/perl5 다음(여기에서는 /usr/local/lib/perl5)에 보통 자리 잡고 있으므로 기존 라이브러리를 찾을 때는 이 안을 살펴보면 된다.

4.3 Perl 프로그램 실행

간단한 프로그램 sample.pl을 작성한다.

```
#!/usr/local/bin/perl
print "Hello, World!\n";
```

작성한 프로그램은 다음과 같이 컴파일하여 실행할 수 있다.

```
% perl sample.pl
Hello, World!
```

또한, 다음과 같이 파일을 직접 실행할 수도 있다.

```
% chmod u+x sample.pl
% ./sample.pl
Hello, World!
```

프로그램 첫 줄인 다음 코드는 파일이 직접 실행됐을 때 /usr/local/bin/perl을 사용하여 프로그램을 해석하라는 의미다.

```
#!/usr/local/bin/perl
```

하지만, 위 방법은 환경에 따라서는 perl 명령어의 절대 경로를 다시 써야 하기 때문에 첫 줄을 다음과 같이 만들 때도 있다.

```
#!/usr/bin/env perl
```

이렇게 하면 PATH 환경 변수에 따라 실행되어야 하는 perl 명령어가 정해지므로 절대 경로로 기술할 필요가 없어진다. /usr/bin/env는 거의 모든 UNIX에 있기 때문에 perl 명령어의 설치 위치가 다른 시스템에서도 프로그램 수정 없이 실행할 수 있다.

Chapter **09**

버전 관리 시스템

1. 버전 관리 시스템이란?

버전 관리 시스템이란 파일의 변경 이력을 기록하는 시스템이다. 변경 이력을 기록하여 다음과 같은 기능을 제공해 준다.

- '무엇'을 수정했는지 조사할 수 있다.
- '누가' 그 수정을 했는지 조사할 수 있다.
- '언제' 그 수정이 이루어졌는지 조사할 수 있다.
- '왜' 그 수정을 했는지 조사할 수 있다.[1]
- 파일을 과거 상태로 되돌릴 수 있다.

버전 관리 시스템은 버그 원인을 조사할 때 유용하게 활용할 수 있다. 파일을 과거 상태로 되돌려 어떤 변경이 이루어져서 버그가 발생하게 되었는지 알아낼 수 있고, 버그가 발생한 변경 지점을 찾아내면 해당 변경 부분만 집중적으로 조사할 수 있다.

---

1   단, 수정 이유를 기술하는 것이 강제는 아니다. 하지만, 수정을 할 경우 그 이유를 기록해두도록 하자.

또한, 대부분 버전 관리 시스템에서는 공동 개발 작업을 지원하는 기능이 갖추어져 있다. 이 기능은 아주 강력하기 때문에 여러 명이 개발할 때는 버전 관리 시스템을 사용하는 것이 필수라고 해도 과언이 아닐 것이다.

단순히 여러 명의 작업자가 같은 대상을 편집할 때는 다음과 같은 문제가 발생하게 된다.

- 같은 파일을 여러 작업자가 동시에 편집하기 때문에 상대방의 변경 내용이 덧씌워져 이전 내용이 삭제될 수 있다.

- 여러 작업자가 동시에 편집 작업을 하였을 때 편집 대상이 다른 파일이어도 편집 대상의 전체적인 정합성을 보장할 수 없다. 예를 들어 작업자 A가 이용하지 않는 함수가 있어서 이를 삭제했다고 가정하자. 이와 동시에 작업자 B가 그 함수를 새로 이용하는 코드를 기술했다면 시스템 전체 정합성을 보장할 수 없다.

- 컴파일 등이 의도하지 않은 타이밍에 실행되기 때문에 이상이 발생한다. 예를 들어 덤프한 컴파일을 디버거로 해석할 때 다른 사용자가 실행 파일을 갱신해버리면 해석할 수 없게 된다.

다수 작업자의 공동 개발을 지원하는 버전 관리 시스템을 사용하면 이와 같은 문제를 해결할 수 있다.

2. 버전 관리 시스템의 종류

대표적인 버전 관리 시스템은 다음과 같다.

SCCS (Source Code Control System)

가장 초기 버전 관리 시스템으로, 단일 파일을 관리한다. 하지만, 기능이 적어 실제로는 자주 사용하지 않는다.

RCS (Revision Control System)

SCCS를 대체할 버전 관리 시스템으로 만들어졌다. 지금은 소프트웨어 개발에 거의 이용하지 않지만, 운용이나 보수 업무에서는 애플리케이션의 설정 파일을 RCS로 관리하기도 한다.

CVS (Concurrent Version System)

대규모 개발을 위한 버전 관리 시스템용으로 만들어졌다. 디렉터리 트리의 재귀적 접근이나 태그 기능으로 여러 개의 파일을 묶어 관리할 수 있다. 또한, 저장소(Repository)를 원격 머신에 배치할 수도 있다.

Subversion

CVS의 결점을 보완하기 위해 만들어졌다. 예를 들면 디렉터리 트리 구조 자체에 대한 변경 이력도 기록할 수 있게 되었다.

Git

Linux 커널 개발자 리누스 토르발스(Linus Torvalds)가 개발한 분산형 버전 관리 시스템이다.

3. 버전 관리 시스템 사용법

지금부터는 RCS, Subversion, Git 이용 방법을 간단히 살펴보자.

3.1 RCS 사용법

RCS는 단일 파일의 변경 이력을 기록하고 관리한다. 그 예로 다음 내용의 hello.c의 변경 이력 관리를 하면서 RCS 이용 방법을 설명하도록 하겠다.

```
#include <stdio.h>

int main(int argc, char** argv)
{
    printf("Hello World!\n");
    return 0;
}
```

3.2 RCS 디렉터리 생성

RCS에서 변경 이력을 기록하는 파일을 RCS 파일이라고 한다. RCS 파일의 파일명은 '대상의 파일명,v'다. RCS 파일은 관리 대상 파일과 같은 디렉터리에 생성되는데, RCS라는 명칭의 디렉터리가 관리 대상인 파일과 같은 디렉터리에 있으면 그 디렉터리 안에 생성된다.

따라서 우선 관리하려는 파일이 위치한 디렉터리에 RCS라는 이름의 서브 디렉터리를 생성하자.

```
% ls
hello.c
% mkdir RCS
% ls
RCS hello.c
```

RCS 디렉터리를 생성하지 않아도 RCS를 이용할 수는 있으나 이력을 기록한 파일이 관리 대상 파일과 같은 디렉터리에 생성되기 때문에 디렉터리 내용이 산만하게 보일 수 있다.

3.3 RCS 파일 생성

다음으로, RCS 파일을 생성한다.

관리 파일 생성에는 ci -u를 이용한다. RCS 파일에는 대상이 되는 파일의 내용이 버전 1.1로 기록된다. 이때 표시되는 >>라는 프롬프트에는 관리 대상 파일의 설명을 입력한다. 설명 입력은 온점(.)만 있는 행을 입력하면 완료된다.

hello.c의 변경 이력을 기록하는 관리 파일을 생성해보자.

```
% ls RCS
% ci -u hello.c
RCS/hello.c,v <-- hello.c
enter description, terminated with single '.' or end of file:
NOTE: This is NOT the log message!
>> Hello World.
>> .
initial revision: 1.1
done
% ls RCS
hello.c,v
```

3.4 잠금 취득

RCS 파일 생성 후 hello.c의 퍼미션을 확인해보면 쓰기 권한이 없을 것이다.

```
% ls-l
total 8
-r--r--r--  1  lecstaff    lecstaff    100   Feb   10   15:08   hello.c
drwxr-xr-x  2  lecstaff    lecstaff    4096  Feb   10   15:08   RCS
```

RCS에서는 파일을 여러 사용자가 동시에 편집하는 것을 막고자 잠금 설정 기능을 채택하고 있다. 따라서 편집을 하려면 잠금(Lock)을 취득해야 한다. 잠금은 co −l 명령어로 수행할 수 있다.

co −l 명령어로 파일을 잠그고 에디터로 편집한다.

```
% co -l hello.c
RCS/hello.c,v --> hello.c
revision 1.1 (locked)
done
% ls-l
total 8
-rw-r--r--  1  lecstaff    lecstaff    100   Feb   10   15:08   hello.c
drwxr-xr-x  2  lecstaff    lecstaff    4096  Feb   10   15:08   RCS
% vi, emacs or ... # 에디터로 편집
```

hello.c에 쓰기가 가능해졌다. 이때 다른 사용자가 잠금을 시행했다면 잠금 실행에 실패하게 된다.

3.5 차이 확인

rcsdiff 명령어를 실행하면 변경 전 내용과의 차이를 확인할 수 있다.

```
% rcsdiff -u hello.c
=============================================================
```

```
RCS file: RCS/hello.c,v
retrieving revision 1.1
diff -u -r1.1 hello.c
--- hello.c 2014/02/10 06:12:02 1.1
+++ hello.c 2014/02/10 06:12:02
@@ -2,6 +2,6 @@

int main(int argc, char** argv)
{
-    printf("Hello World!\n");
+    printf("Hello -- modify -- World!\n");
    return 0;
}
```

Hello의 뒤에 -- modify --라는 문자가 추가된 것을 알 수 있다.

3.6 변경 내용 기록

변경한 내용을 RCS에 등록하기 위해 ci 명령어를 실행한다. 이때 표시되는 ⟩⟩ 프롬프트에는 변경 이유에 대한 주석을 입력한다.

```
% ci -u hello.c
RCS/hello.c,v <-- hello.c
new revision: 1.2; previous revision: 1.1
enter log message, terminated with single '.' or end of file:
>> COMMENT.
>> .
done
```

-u 옵션을 붙이면 취득했던 잠금을 해제한다. 계속 잠금을 유지하려면 -l 옵션을 붙인다.

여기까지를 정리하면 RCS에서는 관리 대상이 되는 파일을 편집할 때 다음 순서대로 작업
한다.

    ① 잠금 취득(co -l)

    ② 실제 대상 파일 편집(vi, emacs or...)

    ③ 변경 기록과 잠금 해제(ci -u)

편집 후 잠금을 해제하는 것을 잊어버리면 다른 사용자가 잠금을 취득하지 못해 편집할 수
없게 되는 문제가 발생하니 반드시 잠금을 푸는 것을 잊지 않도록 하자.

3.7 변경 이력 확인

rlog로 변경 이력을 확인할 수 있다.

```
% rlog hello.c
RCS file: RCS/hello.c,v
Working file: hello.c
head: 1.2
branch:
locks: strict
access list:
symbolic names:
keyword substitution: kv
total revisions: 2; selected revisions: 2
description:
Hello World.
----------------------------revision 1.2
date: 2014/02/10 06:12:02; author: lecstaff; state: Exp; lines: +1 -1
COMMENT.
----------------------------revision 1.1
```

```
date: 2014/02/10 06:12:02; author: lecstaff; state: Exp;
Initial revision
=============================================================
```

변경을 기록했을 때 기술한 메시지를 확인할 수 있다.

또한, 지정한 리비전 간의 차이를 확인할 수도 있다. rcsdiff에 −r 옵션으로 리비전을 지정하면 해당 리비전의 변경 전후 차이를 확인할 수 있다.

최신 리비전과 리비전 1.1을 비교해보자.

```
% rcsdiff -u -r1.1 hello.c
=============================================================
RCS file: RCS/hello.c,v
retrieving revision 1.1
diff -u -r1.1 hello.c
--- hello.c 2014/02/10 06:12:02 1.1
+++ hello.c 2014/02/10 06:12:02
@@ -2,6 +2,6 @@

int main(int argc, char** argv)
{
-   printf("Hello World!\n");
+   printf("Hello -- modify -- World!\n");
    return 0;
}
```

리비전 1.1과 리비전 1.2를 비교해보자.

```
% rcsdiff -u -r1.1 -r1.2 hello.c
=============================================================
RCS file: RCS/hello.c,v
retrieving revision 1.1
```

```
retrieving revision 1.2
diff -u -r1.1 -r1.2
--- hello.c 2014/02/10 06:12:02 1.1
+++ hello.c 2014/02/10 06:12:02 1.2
@@ -2,6 +2,6 @@

int main(int argc, char** argv)
{
-   printf("Hello World!\n");
+   printf("Hello -- modify -- World!\n");
    return 0;
}
```

3.8 RCS 키워드 치환

RCS에서는 체크아웃한 파일의 버전이나 최종 수정 시각의 정보를 파일 자체에 자동으로 기록하는 기능이 있다. 관리 대상인 파일에 Id와 같은 문자열(키워드)이 포함되어 있으면 RCS는 체크아웃 시에 이를 다음과 같은 정보로 치환한다.

```
$Id: hello.c,v 1.2 2014/02/10 06:12:02 lecstaff Exp $
```

3.9 정리

RCS는 다음과 같은 특징을 갖고 있다.

- 잠금 기능이 있어서 여러 사용자가 동시에 변경할 수 없다.
- 한 파일의 변경 이력을 관리한다.

반대로 말하면 다음과 같은 단점이 있다고도 할 수 있다.

- 여러 개의 파일을 묶어서 관리할 수 없다.
- 잠금 때문에 여러 사용자가 동시에 편집 작업을 할 수 없다.

따라서 현재는 소프트웨어 개발에 RCS를 거의 이용하지 않는다.

RCS는 주로 공유 머신에서 설정 파일을 관리하는 목적으로 이용한다. RCS를 사용하면 이력 관리가 가능하고 여러 명의 사용자가 동시에 편집 작업을 하는 것을 막을 수 있다.

RCS에 대한 보다 자세한 정보는 man rcsintro를 참조하기 바란다.

4. Subversion 사용법

지금부터는 앞서 'Java 개발 예'에서 사용했던 Java 코드를 예로 들어 Subversion 이용 방법을 설명하도록 하겠다. 이들 파일은 /home/lestaff/tmp 다음에 있다고 가정한다.

4.1 저장소 생성

Subversion에서는 변경 이력을 기록하는 영역을 '저장소(Repository)'라고 부른다. RCS 와는 달리 Subversion 저장소에는 디렉터리 구조를 포함한 복수 파일의 변경 이력을 묶어 서 기록할 수 있다.

저장소를 생성하려면 svnadmin create 명령어를 실행한다. 다음 예에서는 /home/ lestaff/svnroot 디렉터리에 저장소를 생성하고 있다.

```
% cd /home/lecstaff
% mkdir svnroot
% ls svnroot
% svnadmin create svnroot
% ls svnroot
conf db format hooks locks README.txt
```

이 단계에서 저장소는 파일이 하나도 등록되어 있지 않은 상태로, 비어 있다.

저장소 안의 파일은 다음 명령어로 확인할 수 있다.

```
svn ls 저장소 URL
```

svn에서는 저장소 위치를 URL로 지정한다. 생성한 저장소를 지정하려면 다음 URL을 사용한다.

```
file:///home/lecstaff/svnroot
```

```
$ svn ls file:///home/lecstaff/svnroot   # 아무것도 표시되지 않는다
```

4.2 파일군 import

생성된 저장소에 변경 이력을 등록하고 싶은 파일군을 저장한다. 파일군을 저장소에 저장하는 데는 svn import를 이용한다. svn import 이용 방법은 다음과 같다.

```
svn import 임포트할 파일 저장소의 URL
```

같은 머신이기 때문에 프로토콜로는 file을 지정하고 있다. 이용 가능한 프로토콜에 대해서는 뒤에서 설명하겠다.

tmp/sample 다음의 파일군을 저장소의 lec/trunk 다음에 불러온다(import).

```
% cd tmp
% svn import -m "import initial files" . file:///home/lecstaff/
                                            svnroot/lec/trunk

Adding        sample
Adding        sample/ja
Adding        sample/ja/GreetingsImpl.java
Adding        sample/en
Adding        sample/en/GreetingsImpl.java
Adding        sample/Main.java
Adding        sample/Robot.java
Adding        sample/Greetings.java

Committed revision 1.
```

lec/trunk 디렉터리는 svn import 실행 전에 존재하지 않으면 자동으로 생성된다. 또한 -m 옵션으로는 로그 메시지를 지정할 수 있다. svn 명령어는 로그 메시지를 지정하지 않으면 에디터를 구동하여 사용자에게 로그 메시지 입력을 요구한다.

또한, 여기에서 가장 마지막에 표시된 revision 1은 리비전을 식별하는 번호가 된다. Subversion에서는 리비전 식별자로, 최초의 리비전은 1, 그다음은 2와 같이 일련번호를 사용한다.

파일을 저장소에 등록하고 svn ls 명령어로 저장소의 내용을 참조하면 파일이 등록되었다는 것을 확인할 수 있다.

```
% svn -R ls file:///home/lecstaff/svnroot/lec/trunk
sample/
```

```
sample/Greetings.java
sample/Main.java
sample/Robot.java
sample/en/
sample/en/GreetingsImpl.java
sample/ja/
sample/ja/GreetingsImpl.java
```

-R 옵션은 디렉터리 안의 파일을 재귀적으로 표시하려는 것이다.

또한, svn import는 지정 대상 다음에 있는 파일과 서브 디렉터리까지를 저장소로 포함한다. 실행 전에 쓸데없는 파일이나 디렉터리가 없는지 확인하도록 하자.

svn import가 성공하고 나서는 svn import 대상이 된 원본 파일은 필요 없으므로 삭제해도 상관없다.

4.3 체크아웃

Subversion으로 파일을 편집할 때에는 저장소에서 편집 대상이 되는 파일을 복사하여 해당 복사본에 대한 편집 작업을 시행한다. 편집 작업을 위한 복사를 **작업 복사**(Working Copy)라고 한다. 또한, 저장소에서 작업 복사를 생성하는 작업을 가리켜 **체크아웃**(Checkout)이라고 한다.

Subversion에서는 사용자마다 작업 복사를 만들어서 동시에 여러 명의 사용자가 편집 작업을 할 수 있다.

/home/lecstaff/svnroot 저장소의 lec/trunk 다음의 내용을 체크아웃해보자. 작업 복사는 /home/lecstaff/work라는 이름으로 생성한다.

```
% mkdir ~/work
% cd ~/work
% svn checkout file:///home/lecstaff/svnroot/lec/trunk lec
A    lec/sample
A    lec/sample/Greetings.java
A    lec/sample/ja
A    lec/sample/ja/GreetingsImpl.java
A    lec/sample/en
A    lec/sample/en/GreetingsImpl.java
A    lec/sample/Main.java
A    lec/sample/Robot.java
Checked out revision 1.
```

작업 복사에는 .svn이라는 숨김 속성이 있는 디렉터리가 존재한다. 여기에 버전 관리를 위한 정보가 들어 있다. 이 디렉터리는 변경하거나 삭제하지 않도록 한다.

4.4 파일 편집과 커밋

작업 복사 파일은 편집해도 저장소에 영향을 미치지 않는다. 따라서 작업 복사로 편집 작업을 했을 때는 변경 내용을 저장소에 반영 처리를 해야 한다. 이 반영 처리를 가리켜 "커밋(commit)한다."라고 표현하며 svn commit 명령어로 처리를 실행할 수 있다.

조금 전 체크아웃한 작업 복사에서 편집 작업을 한 후 변경 내용을 커밋해보자.

먼저 sample.Robot 클래스에 sayGoodMorning( ) 메서드를 추가하여 main( ) 함수 안에서 실행하는 처리를 추가한다.

```
% cd lec
% vi sample/Robot.java # sayGoodMorning()을 추가
% vi sample/Main.java # sayGoodMorning() 실행 처리를 추가
```

파일 편집 후에는 어떠한 수정(파일 수정, 추가, 삭제)이 커밋되는지 svn status 명령어로 확인할 수 있다.

```
% svn status
M    sample/Main.java
M    sample/Robot.java
```

파일명 앞의 문자는 파일의 상태를 나타낸다. 'M'은 파일이 변경되었다는 것을 나타낸다. 즉, 이 출력을 보면 sample/Main.java 및 sample/Robot.java가 변경되었다는 것을 알 수 있다.

구체적인 변경 내용을 확인하려면 svn diff 명령어를 실행한다.

```
% svn diff
Index: sample/Main.java
=================================================
--- sample/Main.java (revision 1)
+++ sample/Main.java (working copy)
@@ -10,8 +10,10 @@
     Robot Korean = new Robot(new sample.ko.GreetingsImpl());
     System.out.println(''*** American ***'');
+    american.sayGoodMorning();
     american.sayHello();
     System.out.println(''*** Korean ***'');
+    Korean.sayGoodMorning();
     Korean.sayHello();
   }
}
Index: sample/Robot.java
=================================================
--- sample/Robot.java (revision 1)
+++ sample/Robot.java (working copy)
@@ -11,4 +11,8 @@
```

```
    public void sayHello() {
        greetings.hello();
    }
+
+   public void sayGoodMorning() {
+       greetings.goodMorning();
+   }
}
```

변경 내용에 문제가 없으면 svn commit 명령어로 커밋한다.

```
% svn commit -m " Robot에 Good Morning이라고 말하게 하는 기능을 추가"
Sending        sample/Main.java
Sending        sample/Robot.java
Transmitting file data ..
Committed revision 2.
```

신규 파일을 생성했을 때는 svn add로 파일을 Subversion 관리에 추가할 수 있다. 단, svn
add를 하더라도 다음 svn commit을 실행할 때까지는 저장소에 파일이 추가되지 않는다.

sample 다음에 Parrot.java를 추가해보자.

```
% vi sample/Parrot.java # 내용을 기술한다
% svn status
?    sample/Parrot.java
% svn add sample/Parrot.java
A    sample/Parrot.java
% svn status
A    sample/Parrot.java
% svn commit -m "앵무를 추가"
Adding    sample/Parrot.java
Transmitting file data .
Committed revision 3.
```

svn status의 표시 결과의 맨 앞 문자는 파일 상태를 나타낸다. ?는 Subversion 관리하에 있지 않은 파일, A는 다음 commit에 추가할 파일을 나타낸다. 자세한 내용은 svn status --help로 확인할 수 있다.

파일을 삭제할 때는 svn rm 명령어를 사용한다. 단, svn rm 실행 후 작업 복사에 있는 파일은 즉시 삭제되지만, 저장소 안의 파일이 함께 삭제되지는 않는다. 다음 svn commit을 실행할 때 저장소에 있는 파일이 삭제된다.

조금 전 추가한 sample/Parrot.java를 삭제해보자.

```
% svn rm sample/Parrot.java
D   sample/Parrot.java
% svn status
D   sample/Parrot.java
% svn commit -m "앵무를 삭제"
Deleting sample/Parrot.java
Committed revision 4.
```

4.5 변경 취소

수정한 파일 내용에 문제가 있어 파일을 수정 전 상태로 되돌려야 하는 상황이 있을 것이다. 수정이 아직 커밋되지 않은 상태라면 svn revert 명령어로 파일을 수정 전으로 되돌릴 수 있다.

조금 전 커밋한 sample/Main.java에 처리를 추가하여 svn revert로 수정 전으로 되돌려보자.

```
% vi sample/Main.java # sayGoodBye() 를 추가
% svn status
M sample/Main.java
```

```
% svn diff
Index: sample/Main.java
=============================================
--- sample/Main.java (revision 2)
+++ sample/Main.java (working copy)
@@ -15,5 +15,6 @@
System.out.println(''*** Korean ***'');
    Korean.sayGoodMorning();
    Korean.sayHello();
+    Korean.sayGoodBye();
    }
}
% svn revert sample/Main.java
Reverted 'sample/Main.java'
% svn status
% svn diff
```

또한, svn revert로는 svn add나 svn rm의 실행 결과도 취소할 수 있다. svn rm을 취소하면 작업 복사 상에서 삭제된 파일도 원래 상태로 복원된다.

4.6 작업 복사 갱신

다른 사용자가 저장소를 변경하는 작업을 커밋했다면 해당 변경을 자신의 작업 복사에 반영해야 한다. 이를 위한 명령어로 svn update라는 것이 있다.

```
% svn update
At revision 4.
```

위에서는 타 사용자의 특별한 변경이 없었기 때문에 리비전 번호만 표시되었다. 그리고 인수로 리비전 번호를 지정하면 작업 복사를 과거 버전으로 되돌릴 수도 있다.

4.7 충돌 해결

svn commit을 사용해 저장소에 변경을 등록할 때 저장소 쪽에 변경이 가해졌다면 등록에 실패하게 된다. 이 경우에는 svn update를 실행하여 작업 복사를 갱신하도록 한다. 그리고 저장소 쪽의 변경 부분과 작업 복사 쪽의 변경 부분이 다를 때는 Subversion에 의해 양쪽의 변경 내용이 자동으로 적용된 것이 작업 복사에 생성된다. 그러나 변경 부분이 겹칠 때에는 수동으로 수정해야 한다.

변경 부분이 겹치는 것을 가리켜 충돌(Conflict)이라고 표현하며 이러한 변경 충돌을 적절한 내용으로 수동으로 수정하는 것을 충돌 해결이라고 표현한다.

그러면 우선은 의도적으로 충돌이 발생하는 상황을 만들어 보자. 구체적인 순서는 다음과 같다.

① ~/work/lec2에 작업 복사를 만든다.

② ~/work/lec2에서 파일 변경을 추가하고 나서 커밋한다.

③ ~/work/lec으로 돌아가 ~/work/lec2에 추가한 변경과 같은 행에 다른 내용의 변경을 추가한다.

```
% cd ~/work
% svn checkout file:///home/lecstaff/svnroot/lec/trunk lec2
A    lec2/sample
A    lec2/sample/Greetings.java
A    lec2/sample/ja
A    lec2/sample/ja/GreetingsImpl.java
A    lec2/sample/en
A    lec2/sample/en/GreetingsImpl.java
A    lec2/sample/Main.java
A    lec2/sample/Robot.java
Checked out revision 4.
% cd lec2
% vi sample/en/GreetingsImpl.java
```

```
% svn diff
Index: sample/en/GreetingsImpl.java
===================================================================
--- sample/en/GreetingsImpl.java (revision 4)
+++ sample/en/GreetingsImpl.java (working copy)
@@ -4,7 +4,7 @@

public class GreetingsImpl implements Greetings {
    public void goodMorning() {
-       System.out.println("Good morning.");
+       System.out.println("Good morning. -- modified in lec2 --");
    }
    public void hello() {
        System.out.println("Hello.");
% svn commit -m 'lec2에서 변경'
Sending        sample/en/GreetingsImpl.java
Transmitting file data .
Committed revision 5.
% cd ../lec
% vi sample/en/GreetingsImpl.java
% svn diff
Index: sample/en/GreetingsImpl.java
===================================================================
--- sample/en/GreetingsImpl.java (revision 4)
+++ sample/en/GreetingsImpl.java (working copy)
@@ -4,7 +4,7 @@

public class GreetingsImpl implements Greetings {
    public void goodMorning() {
-       System.out.println("Good morning.");
+       System.out.println("Good morning. -- modified in lec --");
    }
    public void hello() {
        System.out.println("Hello.");
```

이렇게 한 후 ~/work/lec에서 svn commit을 실행하면 실패할 것이다.

```
% svn commit -m 'lec에서 변경'
Sending       sample/en/GreetingsImpl.java
svn: Commit failed (details follow):
svn: File '/lec/trunk/sample/en/GreetingsImpl.java' is out of date
```

다음으로, svn update를 실행하여 작업 복사를 갱신한다. 실행 결과 conflict가 검출될 것이다. 이때 충돌에 어떻게 대응할 것인지 물어오면 일단 '(p) postpone' (뒤로 미룸)을 선택한다.

```
% svn update
Conflict discovered in 'sample/en/GreetingsImpl.java'.
Select: (p) postpone, (df) diff-full, (e) edit,
    (mc) mine-conflict, (tc) theirs-conflict,
    (s) show all options: p
C sample/en/GreetingsImpl.java
Updated to revision 5.
Summary of conflicts:
Text conflicts: 1
```

conflict가 검출된 sample/en/GreetingsImpl.java의 내용을 에디터 등으로 확인해보면 다음처럼 ~/work/lec2에서 변경한 것과 ~/work/lec에서 변경한 것이 병렬 형태로 기술되어 있을 것이다.

```
package sample.en;
import sample.Greetings;

public class GreetingsImpl implements Greetings {
    public void goodMorning() {
<<<<<<< .mine
        System.out.println("Good morning. -- modified in lec --");
```

```
=======
    System.out.println("Good morning. -- modified in lec2 --");
>>>>>>> .r5
    }
    public void hello() {
        System.out.println("Hello.");
    }
    public void goodNight() {
        System.out.println("Good night.");
    }
    public void goodBye() {
        System.out.println("Good-bye.");
    }
}
```

여기에서는 추가한 문장을 양쪽 다 남기도록 변경해보자.

충돌을 해결하고 Subversion에 이를 알릴 때에는 svn resolved 명령어를 사용한다.

```
% vi sample/en/GreetingsImpl.java
% svn diff
Index: sample/en/GreetingsImpl.java
===========================================================
--- sample/en/GreetingsImpl.java (revision 5)
+++ sample/en/GreetingsImpl.java (working copy)
@@ -4,7 +4,7 @@
public class GreetingsImpl implements Greetings {
    public void goodMorning() {
-       System.out.println("Good morning. -- modified in lec2 --");
+       System.out.println("Good morning. -- modified in lec -- --
                                            modified in lec2 --");
    }
    public void hello() {
        System.out.println("Hello.");
```

4.8 저장소의 지정 방법

Subversion에서는 다른 머신에 있는 저장소에도 접근할 수 있다. 이 때문에 저장소의 지정 방법에 URL을 사용하는 것이다.

저장소 접근 방법은 URL 스키마로 지정한다. Subversion에서 지정할 수 있는 스키마에는 다음과 같은 것들이 있다.

file://
로컬 디스크 상의 저장소에 접근할 때 지정한다.

http://
Apache 웹 서버로 저장소가 공개되어 있을 때에 지정한다. 프로토콜로는 HTTP의 확장인 WebDAV를 사용한다.

https://
http://의 접속을 SSL로 암호화한 것이다. Apache 웹 서버에 SSL 설정이 되었을 때 https://를 지정할 수 있다.

svn://
svnserve 서버를 통해 저장소가 공개된 경우에 지정한다. svnserve는 Subversion용의 단순 네트워크 서버다. 접속은 암호화되어 있지 않으므로 주로 사내 LAN 등에서 저장소를 공개할 때 사용한다.

svn+ssh://
SSH를 사용하여 원격 저장소에 접근하는 경우 지정한다.

URL 스키마 뒤에는 일반 URL과 마찬가지로 서버명, 저장소 경로가 이어진다. 단, file:// 에만 서버명은 localhost 또는 서버명 없이 URL을 지정해야 한다.

5. Git 이용 방법

지금부터는 Subversion과 마찬가지로 'Java 개발 예'에서 사용했던 Java 코드를 예로 들어 Git의 이용 방법을 살펴보겠다. 이들 파일은 /home/lecstaff/git_work/lec 다음에 있다고 가정하겠다.

5.1 초기 설정

Git에서는 사용자를 식별하는 데 이름과 메일 주소를 이용한다. 따라서 이용하기 전에 자신의 이름과 메일 주소를 등록해야 한다.

이름은 다음 명령어로 설정한다.

```
$ git config --global user.name "Lecture Staff"
```

메일 주소는 다음 명령어로 설정한다.

```
$ git config --global user.email lec-staff@soum.co.kr
```

이들 설정은 홈 디렉터리 다음의 .gitconfig에 저장된다.

5.2 저장소 생성

Git에서는 Subversion과 마찬가지로 변경 이력을 기록하는 영역을 가리켜 저장소라고 부른다. 저장소를 생성할 때에는 git init을 이용한다.

```
% cd ~/git_work/lec # 소스가 위치한 디렉터리로 이동한다.
```

```
% ls-a
. .. sample
% git init
Initialized empty Git repository in /home/lecstaff/git_work/lec/.git/
```

Git 저장소 본체는 .git 다음에 생성되어 있다.

```
% ls-a
.  .. .git sample
```

Subversion과 달리 이 시점에서 tmp 이하가 작성되거나 저장소의 작업 복사로서 다루어
진다. 그러나 이미 있는 파일이 자동으로 저장소에 추가되는 것은 아니다. 파일을 추가할
때는 Subversion과 마찬가지로 add 서브 커맨드로 수행해야 한다.

```
% git add .
```

파일을 추가하고 git commit을 사용하여 변경 내용을 저장소에 저장한다.

```
% git commit -m '최초 버전'
[master (root-commit) 9b9b0dd] 최초 버전
5 files changed, 75 insertions(+)
create mode 100644 sample/Greetings.java
create mode 100644 sample/Main.java
create mode 100644 sample/Robot.java
create mode 100644 sample/en/GreetingsImpl.java
create mode 100644 sample/ja/GreetingsImpl.java
```

여기에서 주의해야 할 점은 Git는 Subversion과는 달리 작업 복사는 물론 저장소도 개인
용이라는 점이다. 여러 명의 작업자가 작업 대상을 공유하는 방법에 대해서는 뒤에서 설명
하겠다.

5.3 파일 편집

다음으로, 등록한 파일을 편집해보자. sample.Robot 클래스에 sayGoodMorning( ) 메서드를 추가하고 main( ) 함수 안에서 실행하는 처리를 추가한다.

```
% vi sample/Robot.java # sayGoodMorning()을 추가
% vi sample/Main.java  # sayGoodMorning() 실행 처리를 추가
```

파일 편집 후에는 어떠한 수정(파일 수정, 추가, 삭제)이 이루어졌는지 git status 명령어로 확인할 수 있다.

```
% git status
# On branch master
# Changes not staged for commit:
#   (use "git add <file>..." to update what will be committed)
#   (use "git checkout -- <file>..." to discard changes in working
                                                        directory)
#
#       modified: sample/Main.java
#       modified: sample/Robot.java
#
no changes added to commit (use "git add" and/or "git commit -a")
```

구체적인 변경 내용은 git diff로 확인한다.

```
% git --no-pager diff
diff --git a/sample/Main.java b/sample/Main.java
index 1f0ba84..c9cd945 100644
--- a/sample/Main.java
+++ b/sample/Main.java
@@ -10,8 +10,10 @@ public class Main
     Robot Korean = new Robot(new sample.ko.GreetingsImpl());
```

```
    System.out.println("*** American ***");
+   american.sayGoodMorning();
    american.sayHello();
    System.out.println("*** Korean ***");
+   Korean.sayGoodMorning();
    Korean.sayHello();
  }
}
diff --git a/sample/Robot.java b/sample/Robot.java
index 1a9fbc6..c2256a5 100644
--- a/sample/Robot.java
+++ b/sample/Robot.java
@@ -11,4 +11,8 @@ public class Robot
  public void sayHello() {
    greetings.hello();
  }
+
+  public void sayGoodMorning() {
+    greetings.goodMorning();
+  }
}
```

--no-pager 옵션은 페이저를 이용하지 않도록 하는 옵션이다. git diff에서는 기본값으로 less 등의 페이저를 이용하여 차이를 표시한다. 여기에서는 지면 편집을 위해 무효화 해두었다. 실제로 이용할 때에는 일부러 옵션을 부여할 필요가 없다.

이제 변경을 저장소에 등록한다. Subversion과 다른 점은 이미 관리되고 있는 버전의 파일을 변경했더라도 git add를 실행해야 한다는 점이다. Git에서는 저장소와 작업 복사 중간에 'index'라는 영역이 존재하며 git add는 작업 복사의 내용을 인덱스에 등록하는 처리를 실행한다. 그리고 git commit으로는 인덱스의 내용을 저장소에 기록하는 처리를 하게 된다. 따라서 일단은 sample/Robot.java와 sample/Main.java의 변경 사항을 인덱스에 추가한다.

```
$ git add sample/Robot.java sample/Main.java
```

여기에서 git status를 실행하면 인덱스에 변경 사항이 저장되었다는 것을 알 수 있다.

```
% git status
# On branch master
# Changes to be committed:
# (use "git reset HEAD <file>..." to unstage)
#
#   modified: sample/Main.java
#   modified: sample/Robot.java
#
```

'Changes not staged for commit'이라는 상태에서 'Changes to be commited'라는 상태로 바뀌었다는 것을 알 수 있다. 이때는 git diff를 실행해도 차이가 표시되지 않는다. 이 것은 git diff가 인덱스와 작업 복사 간의 차이를 표시하고 있기 때문이다. 인덱스에서의 변경 내용은 git diff —cached를 사용하여 확인할 수 있다.

변경 내용에 문제가 없으면 git commit을 사용하여 변경을 커밋한다.

```
% git commit -m 'Robot에 Good Morning이라고 말하게 하는 기능 추가'
[master 4012264] Robot에 Good Morning이라고 말하게 하는 기능 추가
2 files changed, 6 insertions(+)
```

매번 등록 완료한 파일을 git add를 사용하여 등록하는 것은 번거로운 작업이다. 이때 git commit에 —a 옵션을 붙이면 등록 완료 파일 변경 내용의 인덱스 등록과 커밋을 동시에 실행할 수 있다.

5.4 변경 취소

인덱스에 등록된 변경을 취소하려면 git reset을 이용한다.

```
% vi sample/Parrot.java # sample/Parrot.java을 기술
% vi sample/Robot.java # sample/Robot.java에 변경을 가함
% git add sample/Parrot.java sample/Robot.java
% git status
# On branch master
# Changes to be committed:
#   (use "git reset HEAD <file>..." to unstage)
#
#     new file:       sample/Parrot.java
#     modified:sample/Robot.java
#
% git reset
Unstaged changes after reset:
M sample/Robot.java
% git status
# On branch master
# Changes not staged for commit:
#   (use "git add <file>..." to update what will be committed)
#   (use "git checkout -- <file>..." to discard changes in working directory)
#
#     modified:sample/Robot.java
#
# Untracked files:
#   (use "git add <file>..." to include in what will be committed)
#
#     sample/Parrot.java
no changes added to commit (use "git add" and/or "git commit -a")
```

작업 복사 상의 변경을 전부 취소할 때에는 git reset --hard를 이용한다.

```
% git reset --hard
HEAD is now at 4012264 Robot에 Good Morning이라고 말하게 하는 기능 추가
% git status
# On branch master
# Untracked files:
#   (use "git add <file>..." to include in what will be committed)
#
#       sample/Parrot.java
nothing added to commit but untracked files present (use "git add" to track)
```

5.5 파일 삭제

파일을 삭제할 때에는 git rm을 이용한다.

```
% git rm sample/ja/GreetingsImpl.java
rm 'sample/ja/GreetingsImpl.java'
```

이 명령어는 작업 복사와 인덱스에서 대상 파일을 삭제한다. 이 때문에 저장소에 적용하려
면 커밋을 해야 한다.

```
% git commit -m '한글판을 삭제'
[master 2b7b3d1] 한글판을 삭제
1 file changed, 18 deletions(-)
delete mode 100644 sample/ja/GreetingsImpl.java
```

5.6 이력 확인

변경 이력 확인에는 git log를 이용한다.

```
% git --no-pager log
commit 2b7b3d16afac267d743805f36a0c82cc403ce9e4
Author: Lecture Staff <lec-staff@soum.co.kr>
Date: Mon Feb 10 17:04:38 2014 +0900


    한글판을 삭제

commit 401226400fed6abde6f53cc596c4a9a7a12ce7e6
Author: Lecture Staff <lec-staff@soum.co.kr>
Date: Mon Feb 10 17:04:38 2014 +0900


    Robot에 Good Morning이라고 말하는 기능 추가

commit 9b9b0dd4749c5a2c78a5d91de4af59687bc8b7ed
Author: Lecture Staff <lec-staff@soum.co.kr>
Date: Mon Feb 10 17:04:38 2014 +0900


    최초 버전
```

2b7b3d16afac267d743805f36a0c82cc403ce9e4와 401226400fed6abde6f53cc596c4a
9a7a12ce7e6 등은 리비전 식별자다. Git에서는 저장한 파일군의 체크섬을 리비전 식별자
로 사용한다.

5.7 브랜치 생성

버전 관리 시스템에서 단순히 편집 작업을 하고 변경을 기록하는 작업을 반복한 경우, 각
리비전의 관계는 최초의 리비전으로부터 변경을 반복하고 최초의 리비전에 이르기까지 하
나의 흐름을 형성하게 된다. 하지만, 소프트웨어 개발에서는 이 하나의 흐름이 곤란할 때도

있다. 따라서 많은 버전 관리 시스템에서는 이 흐름을 분기시킬 수 있게 되어 있다.[2]

Git에서는 이 흐름을 가리켜 브랜치(Branch)라고 한다. Git에서는 git branch로 현재의 브랜치 목록을 볼 수 있다.

```
% git branch
* master
```

master라는 이름의 브랜치가 하나 표시되었다. Git에서는 특별한 지정이 없다면 master라는 이름의 브랜치를 생성하여 이용한다.

그렇다면 새로운 브랜치를 생성해보자. 브랜치를 생성할 때는 git branch에 생성할 브랜치 이름을 지정한다. 여기에서는 morning이라는 이름의 브랜치를 생성하고 있다.

```
% git branch morning
% git branch
* master
  morning
```

*는 현재 이용하는 브랜치를 나타낸다. 지금은 master를 이용하고 있으므로 morning 브랜치로 전환해보도록 하자. 브랜치를 전환하려면 git checkout에 브랜치 이름을 지정하도록 한다.

```
% git checkout morning
Switched to branch 'morning'
% git branch
  master
* morning
```

---

2   RCS나 Subversion에도 브랜치를 생성하는 기능이 있다. Git에서만 설명하는 것은 Git에서는 브랜치 생성이 간단해서 일상적인 작업에서도 브랜치 생성을 많이 이용하기 때문이다.

5.8 머지

분기시킨 브랜치를 다시 통합하여 양쪽의 변경을 모두 적용할 수 있다. 이 작업을 가리켜 머지(Merge)라고 한다. master와 morning 브랜치에 각각 변경을 추가하고 master 브랜치에 morning 브랜치를 머지해보자.

먼저 master 브랜치에 변경을 추가한다.

```
% git checkout master
Switched to branch 'master'
% vi sample/Main.java # 변경을 가함
% git --no-pager diff
diff --git a/sample/Main.java b/sample/Main.java
index c9cd945..36b1dcf 100644
--- a/sample/Main.java
+++ b/sample/Main.java
@@ -9,7 +9,7 @@ public class Main
    Robot american = new Robot(new sample.en.GreetingsImpl());
    Robot Korean = new Robot(new sample.ko.GreetingsImpl());

-    System.out.println("*** American ***");
+    System.out.println("*** American *** -- modified in master --");
    american.sayGoodMorning();
    american.sayHello();
    System.out.println("*** Korean ***");
% git commit -a -m 'master에서 변경'
[master ab4c963] master에서 변경
1 file changed, 1 insertion(+), 1 deletion(-)
```

다음으로, morning 브랜치를 변경한다.

```
% git checkout morning
% vi sample/en/GreetingsImpl.java # sample/en/GreetingsImpl.java를 편집
% git --no-pager diff
```

```
diff --git a/sample/en/GreetingsImpl.java b/sample/en/GreetingsImpl.java
index 77dbfd1..1607799 100644
--- a/sample/en/GreetingsImpl.java
+++ b/sample/en/GreetingsImpl.java
@@ -4,7 +4,7 @@ import sample.Greetings;

public class GreetingsImpl implements Greetings {
    public void goodMorning() {
-       System.out.println("Good morning.");
+       System.out.println("Good morning. -- modified in morning --");
    }
    public void hello() {
        System.out.println("Hello.");
% git commit -a -m 'morning에서 변경'
[morning fb35cbe] morning에서 변경
1 file changed, 1 insertion(+), 1 deletion(-)
```

이어 git merge 명령어를 사용하여 변경을 머지한다.

```
% git checkout master
Switched to branch 'master'
% git merge -m 'merge morning' morning
Merge made by the 'recursive' strategy.
sample/en/GreetingsImpl.java | 2 +-
1 file changed, 1 insertion(+), 1 deletion(-)
% cat sample/en/GreetingsImpl.java # morning 브랜치의 내용이 포함되어 있는 것을 확인한다
package sample.en;

import sample.Greetings;

public class GreetingsImpl implements Greetings {
    public void goodMorning() {
        System.out.println("Good morning. -- modified in morning --");
    }
    public void hello() {
```

```
      System.out.println("Hello.");
   }
   public void goodNight() {
      System.out.println("Good night.");
   }
   public void goodBye() {
      System.out.println("Good-bye.");
   }
}
```

이 작업으로 morning 브랜치에서 변경한 내용을 master 브랜치에 반영하였다. 이때 master에서 변경한 것과 morning에서 변경한 것이 충돌하면 자동으로 변경을 반영할 수 없다.

이때에는 수동으로 충돌을 해결해야 한다. 예를 들어 master와 morning 브랜치 변경 내용이 충돌하면 master에 morning을 머지하려고 시도하면 다음과 같은 결과가 나온다.

```
% git merge morning
Auto-merging sample/Main.java
CONFLICT (content): Merge conflict in sample/Main.java
Automatic merge failed; fix conflicts and then commit the result.
% cat sample/Main.java # 충돌한 sample/Main.java의 내용을 표시한다
package sample;

import sample.ko.*;
import sample.en.*;

public class Main
{
    public static void main(String[] args) {
        Robot american = new Robot(new sample.en.GreetingsImpl());
        Robot Korean = new Robot(new sample.ko.GreetingsImpl());
        System.out.println("*** American *** -- modified in master --");
```

```
    american.sayGoodMorning();
    american.sayHello();
<<<<<<< HEAD
    System.out.println("*** Korean *** -- modified in master --");
=======
    System.out.println("*** Korean *** -- modified in morning --");
>>>>>>> morning
    Korean.sayGoodMorning();
    Korean.sayHello();
  }
}
```

이 경우 수동으로 해결한다.

```
% vi sample/Main.java # 수동으로 충돌을 해결한다.
% git --no-pager diff
diff --cc sample/Main.java
index cb34274,2bcb266..0000000
--- a/sample/Main.java
+++ b/sample/Main.java
@@@ -9,10 -9,10 +9,10 @@@ public class Mai
    Robot american = new Robot(new sample.en.GreetingsImpl());
    Robot Korean = new Robot(new sample.ko.GreetingsImpl());
-    System.out.println("*** American ***");
+    System.out.println("*** American *** -- modified in master --");
    american.sayGoodMorning();
    american.sayHello();
-    System.out.println("*** Korean *** -- modified in master --");
-    System.out.println("*** Korean *** -- modified in morning --");
++    System.out.println("*** Korean *** -- modified in master and
                                              morning --");
    Korean.sayGoodMorning();
    Korean.sayHello();
```

```
    }
% git add sample/Main.java
% git commit -m 'morning을 머지함'
[master d6a04ae] morning을 머지함
```

수동으로 충돌을 해결하고 해당 파일을 git add로 인덱스에 추가하여 git commit을 실행한다.

5.9 저장소 복제

Git은 일반적으로 여러 명의 사용자가 저장소를 공유하지 않는다. 대신 저장소를 복제함으로써 여러 명의 사용자가 편집 대상을 편집할 수 있다. 복제는 git clone 명령어를 사용해서 만든다.

그러면 앞에서 생성한 저장소를 복제하여 lec2라는 명칭의 저장소를 생성해보자.

```
% cd ~/git_work
% git clone lec lec2
Cloning into 'lec2'...
done.
```

5.10 변경 반영

저장소를 복제하고 복제 원본의 저장소에서 변경이 발생했다면 이를 반영해야 한다. 다른 저장소의 변경을 자신의 저장소에 반영할 때에는 git pull 명령어를 이용한다.

tmp 저장소에 변경을 가하여 그 변경을 tmp2 저장소에 반영해보자.

```
% cd ~/git_work/lec
% vi sample/Main.java # 변경
% git --no-pager diff
diff --git a/sample/Main.java b/sample/Main.java
index f56ec6a..525fe87 100644
--- a/sample/Main.java
+++ b/sample/Main.java
@@ -9,6 +9,7 @@ public class Main
      Robot american = new Robot(new sample.en.GreetingsImpl());
      Robot Korean = new Robot(new sample.ko.GreetingsImpl());

+      System.out.println("*** add in lec");
       System.out.println("*** American *** -- modified in master --");
       american.sayGoodMorning();
       american.sayHello();
% git commit -a -m 'lec에서 변경 추가'
[master 582013d] lec에서 변경 추가
1 file changed, 1 insertion(+)
% cd ../lec2
% git pull
remote: Counting objects: 7, done.
remote: Compressing objects: 100% (3/3), done.
remote: Total 4 (delta 2), reused 0 (delta 0)
Unpacking objects: 100% (4/4), done.
From /home/lecstaff/git_work/lec
   d6a04ae..582013d master -> origin/master
Updating d6a04ae..582013d
Fast-forward
  sample/Main.java | 1 +
  1 file changed, 1 insertion(+)
% cat sample/Main.java
package sample;

import sample.ko.*;
import sample.en.*;
```

```
public class Main
{
    public static void main(String[] args) {
        Robot american = new Robot(new sample.en.GreetingsImpl());
        Robot Korean = new Robot(new sample.ko.GreetingsImpl());

        System.out.println("*** add in lec");
        System.out.println("*** American *** -- modified in master --");
        american.sayGoodMorning();
        american.sayHello();
        System.out.println("*** Korean *** -- modified in master and
                                                    morning --");
        Korean.sayGoodMorning();
        Korean.sayHello();
    }
}
```

lec2에 lec에서 추가한 System.out.println("*** add in lec");가 추가되었다는 것을 알
수 있다. 또한, 이와는 반대로 복제 원본 저장소에 복제본 저장소에서 추가한 변경을 반영
할 때도 git pull을 사용할 수 있다.

일단 lec에서 git remote add를 사용하여 복제 원본 저장소에 복제본 저장소의 위치를 등
록한다. 그 후 git pull을 사용하여 변경 내용을 반영한다. git remote add의 첫 번째 인수
에는 저장소를 식별하기 위한 에일리어스(Alias)를 지정한다. 등록 후에는 git pull 등에
에일리어스와 원격 브랜치를 지정한다.

```
% cd ../lec
% git remote add lec2 ~/git_work/lec2
% git pull lec2 master
From /home/lecstaff/git_work/lec2
* branch    master  -> FETCH_HEAD
Already up-to-date.
```

원격 에일리어스와 브랜치를 지정하지 않고도 실행 가능했다. git clone으로 생성한 저장소에서는 인수 없이 실행할 때 복제 원본 저장소가 git pull 대상이 되도록 설정되어 있기 때문이다.

5.11 공유 저장소 생성

작업자가 2명 정도일 때는 각 변경을 git pull로 반영하면 문제없이 작업할 수 있다. 그러나 작업자가 3명, 4명, 5명으로 계속 늘어날수록 저장소 내용을 반영하기가 쉽지 않다. 따라서 사용자가 공유하는 하나의 저장소를 생성하여 변경 내용을 공유 저장소에 등록하고 변경을 반영할 때에는 공유 저장소에서 얻도록 한다.

먼저 공유 저장소를 생성하려면 git init에 −bare와 −shared=true 옵션을 붙인다. −bare를 부여하면 작업 복사를 하지 않는 저장소가 생성된다. −shared=true를 부여하면 Git는 저장소의 퍼미션을 그룹 쓰기 가능으로 설정한다.

```
% cd ~/git_work
% git init --bare --shared=true shared_repos.git
Initialized empty shared Git repository in /home/lecstaff/git_work/
                                              shared_repos.git/
```

−−bare를 부여해 생성한 저장소에는 확장자 .git를 붙이는 것이 일반적이다.

저장소를 생성했다면 tmp 저장소의 내용을 shred_repos.git로 보낸다. 내용을 보낼 때는 git push 명령어를 사용한다. git push에는 인수로 원격 에일리어스와 원격 브랜치를 지정한다.

```
% cd lec
% git remote add origin ../shared_repos.git
% git push origin master
```

```
Counting objects: 46, done.
Delta compression using up to 4 threads.
Compressing objects: 100% (33/33), done.
Writing objects: 100% (46/46), 3.83 KiB, done.
Total 46 (delta 20), reused 0 (delta 0)
Unpacking objects: 100% (46/46), done.
To ../shared_repos.git
 * [new branch] master -> master
```

첫 git push에서는 shared_repos.git 저장소의 내용이 비어 있기 때문에 lec가 비어 있는
상태 이후에 변경된 내용, 즉 모든 리비전의 내용이 보내진다. 다음 git push부터는 아직
보내지 않은 리비전만 보내게 된다.

매번 보낼 대상을 기술하려면 번거로우므로 -u 옵션을 주어 변경을 보냄과 동시에 기본으
로 보낼 곳을 설정하도록 하자. 그러면 다음부터 git push 사용 시 보낼 곳을 지정하지 않
아도 -u 옵션을 주었을 때 지정했던 보낼 곳을 이용할 수 있다.

```
% git push -u origin master
Everything up-to-date
Branch master set up to track remote branch master from origin
% git push # remote/origin/master를 보낼 곳으로 이용한다.
Everything up-to-date
```

이후부터는 이 저장소로 변경을 보내거나 취득하는 식으로 저장소를 공유하여 작업을 진행
하면 된다.

Chapter **10**

소스 코드로 문서 만들기

1. 들어가며

프로그램을 개발할 때에는 API 레퍼런스나 프로그램 동작에 관한 문서 등을 동시에 작성해야 할 때가 잦다. 이 문서의 특징은 함수나 클래스 등의 프로그램 요소와 이에 대응하는 문장이 존재한다는 점이다. 이와 같은 문장을 소스 코드와 따로 기술할 때는 소스 코드와 문장의 부정합이 발생할 가능성이 크다.

특히 개발 중 소스 코드에 변경이 가해졌을 때에는 소스 코드만 변경되고 문서가 업데이트되지 않는 경우가 자주 발생할 수 있다. 또한, 한 번 발생한 부정합은 찾아내기도 어려운데다 함수의 이름, 인수 수나 형태 등 소스 코드에 기술된 정보를 도큐먼트에 다시 기술해야하기 때문에 이중으로 손이 가게 된다.

따라서 소스 코드 안에 주석을 기술하고 도구를 사용해 문서를 생성하는 방법이 더 효율적이다. 이번 장에서는 소스 코드를 바탕으로 문서를 생성하는 도구에 대해 살펴보자.

2. 문서 생성 도구의 종류

대표적인 문서 생성 도구를 살펴보자.

Doxygen

다국어 지원 문서 생성 도구다. C/C++ 소스에서 문서를 생성할 때 많이 사용한다.

Javadoc

JDK에 들어 있는 문서 생성 도구다. Java 표준 API 레퍼런스 생성에도 이용한다.

PyDoc

Python에 들어 있는 문서 생성 도구다.

최근의 언어 처리 계열 시스템에는 대체로 문서 생성 도구가 기본적으로 들어 있다.

3. 문서 생성 도구 이용 방법

지금부터는 문서 생성 도구를 이용하는 방법의 예로 Javadoc을 살펴보겠다. 문서를 생성하는 대상으로는 'Java 개발 예'에서 사용한 Java 코드를 사용한다. 이 파일은 /home/lecstaff/tmp에 있다고 가정하자.

Javadoc은 javadoc 명령어로 실행한다. 보통은 java나 javac 명령어와 같은 위치에 들어있다. 다음 명령어를 실행하면 doc 다음에 HTML 형식의 문서가 생성된다.

```
% javadoc -public -d doc -sourcepath . sample
```

−public은 public 클래스, 메서드, 필드만을 문서에 포함하도록 하는 옵션이다. −d doc는 출력할 곳을 지정하고 있다. −sourcepath .은 소스 파일이 현재 작업 디렉터리 다음에 있

다는 것을 지정하고 있다. 맨 마지막 sample은 문서를 생성하는 패키지명을 지정한다. 여러 개의 패키지를 지정할 수도 있다.

문서 생성 결과의 한 예로, Robot 클래스의 문서를 확인해보도록 하자(그림 10-1). 메서드 리스트 등은 생성되어 있으나 특별한 설명문은 붙어 있지 않다. 설명문 등은 소스 코드 안에 주석으로 기술해야 한다. 설명을 달고 싶은 클래스나 메서드 등의 요소 앞에 다음처럼 /**~*/과 같은 형태의 주석을 기술하면 된다.

```
package sample;

/**
 * 설명문 등을 기술한다
 */
public class Robot {
}
```

위 예에서는 중간 행이 *로 시작하는데, 관행처럼 많이 기술하지만 필수는 아니다. 이 중 가장 첫 문장은 제목으로 사용한다. 첫 문장의 판정은 온점(.)+공백문자(스페이스나 줄 바꿈 등)까지다.

```
package sample;

/**
 * 제목.
 *
 * 상세 설명
 */
public class Robot {
}
```

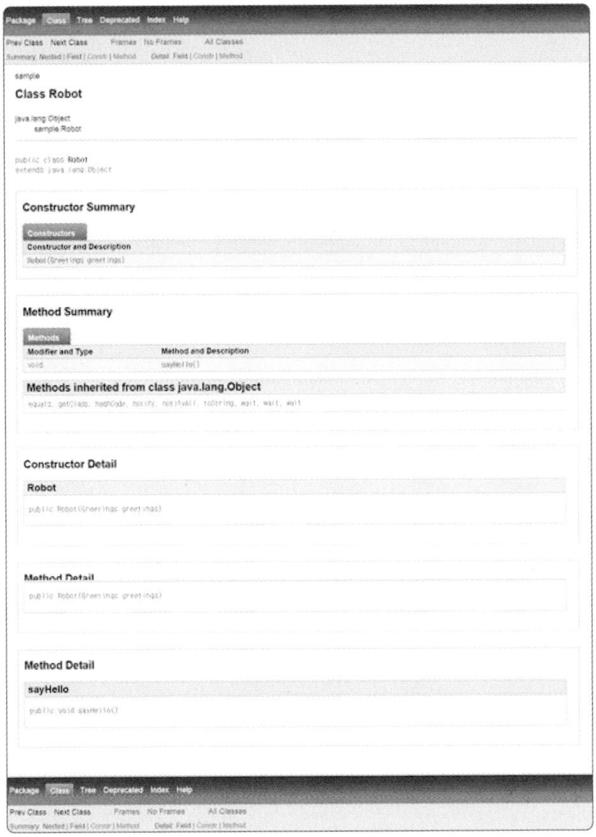

▲ **그림 10-1** Robot 클래스의 문서

@로 시작하는 특정 문자열은 Javadoc 태그라고 부르며 javadoc에 특별한 지시를 내린다. 빈번하게 사용하는 것으로는 @param, @return, @throws가 있다.

@param

다음 형식으로 메서드 설명문 안에서 인수 설명을 기술한다.

@param 인수명 설명문

@return

다음 형식으로 메서드의 설명문 안에서 반환값 설명을 기술한다.

```
@return description
```

@throws

다음 형식으로 메서드의 설명문 안에서 메서드가 던질 가능성이 있는 예외에 대한 설명을 기술한다.

```
@throws 예외 형태  설명문
```

그러면 Robot.java에 대한 설명을 기술해 보도록 하자.

▶ sample/Robot.java

```java
package sample;

/**
 * 인사하는 로봇.
 */
public class Robot
{
    private Greetings greetings;

    /**
     * 로봇을 생성.
     *
     * @param greetings 어떤 인사를 할 것인가?
     */
    public Robot(Greetings greetings) {
        this.greetings = greetings;
    }
    /**
```

```
    * 낮 인사를 함.
    */
    public void sayHello() {
        greetings.hello();
    }
}
```

다시 한 번 javadoc 명령어를 실행하면 다음과 같이 주석 내용이 추가되어 있을 것이다(그림 10-2).

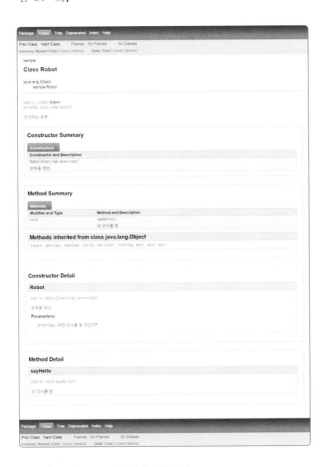

▲ **그림 10-2** javadoc 명령어의 실행 결과

Chapter 11 | 소프트웨어 라이선스

1. 라이선스를 고려하는 이유

소프트웨어는 저작물이며 서적 등과 마찬가지로 저자(제작자)는 해당 소프트웨어에 관한 배타적인 권리를 부여받는다.[1]

소프트웨어에 관해 제작자가 부여받는 권리 중에는 해당 소프트웨어의 이용을 타자에게 허가하는 권리가 포함되어 있는데, 이 조건을 기재한 것이 바로 소프트웨어 라이선스다. 소프트웨어 라이선스는 '사용 허가 계약'이라고 번역하기도 한다.

소프트웨어 라이선스는 어떤 정형화된 형식이 있는 것은 아니다. 해당 소프트웨어의 종류나 성질에 따라 각각 필요한 조건이 기술된다.

따라서 소프트웨어를 사용할 때에는 어떠한 조건에서 무엇이 가능한지를 충분히 검토할 필요가 있다. 다음 항목을 바탕으로 검토하도록 하자.

사용할 수 있는 사용자가 제한되어 있는가?

---

[1] 학문적으로는 소프트웨어 라이선스의 법적 근거에 관한 논의가 있는 듯하나, 실무적으로는 소프트웨어 라이선스는 널리 인정받고 있다. 이 장의 설명은 이러한 실무적 입장을 바탕으로 하고 있다.

사용할 수 있는 사용자가 제한되어 있거나, 특정 집단(기업)에 소속된 사람만 이용이 허락될 때가 있다.

사용하는 목적에 제약이 있는가?

개인 목적으로만 사용하게 되어 있거나, 연구 또는 교육 목적으로만 사용하도록 제한될 때가 있다.

프로그램의 재배포가 가능한가?

프로그램을 제삼자에게 재배포하는 것이 금지되어 있거나 재배포하는 경우, 프로그램을 받은 사람에게 소스 코드에 대한 접근을 보장하도록 요구하는 때가 있다.

소스 코드에 접근할 수 있는가?

바이너리에만 접근할 수 있거나 소스 코드에 접근할 때에는 별도의 비밀 유지 계약(NDA: Non-disclosure agreement나 confidentiality agreement)을 체결해야 할 때도 있다.[2]

기한에 제약이 있는가?

예를 들면 서브 스크립션과 같이 위의 각 제약에 사용 가능한 기한이 설정되어 있을 수 있다.

2. 오픈 소스 라이선스

상용 프로그램에서는 대부분 프로그램별로 개별 라이선스를 설정하지만, 오픈소스 소프트웨어는 몇 가지 유명한 라이선스 중에서 선택한다. 다음에 대표적인 라이선스를 정리해 보

---

2   소스 코드나 기타 업무를 통해 알게 되는 정보를 제삼자에게 공개하지 않기로 하는 계약이다.

았다.

Apache Software License

Apache Software Foundation에서 사용하는 라이선스다. BSD License에 가까운 내용이다.

BSD License

원래는 Berkeley Software Distributions (BSD)에서 사용하던 라이선스로, 파생된 라이선스가 몇 가지 있다. New BSD License나 Simplified BSD License는 GNU GPL 등에 비해 제약이 적은 라이선스로 알려졌다.

Common Public License

IBM에서 고안한 라이선스다. 이 라이선스는 GNU GPL과 비슷하므로 업무에 사용할 때는 취급에 주의해야 한다.

GNU General Public License (GNU GPL)

Free Software Foundation에서 고안한 라이선스다. 이 라이선스에는 바이러스 효과(이를 이용한 소프트웨어 역시 Copyleft 라이선스여야 함)가 있는 것으로 알려졌으므로, 업무에 사용할 때는 취급에 주의해야 한다.

GNU Lesser General Public Licesense(GNU LGPL)

Free Software Foundation에서 고안한 라이선스다. GNU GPL 보다 제약이 느슨해졌다. 이 라이선스 역시 업무 사용 시에는 취급에 주의해야 한다.

MIT License/X11 License

매사추세츠 공과대학에서 고안해 MIT X Consortium에서 사용하는 라이선스다. 이 라이선스는 X Window System의 라이선스로 알려졌다.

Mozilla Public License

Mozilla Foundation에서 사용하는 라이선스다. New BSD License와 GNU GPL의 중간 정도의 내용이다.

03

네트워크
기술 편

Chapter **12**

UNIX와 네트워크 기술

UNIX 자체는 본래 네트워크용 OS로 개발된 것이 아니므로 네트워크 기술과의 직접적인 관련성이 없었다. 그러나 제조업체에서 제공하는 메인 프레임용 OS와는 달리 UNIX는 기술자가 스스로 조작할 수 있는 OS였다. 따라서 그 무렵 급속히 확산한 다양한 네트워크 기술을 개발하기 위한 플랫폼 OS로서 존재 가치가 높아졌다.

1. TCP/IP 구현의 공개와 보급

종류가 다양한 네트워크 기술 중에도 특히 현재 가장 많이 이용하는 TCP/IP라고 하는 네트워크 기술의 확산은 UNIX의 발전과 큰 관련이 있다.

캘리포니아대 버클리 캠퍼스[1]의 CSRG[2]가 1983년에 발표한 DEC VAX용 OS인 4.2 BSD[3]

---

1   University of California at Berkeley, UCB

2   Computer System Research Group

3   Berkeley Software Distribution

UNIX에 탑재된 TCP/IP 풀 스택은 누구나 실질적으로 참조할 수 있는 최초의 TCP/IP 구현이었다. BSD UNIX는 AT&T 벨연구소에서 개발된 UNIX 오리지널 구현을 토대로 한 개량판이었으나, AT&T 벨연구소가 오리지널 구현 소스 코드를 대학 등 교육, 연구기관에 무상으로 배포하여서 교직원이나 학생, 연구자들 사이에서는 자유롭게 개량하고 배포할 수 있었다.

즉, 최초의 완전한 TCP/IP 풀 스택 구현은 현재 흔히 말하는 오픈소스에 가까운 형태로 개발되었던 것이다. 그리고 제삼자가 소스 코드를 무상으로 이용할 수 있었던 것이 그 후 TCP/IP의 확산에 큰 영향을 끼쳤다. 다른 OS로 이식이나 라우터 전용기 등으로 기능 탑재 시 4.2 BSD의 TCP/IP 구현은 참조용 코드로 널리 사용했다. 또한, 이와 같은 개념은 현재 오픈소스 문화로 이어지고 있다.

이렇게 확산한 TCP/IP 스택은 IPv4라고 하는 버전 4 인터넷 프로토콜을 처리하는 구현이었으나, 그 후 IPv4의 후속인 IPv6라는 버전 6 프로토콜을 처리하는 구현을 개발할 때에도 이 4.2 BSD를 따라 같은 방식을 채택했다. KAME 프로젝트는 WIDE 프로젝트와 몇몇 회사로 구성된 공동 개발 프로젝트로서, BSD계통 UNIX의 IPv6 풀 스택 구현 개발과 공개를 목적으로 1998년에 설립되었다. KAME 프로젝트의 성과물인 IPv6도 참조용 코드로 널리 이용되고 있다.

2. LAN과 WAN

TCP/IP의 보급은 그때까지 전혀 다른 네트워크 개념으로 다루던 LAN[4]과 WAN[5] 간의 경계를 허물었다. 완전히 같은 프로토콜이나 애플리케이션을 LAN 상이나 WAN 상에서도

---

[4]   Local Area Network

[5]   Wide Area Network

구분없이 이용할 수 있게 된 것은 TCP/IP라는 프로토콜 아키텍처의 유연성 덕분이다.

LAN은 물리적으로 제한된 범위에서만 이용할 수 있는 네트워크 환경으로, 통신 속도는 적절한 수준이었지만, 기껏해야 실내나 건물 안에서만 이용할 수 있었다. 이에 반해 전화 회선 등을 사용하는 WAN은 특정 거리 이상까지는 통신할 수 있지만, 속도가 느렸다. 이 두 가지는 네트워크 환경으로서 완전히 다른 것이었으며 사용할 수 있는 애플리케이션 등에서도 구별된다는 것 일반적인 인식이었다.

하지만, TCP/IP는 어느 쪽의 네트워크 환경에서도 사용할 수 있는 유연하면서도 강력한 프로토콜 아키텍처다. 당시와 비교하면 통신 속도가 몇 단위나 빨라지고 통신 노드 수도 늘어난 현재 네트워크 환경에서도 여전히 TCP/IP 프로토콜을 거의 예전 형태 그대로 이용하는 것을 보면 쉽게 이해할 수 있다.

4.2 이후의 BSD UNIX 혹은 TCP/IP 스택을 이식한 UNIX를 탑재한 워크스테이션은 1980년대 중반부터 보급이 시작되어 1990년대 초에는 널리 확산하였다. 당시 흔히 말하는 업무 용도로는 DOS 기반 PC를 이용하는 환경이 많았으나 선진적 기업에서는 UNIX 워크스테이션을 중심으로 LAN을 구축하여 PC에 파일을 공유하는 등 서비스를 제공하는 환경을 도입했던 것으로 보인다. 하지만, 이와 같은 상황은 1995년에 Windows 95가 출시되면서 변하기 시작했다.

3. 네트워크 단말기로서의 UNIX

Windows는 PC용으로 가장 많이 보급된 OS 중 하나라고 할 수 있다. 지금은 PC 운영체제는 거의 Windows라고 봐도 좋을 정도다. 따라서 PC 상에서 이용하는 네트워크 애플리케이션도 대부분이 Windows용이다.

반면 Mac OS X나 Linux와 같은 비 Windows PC용 OS도 어느 정도 수준의 점유율을 보유하고 있다. OS에서 이용할 수 있는 네트워크 애플리케이션의 수도 적지 않으며 하나의 네트워크 애플리케이션이 Windows/OS X/Linux용과 각각의 플랫폼용 버전을 동시에 제공하는 예도 적지 않다.

OS X는 내부적으로 BSD 기반 UNIX를 바탕으로 구현된 OS로, 기본적으로 UNIX라고 봐도 좋다. Linux가 UNIX인지 아닌지에 대해서는 의견이 분분하나 적어도 UNIX 호환 OS인 것은 맞다. 즉, 네트워크 애플리케이션을 이용하기 위한 PC용 OS로는 UNIX가 Windows를 이어 두 번째로 큰 점유율을 가지고 있다고 보아도 좋을 것이다.

또한, 스마트폰용 OS는 iPhone의 iOS와 Linux 기반 Android OS를 합치면 거의 100%가 UNIX를 기반으로 됐다고 할 수 있다. 지금은 판매대수와 이용대수가 스마트폰이 PC를 크게 웃도는 상황이기 때문에 네트워크 단말기용 OS는 역시 UNIX가 주류라고 보아도 무방할 것이다.

Chapter **13**

OSI 참조 모델

네트워크 기술을 설명할 때 자주 사용하는 도구로 OSI 참조 모델이 있다. 이번 장에서는 OSI 참조 모델을 중심으로 네트워크 기술 개관에 대해 살펴보도록 하겠다.

1. OSI 참조 모델

OSI 참조 모델[1]은 국제표준화기구[2]와 국제전기기술위원회[3]가 책정한 시스템 간 상호 접속을 위한 통신 기능을 설명하는 모델이다. 이 책의 집필 시점 기준으로 1994년11월15일에 발행된 제2판을 1996년6월15일에 개정한 ISO/IEC 7498-1이라는 문서가 공개되어 있다.

OSI 참조 모델의 특징 중 하나는 시스템 간 상호 접속에 사용하는 통신 기능을 7개의 계층 (Layer)으로 나누어 설명하고 있다는 점이다. 따라서 OSI 참조 모델을 'Seven Layer

---

1   Open Systems Interconnection - Basic Reference Model

2   International Organization for Standardization, ISO

3   International Electrotechnical Commission, IEC

Model'이라고 부르기도 한다.

OSI 참조 모델은 추상적인 모델이며 특정 시스템에만 한정해서 적용하는 것을 전제로 하고 있지 않다. OSI 참조 모델에 정의된 7개의 계층은 다음과 같다.

제7층: 응용 계층(Application Layer, layer7)

제6층: 표현 계층(Presentation Layer, layer6)

제5층: 세션 계층(Session Layer, layer5)

제4층: 전송 계층(Transport Layer, layer4)

제3층: 네트워크 계층(Network Layer, layer3)

제2층: 데이터 링크 계층(Data Link Layer, layer2)

제1층: 물리 계층(Physical Layer, layer1)

7개의 계층은 각 통신 기능의 요소를 추상화한 것으로, 저마다 다른 기능을 담당하는 동시에 전체적으로는 하나의 통신 기능을 구성한다. 각 층은 개별 프로토콜을 가지며 통신 상대 시스템의 같은 레이어와 프로토콜 메시지를 교환한다.

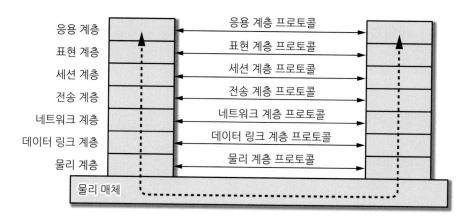

▲ **그림 13-1** OSI 참조 모델

응용 계층(Application Layer, layer7)

응용 계층은 OSI 참조 모델의 최상위에 위치한다. 시스템에서 동작하는 프로세스에게 있어서 시스템 간 통신 기능의 엔트리 포인트가 되는 층이다.

표현 계층(Presentation Layer, layer6)

표현 계층은 응용 계층 다음에 위치한다. 표현 계층은 응용 계층에 대하여 통신 상대 응용 층과의 데이터 교환 시 통일적인 데이터 표현 형식을 제공한다.

세션 계층(Session Layer, layer5)

세션 계층은 표현 층 다음에 위치한다. 세션 계층은 표현 계층에 대하여 상대 표현 층과의 데이터 교환 시 데이터의 편집, 도착 순서 보장, 데이터 송수신 타이밍 동기화 등의 기능을 제공한다.

전송 계층(Transport Layer, layer4)

전송 계층은 세션 층 다음에 위치한다. 전송 계층은 세션 계층에 대하여 상대 세션 층과의 데이터 교환을 투과적으로 보여주는 기능을 제공한다.

네트워크 계층(Network Layer, layer3)

네트워크 계층은 전송 층 다음에 위치한다. 네트워크 계층은 전송 계층에 대하여 다음 두 가지 기능을 제공한다.

- 연결형 데이터 전송(Connection-mode Transmission)
- 비연결형 데이터 전송(Connectionless-mode Transmission)

네트워크 계층은 시스템 간 통신의 시작, 유지, 종료 관리를 담당하며 직접 통신이 불가능한 시스템 간의 통신 중계 기능도 담당한다.

데이터 링크 계층(Data Link Layer, layer2)

데이터 링크 계층은 네트워크 계층 다음에 위치한다. 데이터 링크 계층은 다음 계층에 있는 물리 계층과 함께 네트워크 계층에 대하여 데이터 전송 기능 자체와 데이터 전송에 기인하는 데이터 오류 수정 등의 기능을 제공한다.

물리 계층(Physical Layer, layer1)

물리 계층은 OSI 참조 모델의 최하위층에 위치한다. 통신 하드웨어 자체와 해당 하드웨어의 물리적, 전기적 특성을 나타내는 층이다.

2. TCP/IP와 OSI 참조 모델

TCP/IP는 현재 가장 많이 보급된 통신 프로토콜 중 하나다. TCP/IP는 UINX에서도 일반적으로 사용하고 있으며 UNIX에서 가장 널리 쓰이는 네트워크 프로토콜 중 하나다. 현재 일반적으로 사용하는 네트워크 프로그램 중에는 UNIX로 개발한 것이 많다.

TCP/IP를 OSI 참조 모델로 설명하면 그림 13-2와 같다. layer5부터 layer7까지는 명확한 대응 관계를 짝을 지을 수는 없으나 layer2부터 layer4까지는 TCP/IP와 거의 대응 관계가 성립한다. TCP/IP (또는 UNIX의 네트워크 기술)를 설명할 때에 layerN이라는 식으로 자주 표기하므로 각 층의 역할을 기억해 두도록 하자.

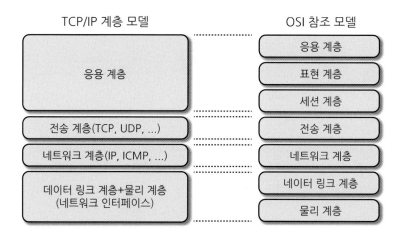

▲ **그림 13-2** TCP/IP 계층 모델과 OSI 참조 모델의 대응 관계

Chapter **14**

데이터 링크 계층

데이터 링크 계층의 역할은 통신 상대와의 사이에 부설된 물리적 네트워크 접속(물리 계층)으로 직접 정보 송수신을 하는 것이다. 송수신 방식이나 통신 상대와의 통신 규칙 등이 데이터 링크 계층의 종류별로 정해져 있다. 따라서 통신 시 양쪽 기기와 해당 기기에서 동작하는 소프트웨어가 규칙을 이해하고 따름으로써 기기 간에 올바른 정보를 송수신할 수 있다.

1. 데이터 링크란?

데이터 링크가 갖추어야 하는 기능으로는 다음과 같은 것들이 있다. 하지만, 모든 데이터 링크가 반드시 이 기능을 전부 갖추어야 하는 것은 아니다. 예를 들어 데이터 전송 기능만 정의된 데이터 링크가 있을 수 있으며, 사용하는 물리 계층의 특성으로 애초에 충돌 회피 기능이 필요 없는 데이터 링크도 있다.

데이터 전송

데이터를 전송한다. 데이터 링크에서 가장 중요한 기능이다. 비트나 바이트, 프레임 등과 같은 전송 단위나 전송 속도, 인코딩 규칙 등이 정해져 있기 때문에 송신 측이 송출한 데이터를 수신 측에서 확실히 받을 수 있도록 준비되어 있어야 한다.

충돌 회피

데이터 링크가 사용하는 물리 계층에 따라서는 여러 기기가 같은 물리 매체를 공유하는 형태로 통신하기도 한다. 이때 여러 기기가 동시에 송신을 시도하여 충돌이 발생하면 데이터 전송이 실패할 가능성이 크다. 이러한 문제를 줄여주는 기능이다.

오류 검출/정정

데이터 전송 시 물리 계층의 전송 신호 상태가 나빠서 데이터의 일부 또는 전부가 훼손되거나 분실될 수 있다. 이때 이중 부호화 등의 기술을 사용하여 수신 측에서 받은 데이터가 올바르다는 것을 확인하는 기능이다. 또한, 데이터 훼손을 검출했을 때 해당 데이터를 파기하거나 훼손 정도에 따라서는 수신 측에서 오류를 수정하는 기능을 포함하기도 한다.

흐름(Flow) 제어

데이터 전송 시 송신 데이터가 수신 측 기기의 능력을 넘어서면 수신 측이 데이터를 받지 못해 데이터 유실이 발생하게 된다. 이때 송신 측의 데이터 송신을 지연시키거나 일시적으로 멈추도록 요구하여 데이터 유실을 가능한 한 막는 기능이다.

UNIX 시스템에서 많이 사용하는 데이터 링크 중 PC에서는 이더넷이나 무선랜, PPP (Point-to-Point 프로토콜) 등을 많이 사용한다. 서버에서는 FDDI/CDDI를 많이 사용했으나 이더넷 통신 속도가 빨라지면서 지금은 거의 쓰지 않는다. 슈퍼 컴퓨터나 클러스터 등 고성능이 필요할 때는 통신 속도가 빠른 InfiniBand를 사용하고 있다.

2. 데이터 링크의 기본

데이터 링크에는 하나의 물리 매체로 기기 간에 1:1 통신을 하는 Point-to-Point형 데이터 링크와 여러 기기가 물리 매체를 공유하여 1대 다수 통신을 실현하는 Multiple Access형 데이터 링크가 있다.

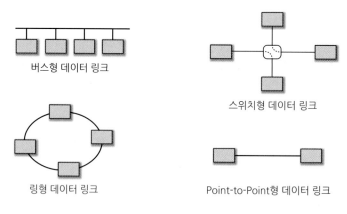

버스형 데이터 링크

스위치형 데이터 링크

링형 데이터 링크

Point-to-Point형 데이터 링크

▲ **그림 14-1** 데이터 링크의 종류

Multiple Access형 데이터 링크에는 버스 하나에 모든 노드가 달린 버스형, 노드가 한 열로 이어져 전체가 하나의 원을 그리는 링형, 노드 간 접속 관계를 동적으로 빠르게 전환할 수 있는 구조를 만들어 통신하는 동안만 송신 노드와 수신 노드를 일시적으로 연결하는 스위치형 등이 있다.

Point-to-Point 데이터 링크는 링크 상에 자신의 노드와 상대 노드밖에 없으므로 자신의 노드가 송신할 때 상대 노드는 수신 측이 되고 반대로 상대가 송신할 때는 자신이 수신 측이 된다. 한 번에 한쪽으로만 통신할 수 있는 데이터 링크를 반이중 링크, 양방향 통신이 가능한 데이터 링크를 전이중 링크라고 부른다.

Multiple Access형 데이터 링크는 링크 상에 여러 개의 노드가 있으므로 원하는 상대와 송수신하려면 노드를 구별하는 식별자와 식별자 제어 프로세스가 필요하다. 이 제어 기법을 미디어 접근 제어(MAC)라고 부르며 노드별 식별자를 MAC 주소라고 한다. 특히 이더넷 등에서 사용하는 EUI-48 형식의 MAC 주소가 잘 알려졌다.

또한, 버스형이나 링형의 Multiple Access형 데이터 링크에서 복수 노드가 동시에 송신을 시도하면 충돌이 발생할 가능성이 있으므로 각 데이터 링크에 따라 충돌을 회피할 수 있는 프로세스도 마련되어 있다.

CSMA/CD

CSMA/CD (Carrier Sense Multiple Access/Collision Detection)는 송신 중에 충돌을 검출하면 송신을 중단하고 임의의 대기 시간이 지나고 재송신을 시도한다. 이더넷 등에서 많이 쓰인다.

CSMA/CA

CSMA/CA (Carrier Sense Multiple Access/Collision Avoidance)는 송신하기 전에 대기 시간을 설정하여 충돌을 회피한다. 무선 LAN 등에서 많이 사용한다.

토큰 패싱

토큰 패싱은 노드 간 송신권(토큰)을 차례대로 부여함으로써 송신권을 얻은 노드만 송신할 수 있게 만들어 충돌을 회피하는 기법이다. FDDI나 토큰 링 등에 사용한다.

많은 데이터 링크에서는 일정한 크기의 데이터를 하나로 묶어 앞뒤에 헤더와 트레일러를 부여한 프레임이라는 데이터 단위로 전송한다. 프레임의 형식은 데이터 링크 별로 정해져 있으며 데이터 길이도 고정 길이와 가변 길이로 나뉜다. 가변 길이는 최대 길이, 데이터 링크에 따라서는 최소 길이가 정해져 있을 때도 있다. 데이터 링크의 고정 길이와 최소 길이가 정해져 있을 때, 송신하는 데이터가 이보다 짧다면 남은 부분을 무의미한 데이터로 채우는 패딩 처리가 이루어진다. 최대 길이는 일반적으로 MTU (Maximum Transfer Unit)라고 하는데, MTU는 통신 효율에 크게 영향을 미치는 값이므로 데이터 링크를 사용하는 상위 계층이 이 값을 알고 있어야 한다.

데이터 전송 시 전송 속도는 bps (bits per second)로 나타내며 일반적으로는 베이스밴드(물리 계층의 전송 신호)의 통신 속도를 가리킨다. 실제로는 프레이밍 처리에 의해 오류 검출/정정용 이중부호(Parity, CRC 등)를 포함하는 헤더나 트레일러가 붙거나 충돌 회피나 흐름 제어로 말미암아 지연이 발생하거나 상위층의 재전송 제어나 폭주 제어 등이 이루어지기 때문에 실질적인 전송률은 베이스밴드의 통신 속도를 밑돌게 된다.

3. Ethernet

유선 LAN으로, 현재 가장 널리 사용하는 데이터 링크다. 베이스밴드에 따라 10BASE (10Mbps), 100BASE (100Mbps), 1000BASE (1Gbps), 10GBASE (10Gbps), 40GBASE (40Gbps), 100GBASE (100Gbps) 등이 상용화되어 있다. 또한, 사용하는 물리 매체를 나타내는 기호가 명칭에 붙는다. 예를 들어 트위스트 페어 케이블을 사용하는 1Gbps 이더넷은 1000BASE-T, 최대 길이 500m인 동축 케이블을 사용하는 10Mbps 이더넷은 10BASE-5가 된다.

초기 이더넷은 동축 케이블을 사용했으며 버스형으로 CSMA/CD 충돌 회피가 필요한 데이터 링크였으나 현재 가장 많이 사용하는 트위스트 페어 케이블(LAN 케이블) 이더넷은 대부분 충돌이 발생하지 않는 스위치형 데이터 링크다.

4. 무선 LAN

주로 Wi-Fi 인증을 받은 무선 기기 간에 2.4GHz대나 5GHz대의 전파를 사용하여 통신함으로써 Ethernet과 동등한 수준의 통신 기능을 무선으로 구현하는 데이터 링크다.

무선 LAN은 전파를 사용하기 때문에 기본적으로 충돌이 발생한다. 같은 주파수대의 전파여도 여러 채널을 사용하면 동시에 여러 데이터 링크를 사용할 수 있을 것 같지만, 같거나 인접한 채널을 사용하는 통신이 서로 간섭을 일으키기 때문에 충돌이 발생하게 된다. 전파 이용이 혼잡한 장소에서는 충돌로 통신 성능이 현저히 떨어지기도 한다.

또한, 전파를 사용한 통신이기 때문에 제삼자가 통신 내용을 쉽게 도청할 수 있다는 것도 무선 LAN의 단점이다. 따라서 일반적으로 무선 LAN에서는 통신 내용을 암호화한다. 암호화 방식으로는 WEP (64비트/128비트), WPA/WPA2 (TKIP/AES) 등 여러 방식이 있으나 오래된 방식일수록 단시간에 해독할 가능성이 크니 되도록 기기에서 이용할 수 있는 가장 최신 방식을 사용하는 것이 안전하다.

5. Point-to-Point 접속

Point-to-Point형의 기기 간 1 대 1 접속으로, 주로 PPP (Point-to-Point Protocol)로 통신하는 데이터 링크다. 다양한 물리 매체를 사용할 수 있어 시리얼 케이블, 공중망, 광케이블 등을 사용하는 유선 접속이나 이동통신망, 적외선 등을 사용하는 무선 접속, 그 외에도 멀티플 액세스형 데이터 링크 상의 2 노드 간 통신로를 물리 매체 대신 사용하는 가상 접속(터널 접속) 등이 가능하다.

대표적인 가상 접속의 예로는 이더넷 상 두 대의 노드가 PPP로 통신하는 PPPoE (PPP over Ethernet)가 잘 알려졌다.

기본적으로 Point-to-Point형 데이터 링크는 원거리에 있는 두 지점 간을 잇는 WAN 접속에서 사용하거나 링크 주소 설정이 필요 없는 간이 근거리 통신에 자주 사용한다.

WAN 접속에 사용하는 물리 매체로는 두 지점 간 특정 접속 회선을 점유하는 전용망과 여러 거점이 동시에 접속하는 공중망이 있다. 또한, 공중망에도 통신하는 동안 두 거점의 통신로를 논리적으로 확립한 상태로 두는 회전 교환 방식과 송수신하는 데이터를 작은 단위로 나누는 시간 분할 방식을 통해 같은 망에서 여러 통신을 동시다중적으로 실시하는 패킷 교환 방식이 있다.

유선 방식 공중망으로는 다음과 같은 서비스를 이용할 수 있다.

- 일반 공중망(전화 회선)
- ISDN망

- ADSL 접속

- 광케이블

또한, 무선 방식 공중망으로는 다음과 같은 서비스를 이용할 수 있다.

- 3G망

- LTE망

- Wibro망

- PHS망

Chapter **15**

IP와 관련 프로토콜

IP (Internet Protocol)는 컴퓨터 간 통신에서 통신 단위인 패킷의 전송을 제어하는 프로토콜이다. 데이터 링크 계층이 직접 마주하고 앉아서 이야기하는 것이라면, IP를 사용하면 제삼자에게 메시지를 부탁할 수 있으므로 멀리 떨어진 장소에 있는 사람끼리 제삼자를 거쳐 커뮤니케이션을 하는 방식이라고 할 수 있다. 따라서 IP를 사용하면 패킷을 보다 멀리, 효율적으로 전송할 수 있게 된다.

이러한 IP와 다음 장에서 설명할 TCP, UDP 등을 통틀어 TCP/IP라고 부른다.

1. IP의 기본

IP를 이해하는데 있어서 가장 중요한 것이 바로 **IP 주소**와 **라우팅(경로 제어)**이다. IP 주소는 통신 시 각 기기의 위치를 나타내는 데 사용한다. 서로 통신하는 두 대의 컴퓨터나 패킷 중계를 하는 라우터에 각각 IP 주소가 할당된다.

IP를 통한 원격 기기 간의 통신에서는 중간에 여러 개의 라우터를 거치기도 한다(그림

15-1). 이때 어느 라우터를 거쳐 최종 목적지에 패킷을 전송할 것인지를 결정하고 실제로 전송해 나가는 제어를 가리켜 **라우팅**이라고 한다.

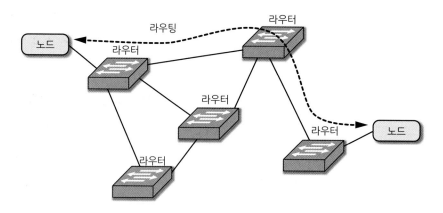

▲ **그림 15-1** 패킷 라우팅

IP 주소에 따라 '어디로', 라우팅에 따라 '어느 경로로' 패킷을 전송할 것인지 결정함으로써 서로 거리가 먼 컴퓨터 간의 통신이 가능해지는 것이다.

2. IPv4와 IPv6

IP에는 여러 종류가 있으며 현재는 IPv4와 IPv6 두 종류를 주로 사용하고 있다. 각각 IP 버전 4와 버전 6이라고 불리며 IPv6는 IPv4의 후계 프로토콜이다. 단순히 'IP'나 'IP 주소' 는 대부분 IPv4를 가리킨다.

IPv4에서는 그 사양 상 2^{32}(약 42억)개의 IPv4 주소 밖에 취급할 수 없었다. 하지만, IP로 통신할 때는 각 호스트에 IP 주소가 필요하고 그 외에도 라우터에 복수 주소를 할당할 필요 가 있기 때문에 인터넷이 확산함에 따라 IP 주소 수가 부족해지는 문제가 발생하게 되었다

(IPv4 주소 고갈 문제).

IPv6는 이 문제를 근본적으로 해결하기 위해 마련되었으며, 2^{128}개의 IPv6 주소를 취급할 수 있게 설계되었다. 이것은 42억 개의 IPv6 주소를 42억 명에게 할당할 수 있는 국가가 42억 개 국으로 이루어진 지구가 42억 개 있다고 가정할 때 겨우 고갈될 수 있는 수로, 사실상 바닥날 일이 없을 것이다.

3. IP 주소

IP 주소는 각 호스트에 할당되며 패킷의 출발지와 도착지를 나타내는 데 사용한다. IPv4 주소는 다음과 같이 온점(.)으로 구분된 4개의 10진수로 나타낸다.

```
192.168.1.1
```

각 수치는 0부터 255까지의 값을 취한다.

IPv6 주소는 4 자릿수의 16진수 수치를 쌍점(:)으로 8개 이어서 표시한다.

```
2001:db8:0:0:0:0:0:1
```

0이 이어지는 부분은 묶어서 ::으로 생략 표시할 수 있다. 위 주소는 다음과 같이 생략할 수 있다.

```
2001:db8::1
```

IP 주소를 이해하는데 있어서는 위 주소 자체 외에 서브넷의 개념도 중요하다. 서브넷은 라우터를 거치지 않고 직접 통신할 수 있는 네트워크의 범위를 나타내는 것이다.

IPv4에서 192.168.1.1부터 192.168.1.254까지 주소의 기기가 직접 연결된 네트워크에 있을 때 192.168.1이 서브넷이 된다. 서브넷의 크기를 나타낼 때에는 서브넷 마스크를 사용하는 경우와 서브넷 마스크 길이를 사용하는 경우가 있다. 서브넷을 사용할 때는 다음과 같이 하면 192.168.1.0이 서브넷이라는 의미가 된다.

- IP 주소: 192.168.1.1
- 서브넷 마스크: 255.255.255.0

서브넷은 숫자를 모두 2진수로 바꾸었을 때 1이 되는 곳이 고정이고, 0이 되는 곳이 변동되는 주소 공간이라는 의미가 된다. 단 왼쪽에 1이, 오른쪽에 0이 나열되는 형식밖에 지정할 수 없어서 255.0.255.0과 같은 1과 0이 섞인 서브넷 마스크는 존재하지 않는다.

한편, 서브넷 마스크 길이를 사용할 때는 다음과 같이 기술한다.

```
192.168.1.1/24
```

이것은 앞쪽부터 24비트가 고정, 그 이하 8비트가 변동하는 주소 공간을 나타낸다. 서브넷 마스크 255.255.255.0과 서브넷 마스크 길이/24는 같은 뜻이다.

IPv6에서 2001:db8::1에서 2001:db8:0:0:ffff:ffff:ffff:ffff까지의 주소 기기가 직접 연결된 네트워크상에 존재할 때는 2001:db8:0:0이 서브넷이 된다. IPv6에서는 서브넷 마스크 길이로 서브넷을 나타낸다.

```
2001:db8::1/64
```

이것은 앞부터 64비트가 고정, 그 이후 64비트가 변동하는 주소 공간을 나타낸다. 또한,
IPv6의 네트워크 주소 부분을 가리켜 **프리픽스(prefix)**라고 하며, 서브넷 마스크 길이는 프리
픽스 길이라고도 한다.

4. 특수 IP 주소

특수한 용도로 사용하는 IP 주소를 다음에 정리해 보았다.

먼저 특정 용도로 쓰는 주소다.

루프백(Loop-back) 주소

항상 자기 자신을 가리키는 IP 주소다. 주로 루프백 인터페이스 lo0으로 설정한다. IPv4에서는 127.0.0.1,
IPv6는 ::1이다.

네트워크 주소

IP 주소 중 서브넷 마스크로 지정된 비트만을 가리켜 네트워크 파트, 나머지 비트를 호스트 파트라고
한다.

호스트 파트의 비트가 전부 0이며 네트워크 파트로만 구성된 IP 주소를 네트워크 주소라고 부른다. 하나
의 통신 호스트가 아닌 연결된 네트워크 전체를 나타낼 때 사용한다. IPv4는 192.168.1.0/24 등, IPv6
는 2001:db8::/64 등이다.

미정 주소

아직 IP 주소가 결정되지 않은 네트워크 인터페이스에서 송출되는 패킷의 출발지 주소에 지정하는 IP 주
소다. IPv4는 0.0.0.0, IPv6는 ::이다.

다음으로, 목적지로 지정할 수 있는 주소를 살펴보자.

유니캐스트 주소(Unicast Address)

하나의 호스트[1]를 가리키는 IP 주소다. 패킷 송신 시 목적지 IP 주소로 지정함으로써 특정한 하나의 호스트에 도착하게 한다. 1 대 1 통신용으로 사용한다. 패킷 출발지 IP 주소에는 일부 예외[2]를 제외하고 반드시 유니캐스트 주소를 지정한다.

멀티캐스트 주소(Multicast Address)

0대 이상의 호스트[3]로 구성된 그룹을 가리키는 IP 주소다. 패킷 송신 시에 목적지 IP 주소로 지정함으로써 그룹에 속한 모든 호스트에게 패킷을 전송한다. 1대 다수 통신에 사용한다.

방송계열 콘텐츠 등 여러 호스트에게 같은 내용의 통신을 동시에 제공하거나 검색 등을 목적으로 특정 범위의 호스트에게 동시에 질의 요구를 송신할 때 많이 사용한다.

애니캐스트 주소(Anycast Address)

0대 이상의 호스트[4]로 구성된 그룹을 가리키는 IP 주소다. 패킷 송신 시에 목적지 IP 주소로 지정함으로써 그룹에 속한 호스트 중 하나의 호스트에 패킷을 전송한다. 1 대 1 통신에 사용한다.

애니캐스트 주소를 사용할 때는 예외적으로 네트워크상에 같은 IP 주소를 가진 호스트가 여러 대 있게 된다. 송신한 패킷은 이들 중 어느 한 대[5]에 도착하도록 라우팅된다. 어느 것에 전송될지 지정할 수는 없다.

DNS 서버 등 어느 호스트에서나 같은 서비스를 제공하고 성능상의 이유로 가능한 한 가까운 서버에 접근하는 것이 바람직할 때 사용한다.

브로드캐스트 주소(Broadcast Address)

호스트 파트 비트에 전부 1이 지정된 IP 주소다. 송신 시 목적지 IP 주소에 지정함으로써 네트워크 파트에서 지정한 네트워크에 접속된 모든 호스트에 패킷을 전송한다. 1대 다수 통신용이다. 검색이나 정보 통보 등을 목적으로 네트워크 내의 모든 호스트에 동시 전송이 필요할 때 많이 사용한다.

---

1   정확히는 호스트상의 네트워크 인터페이스 1개.

2   DHCP 서버 검색 패킷 송신 시 등 아직 송신 인터페이스의 IP 주소가 결정되지 않았을 때 미정 주소(0.0.0.0)를 지정할 수 있다.

3   정확히는 호스트상의 네트워크 인터페이스 0개 이상.

4   정확히는 호스트상의 네트워크 인터페이스 0개 이상.

5   보통은 네트워크상에서 가장 가까운 한 대.

이론적으로는 원격 환경의 네트워크로 송신하거나 인터넷 전체에 송신하는 일도 가능할 것 같지만, 실제로는 보안상의 이유로 이와 같은 브로드캐스트 주소 사용을 제한하고 있다.

마지막으로 주소의 범위(Scope)를 살펴보자.

전역 주소(Global Address)

인터넷상에 하나밖에 없는 IP 주소로, IP 주소의 본래 기본 정의다. IP의 개별성을 보장하도록 모든 주소는 IANA[6]를 중심으로 하는 인터넷 레지스트리 그룹이 통합적으로 관리하고 있다. 일반 사용자는 레지스트리에서 이양을 받는 형태로, 주소 블록을 할당받은 ISP (공급자)에서 네트워크 주소 또는 유니캐스트 주소인 IP 주소 할당을 받아 사용한다. 할당받지 않은 IP 주소는 사용해서는 안 된다.

IPv4 주소는 IANA에서 남은 주소가 거의 고갈되었기 때문에 할당이 까다롭다. 따라서 NAPT 등의 주소 변환 기술을 사용하여 IP 주소를 절약하거나 또는 IPv6 주소를 도입해야 하는 상황이다.

전용 주소(Private Address)

인터넷상에서는 사용되지 않는다는 것을 보장할 수 있는 IP 주소다. 조직 내, 가정 내, 개인환경 등에서 레지스트에서 할당을 받지 않고 자유롭게 사용할 수 있다. 단, 출발지 주소나 목적지 주소로 전용 주소를 지정한 패킷을 인터넷으로 송출해서는 안 된다.

IPv4에서는 다음 세 종류의 네트워크 주소를 이용할 수 있다.

- 10.0.0.0/8
- 172.16.0.0/12
- 192.168.0.0/16

실제 운용 시에는 NAPT 등의 주소 변환 기술과 병용하는 경우가 많다.

IPv6에서는 fd00::/8이 ULA (Unique Local Unicast Address)로 정의되어 있으며 IPv4의 전용 주소와 마찬가지로 사용할 수 있다.

링크 로컬 주소(Link Local Address)

같은 네트워크 주소를 할당하는 범위 정도의 네트워크 링크 상에서만 고유성(Uniqueness)이 보장되는 IP

---

6   Internet Assigned Numbers Authority

주소다. 단일 데이터 링크 혹은 L2 브릿지 등으로 연결된 복수 데이터 링크로 구성된 네트워크가 대상이다. 출발지 주소나 목적지 주소에 링크 로컬 주소를 지정한 패킷은 라우터 이외로 라우팅해서는 안 된다.

IPv4에서는 169.254.0.0/16, IPv6는 fe80::/10이다.

ISP 공유 주소(ISP Shared Address)

원래 글로벌 주소의 일부로, 이용 가능한 네트워크 주소나 프로바이더가 사용자를 대상으로 할당하는 주소로 이용하며, 주소 변환 기술을 통해 프로바이더의 바깥 측(인터넷 측)에서 송수신 되는 패킷에는 지정되지 않는다는 것을 프로바이더가 보장해야 한다.

서로 다른 프로바이더 간 또는 동일 프로바이더라도 액세스 포인트가 다른 경우 등 서로 다른 여러 사용자에게 동시에 같은 주소가 할당될 가능성이 있다. 기본적으로는 IPv4 주소 고갈에 따른 주소 절약 기술의 한 종류로, 프로바이더가 운용하는 주소다. IPv4에서만 정의되어 있으며 100.64.0.0/10이다.

5. 라우팅

IP 패킷을 최종적으로 목적 호스트(목적지)에 정확하게 전송하는 제어를 가리켜 **라우팅**이라고 한다.

자신 쪽에서 보았을 때 전송할 중계 라우터가 한 대밖에 없는 경우, 동일 데이터 링크에 연결되어 있어 직접 송신이 가능한 목적지 호스트를 제외한 다른 모든 목적지에 대한 패킷은 전부 해당 중계 라우터로 전송하게 된다. 이때 전송할 대상으로 지정하는 중계 라우터를 가리켜 **디폴트 라우터**, 디폴트 라우터를 지정하는 라우팅을 **디폴트 라우팅**이라고 한다.

전송 대상인 중계 라우터가 여러 대 있을 때 보통은 목적지 IP 주소를 확인하여 더 가까운 쪽에 있는 중계 라우터를 적정한 경로로 판단하여 해당 라우터로 전송하는 라우팅이 이루어진다. 어느 쪽이 적정한지 판단하려면 각 중계 라우터 너머의 네트워크 정보를 알아두어야 한다. 이 정보를 가리켜 **라우팅 인포메이션**(경로 정보)이라고 하며 사전에 네트워크의 구성(토폴로지)을 전제로 정적으로 설정해두는 방법과 네트워크 구성 변경에 따라 동적으로 갱신되도록 다른 라우터와 라우팅 인포메이션을 교환하는 라우팅 프로토콜을 운용하는 방법이 있다.

라우팅 인포메이션은 목적지 네트워크 주소와 중계 라우터를 연결 짓는 형태의 표 형식 정보(라우팅 테이블)로 관리한다. 패킷 송출 시에는 이 표를 참조하여 목적지 네트워크 주소에 가장 길게 매치되는 엔트리의 중계 라우터를 전송 대상으로 선택하게 된다.

또한, 특정 이유로 목적지 IP 주소 이외의 정보를 바탕으로 중계 라우터를 선택하게 하는 특수한 라우팅을 하는 때도 있다. 예를 들어 네트워크의 이용 권한이나 과금상의 제약, 혹은 성능상의 이유로 같은 목적지라 하더라도 특정 네트워크에서 전송되는 패킷에 대해서는 전용 경로를 설정할 수가 있다.

6. 관련 프로토콜

IP 자체는 패킷을 전송하는 역할만 하기 때문에 실제 통신 시에는 IP와 협조 동작하게 되는 프로토콜을 사용하게 된다. 다음에 해당 프로토콜을 정리해 보았다.

ARP

ARP[7]는 IPv4 주소로 대응하는 호스트의 MAC 주소를 알아내기 위한 프로토콜이다. 동일 서브넷 내에서의 통신은 데이터 링크 계층에서 송수신이 이루어진다. 이때에는 목적지 MAC 주소를 알고 있어야 한다.

하지만, 응용 계층에서는 OS의 Socket API를 사용하기 때문에 통신 상대를 IP 주소에 따라 지정하게 된다. 따라서 통신 상대의 IP 주소로 통신 상대의 MAC 주소를 알아내야 한다.

ARP에서는 데이터 링크 레벨의 브로드캐스트 프레임을 송신하여 직접 연결된 모든 기기에 대해 "여기는 IP 주소 192.168.1.1, MAC 주소 00:00:00:00:00:01입니다. IP 주소 192.168.1.2가 있으시면 여기로 MAC 주소를 송신해 주십시오."라는 메시지를 보낸다. 이때 192.168.1.2 기기가 있다면 기기가 답을 보내기 때문에 192.168.1.1, 192.168.1.2 기기는 각각 통신 상대의 IP 주소와 MAC 주소를 알 수 있다.

---

7   Address Resolution Protocol

ICMP

ICMP[8]는 IPv4를 보조하는 프로토콜이다. IP는 데이터의 송수신을 목적으로 하지만 ICMP는 데이터가 아닌 컨트롤 메시지의 송수신을 목적으로 한다. 컨트롤 메시지에는 네트워크 상황을 확인하는 것과 에러 보고를 하는 것 등이 있다.

예를 들어 ping 명령어로 네트워크의 통신 가능 여부를 확인할 때에는 ICMP의 에코 요구와 에코 응답이 사용한다. 또한, 패킷 전송 중인 라우터가 받은 패킷을 그 뒤에 어디로 전송해야 좋을지 모르는 경우 ICMP 도달 불능 메시지를 사용하여 출발지에 패킷이 도착하지 않았다는 것을 알린다.

ICMPv6

ICMPv6는 ARP와 ICMP의 기능을 가지고 있으며 IPv6에서 사용한다. IPv6에서는 ICMPv6의 Neighbor Discovery (ND)를 사용하여 서브넷 내 기기의 MAC 주소를 탐색한다. ARP와는 달리 데이터 링크 계층의 브로드캐스트가 아닌 IPv6의 멀티캐스트로 탐색한다.

이 외에도 IPv6에서는 ICMPv6의 Router Solicitation이나 Router Advertisement로 자신이 속한 서브넷을 조회해 스스로 IPv6 주소를 결정할 수 있기 때문에 다음에 설명할 DHCP가 필수적이지 않다.

DHCP

DHCP[9]는 호스트의 설정 정보를 제공하는 프로토콜이다. IP 주소나 DNS 서버 등의 호스트를 네트워크에 연결해 통신 가능(운용 가능)한 상태가 될 때까지의 설정 정보를 취득할 수 있기 때문에 사전에 수동으로 초기 설정 작업을 하지 않아도 호스트를 네트워크에 접속시킬 수 있다. IPv4용 기능이다.

미리 네트워크상의 DHCP 서버에 IP 주소 풀을 준비해두고 호스트(DHCP 클라이언트)의 요구에 따라 풀에서 동적으로 IP 주소를 할당하게 된다. 반납된 IP 주소는 풀로 가져와서 재이용할 수 있다. 또한, MAC 주소와의 대응 관계를 정의해 둠으로써 고정 할당을 할 수도 있다.

DHCPv6

IPv6용 DHCP. IPv4 DHCP가 단일 IP 주소 할당과 네트워크 설정 정보 제공을 모두 담당하는 것과는 다르게 DHCPv6는 단일 IP의 할당, 네트워크 주소(prefix)의 이양, 네트워크 설정 정보 제공을 담당하는 기능이 따로 마련되어 있다.

네트워크에 호스트를 접속하는 방법으로는 IPv4와 마찬가지로 DHCPv6에서 단일 IP 주소 할당과 네트

---

8   Internet Control Message Protocol

9   Dynamic Host Configuration Protocol

워크 설정 정보 제공을 담당하게 하는 방법과 앞서 설명한 ICMPv6의 Router Advertisement로 주소를 자동 설정하는 방법이 있다. 단, 주소 자동 설정에는 IPv6 주소 자체를 설정하는 기능밖에 없으므로 다른 네트워크의 설정 정보는 제공하지 않는다. 이 경우 Router Advertisement와 DHCPv6 기능 중에 네트워크 설정 정보 제공 기능만을 함께 사용할 수 있다.

네트워크에 라우터를 연결할 때에는 DHCPv6에서 Prefix를 이양하여 서브넷에 네트워크 주소를 할당할 수 있다.

IPsec

IPsec은 IP 패킷에 부가 정보를 추가해 안전하게 IP 통신을 할 수 있도록 확장한 프로토콜이다. 기능으로는 AH, ESP, IKE 세 종류를 이용할 수 있다.

AH[10]는 IP 패킷 전체 해시 값을 헤더 정보에 포함하여 수신 측에서 IP 패킷의 내용이 훼손되지 않았다는 것을 확인할 수 있게 하는 기능이다. 주로 수정 변경을 막기 위한 용도로 사용하지만, 경로 도중에 주소 변환을 적용했을 때도 수정한 것으로 간주해버리기 때문에 최근에는 많이 쓰지 않고 있다.

ESP[11]는 IP 패킷을 암호화하는 기능이다. AH 사용이 줄었기 때문에 현재는 IPsec이라고 하면 거의 ESP 기능을 가리킨다고 보아도 무방하다. 암호화와 복호화 시에는 송신 측과 수신 측이 암호 알고리즘이나 암호 키, IV[12] 등의 파라미터를 공유해야 한다. 파라미터는 수동이나 자동으로 설정할 수 있다.

IKE[13]는 AH나 ESP와 병용하여 송신 측과 수신 측 간의 파라미터를 교환하거나 일정 주기마다 자동으로 키를 갱신하는 기능이다. 오랫동안 같은 암호 키를 계속 사용하는 것은 보안상에 위험이 따르기 때문에 일정 기간 이상 IPsec을 운용할 때에는 IKE로 자동 설정해두는 것이 좋다.

10　Authentication Header

11　Encapsulated Security Payload

12　Initialization Vector

13　Internet Key Exchange

Chapter **16**

TCP와 UDP

TCP[1]와 UDP[2]는 전송 계층의 프로토콜이다. 전송 계층은 IP 주소를 가진 기기의 내부에서 동작하는 애플리케이션과의 통신 중계 역할을 담당한다.

1. 포트 번호

IP 주소는 통신하는 대상이 되는 기기까지만 지정할 수 있다. 그러나 네트워크 통신에서는 서로 다른 호스트 상에서 동작하는 애플리케이션들이 사전에 정해진 방식(애플리케이션 프로토콜)에 따라 통신을 한다. 이때 "어느 애플리케이션과 통신을 할 것인가?"를 나타내는 번호가 바로 포트 번호다. 어느 포트를 사용할지는 애플리케이션이 독자적으로 결정할 수 있으나 HTTP면 80번, SSH면 22번인 것처럼 일반적으로 애플리케이션마다 기본으로 사용하는 번호가 정해져 있다.

---

1   Transmission Control Protocol
2   User Datagram Protocol

HTTP 클라이언트는 HTTP 서버의 포트 80번에 접속하면 통신을 시작할 수 있다. 클라이언트와 서버를 중간에서 이어주는 것이 전송 계층의 중요한 역할이다.

2. UDP

UDP는 단일 데이터 그램을 송수신할 때 사용하는 프로토콜이다. 쉽게 말하자면, IP에 포트 번호를 부여하여 특정 애플리케이션에 도달하는 데이터의 덩어리를 받을 수 있게끔 하는 것이다. 따라서 기본적으로는 IP와 같은 제약이 있으며 데이터 도달성 등은 보장되지 않는다.

3. TCP

TCP는 연속되는 데이터 스트림을 송수신할 때 사용하는 프로토콜이다. TCP 내에 연속성과 도달성을 보장하는 수단이 마련되어 있으며 주로 신뢰성이 필요한 애플리케이션에서 사용한다.

애플리케이션은 Socket[3]의 읽기, 쓰기만 담당하고 데이터에 결손이 없다거나 순서 부정합이 없다는 것이 보장된 상태에서 원격 애플리케이션과 통신을 할 수 있다.

또한, TCP에는 네트워크가 혼잡하여 가령 패킷 지연이나 결손이 발생했을 때 자동으로 통신량을 줄이는 등 통신 상태를 제어하는 기능이 포함되어 있다.

---

3   애플리케이션이 TCP나 UDP를 사용하여 통신할 때는 통신 출발지와 목적지 IP 주소와 포트 번호를 바탕으로 생성되는 Socket이라는 식별자를 사용한다.

4. TCP 연결

TCP에서는 가장 먼저 연결을 확립한다. 이것은 통신의 시작과 종료를 명확하게 결정한다는 의미가 있다. 통신의 신뢰성을 위해 실제로 통신을 시작하기 전에 양쪽이 통신을 시작하겠다는 의사를 나타내고 서로 이를 승낙한다.

TCP 연결 확립 시에는 우선 통신을 시작하는 쪽 호스트 A가 SYN 패킷을 통신을 기다리는 쪽인 호스트 B로 송신한다. 이것은 A가 B에 연결 확립을 요구한다는 의미가 된다. 그다음 B에서 A로 SYN/ACK를 송신한다. 이것은 B도 A에 연결 확립 요구를 하는 것과 동시에 A의 요구를 승낙한다는 의미가 된다. 그다음에는 A에서 B로 SYN에 대한 ACK를 송신한다. 연결 확립 시 세 개의 패킷을 주고받는다는 의미에서 이 절차를 가리켜 3 Way Handshake라고 한다.

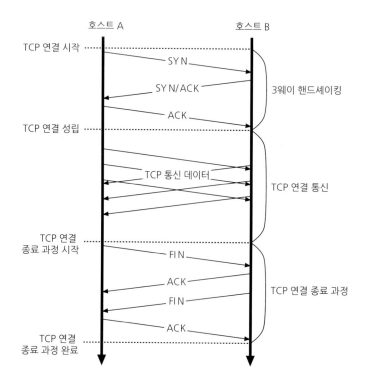

▲ **그림 16-1** 연결 확립과 종료

한편, TCP 연결을 종료할 때에는 종료하는 쪽인 호스트 A가 FIN 패킷을 송신한다. 이를 받은 호스트 B가 ACK를 반환한다. 또는 반대로 B가 FIN을 보내어 A가 ACK를 반환해도 연결이 종료된다. FIN/ACK 절차가 연결 개시와 달라지는 이유는 FIN이 "나는 더는 보낼 데이터가 없다."라는 의사 표시이고 그 뒤에 오는 데이터의 수신은 가능하기 때문이다. 따라서 FIN과 ACK가 반드시 연속적으로 오간다고 할 수는 없다. 또한, 한쪽만이 FIN을 보낸 상태를 가리켜 Half Close라고 한다.

5. TCP 통신

TCP에서는 끊김 없는 연속적인 데이터를 다루게 되는데, 실제 데이터의 송수신은 IP 계층에서 패킷 단위로 분할된다. 그리고 이를 TCP 계층에서 다시 결합하여 연속 데이터인 것처럼 애플리케이션에 제공한다.

여기서 데이터를 분할해 나갈 때 분할된 단위의 데이터 순서를 알지 못한다면 수신 측에서는 데이터의 연속성을 보장할 수 없다. 따라서 TCP에서는 각 패킷에 송신하는 순서대로 시퀀스 번호를 할당함으로써 데이터의 순서를 보장하고 있다. 또한, 시퀀스 번호로 패킷에 결손이 없는지도 확인할 수 있다.

TCP에서는 데이터를 수신하면 "여기까지 받았으니 다음은 이 데이터를 주십시오."라는 의미로 다음에 보낼 패킷의 시퀀스 번호를 포함한 ACK를 반환한다. 만약 패킷에 결손이 발생하면 TCP에서는 송신 측에서 재송신을 받게 되지만 TCP에서 직접 "이것을 재전송해 주십시오."라고 요청하는 방법은 없다. 보낸 데이터의 ACK가 반환되지 않으면 송신 측에서 스스로 재전송을 하거나 수신해야 할 데이터가 오지 않으면 수신 측에서 "다음은 3,000번을 보내 주십시오."라는 메시지를 여러 번 보내 재촉하기도 한다.

6. TCP 통신 제어

TCP 통신에서는 데이터를 송신하여 ACK가 오면 다음 데이터를 송신하고 이와 같은 처리를 계속 반복하기만 하면 통신은 가능하다. 그러나 상대의 답을 기다렸다가 다음 패킷을 보내야 하기 때문에 빠른 속도로 데이터를 주고받을 수 없다. 따라서 연결 확립 시 어느 정도 묶어서 송신할 데이터양을 미리 정해두고 이 데이터양에 달할 때까지는 ACK가 오지 않아도 패킷을 계속 전송할 수 있도록 만들어져 있다. 이 데이터양을 가리켜 **윈도우 사이즈**라고 한다. 한편, 송신 측에서는 재전송을 해야 하는 상황을 대비해 일단 송신한 데이터라 하더라도 ACK가 올 때까지 해당 데이터를 가지고 있어야 한다. 이처럼 데이터를 유지하는 버퍼를 가리켜 **윈도우**라고 한다.

이 윈도우 사이즈는 TCP 패킷 헤더에 부여된 것으로, 수신 측이 송신 측에게 "이 정도까지는 보내도 괜찮다."라는 형태로 항상 그 크기를 통보해주고 있다. 만약 수신 측이 다른 처리를 하느라 바빠서 보내온 패킷을 시간 내에 처리하지 못할 것 같으면 윈도우 사이즈를 작게 만들 수도 있고 반대로 여유가 있을 때는 크게 설정할 수도 있다.

또한, TCP에는 폭주 제어 기능도 탑재되어 있다. 폭주란 네트워크가 혼잡한 상태에 빠진 것으로, 폭주가 발생하면 패킷 지연이나 결손이 발생하기 쉬워진다. 이때 각 호스트가 계속해서 재전송을 하면 네트워크가 더 혼잡해지기 때문에 윈도우 사이즈를 조정하여 트래픽을 조정한다.

이 외에도 몇 개 패킷의 ACK를 묶어서 반환하는 것이 통신 효율 측면에서 더 바람직하다. 따라서 잠시(250ms 등) ACK 전송을 기다렸다가 묶어서 보낼 수 있는 것은 묶어서 보내는 지연 ACK 등의 제어 방법도 있다.

7. TCP와 UDP의 사용 구분

TCP는 프로토콜로서 데이터의 신뢰성을 보장할 수 있으나 UDP는 그렇지 않다. 그렇다면 TCP만 있어도 충분할 것 같은데 왜 UDP를 사용하는 것일까.

TCP에서는 하나의 패킷을 주고받는 단순한 통신이라도 3 Way Handshake로 연결 확립 과 종료 절차가 필요하다. 또한, 부트 로더 등에 TCP의 복잡한 처리를 구현하려면 프로그 램 크기가 커져서 문제가 되기도 한다. 이 때문에 단순히 송수신만 처리하는 프로토콜이 정 의되어 있는 것이 더 편할 때도 있다.

또한, 음성이나 동영상 스트리밍 통신 등 데이터가 결손되어도 데이터의 재전송이 필요 없 고 오히려 통신 지연이 더 큰 문제가 되는 애플리케이션도 있다. 이럴 때 UDP를 사용한다.

Chapter **17**

애플리케이션 프로토콜

네트워크 애플리케이션에는 다양한 종류가 있다. 기본적으로 네트워크를 사용하여 정보 통신을 하는 애플리케이션은 모두 네트워크 애플리케이션이라고 한다.

단, 통신을 하려면 통신을 할 양쪽 또는 모든 개체(Entity)가 같은 규칙을 기준으로 정보를 주고받아야 한다. 일반적으로 이 규칙을 프로토콜(규약, 의정, 협정, 의례 등의 의미)이라고 한다. 특히 네트워크 통신상의 프로토콜을 가리켜 **네트워크 프로토콜**(통신 규약), 혹은 문맥에 따라서는 단순하게 생략하여 프로토콜이라고 지칭한다.

프로토콜은 단순히 통신을 하는 양쪽 또는 모든 개체 간에 임의로 정하면 되지만, 불특정 대상과 통신할 가능성이 있을 때에는 미리 공개된 프로토콜 규약을 따르는 것이 바람직하다. 인터넷상에서 이용하는 프로토콜은 기본적으로 RFC[1]라는 실질적인 프로토콜 규약(또는 Internet-Draft라고 하는 RFC가 발행되기 전의 규정안)을 따라야 한다.

네트워크 애플리케이션은 계속 진화하고 있으며 애플리케이션이 사용하는 프로토콜 또한 계속 새로운 것들이 등장하고 있다. 그리고 기존 프로토콜도 시대의 변화에 맞춰 진화하거

---

1   Request For Comments

나 취약성 등의 문제점을 해결하도록 꾸준히 수정을 하고 있다. 애플리케이션을 개발하는 관점에서는 사양을 검토할 때에 항상 최신 프로토콜 동향에 신경을 써야 하며 사용하는 사용자도 대상 애플리케이션이 새로운 프로토콜을 지원하고 있는지, 통신 상대가 되는 다른 애플리케이션과의 사이에서 사용하는 프로토콜에 호환성이 있는지 등을 주의 깊게 살펴보아야 한다.

1. 웹 액세스(HTTP/HTTPS)

HTTP[2], HTTPS[3]는 주로 웹 액세스에 사용하는 프로토콜로, 아마도 현재 가장 널리 사용하는 프로토콜 중 하나일 것이다.

여러 문서의 경계를 초월하여 용어 등 참조 관계를 상호 열람할 수 있는 하이퍼텍스트 개념을 바탕으로 네트워크에 분산된 정보의 상호 관계를 참조할 수 있도록 구현한 프로토콜로 책정한 것이 HTTP다. 전 세계로 분산된 정보 전체가 그물망처럼 서로 참조하는 상태를 가리켜 World Wide Web (WWW)라고 하며, WWW의 링크를 따라가는 것에 특화된 UI를 WWW 브라우저, 웹 브라우저 또는 간단히 브라우저라고 부른다. 그리고 브라우저의 HTTP 요구에 따라 자신이 관리하는 정보 리소스를 제공하는 기능을 WWW 서버, 웹 서버라고 한다.

HTTP에서는 참조할 곳을 가리키는 정보로서, 네트워크상에 존재하는 리소스의 소재를 나타내는 통일적인 표기법인 URL[4]과 이를 보다 일반적인 식별자로 확장한 개념인 URI[5]를

---

2 Hypertext Transfer Protocol

3 HTTP over SSL/TLS

4 Uniform Resource Locator

5 Uniform Resource Identifier

사용한다. URI에는 리소스 자체의 위치를 나타내는 정보 이외에도 해당 리소스에 액세스할 수 있는 스키마나 접근 권한을 행사하기 위한 인증 정보(사용자명이나 비밀번호 등), 접근 시 정보를 제공하는 쪽에서 참조하는 파라미터 정보 등을 포함할 수 있다.

HTTPS는 SSL[6] 또는 이를 확장한 TLS[7]라고 불리는 통신의 안정성을 확보할 방법을 이용하여 제삼자의 공격에서 HTTP 통신을 지키는 프로토콜이다. HTTPS는 통신 내용 암호화, 수정된 것 검출 또는 디지털 증명서 기술을 이용하여 통신 상대인 서버나 클라이언트(브라우저)에 대한 일방 또는 양방향 인증을 할 수 있다.

일반적으로 많이 이용하는 것은 서비스 제공자가 정식으로 운용하는 웹 서비스를 보장하는 서버 증명서의 도입과 이를 이용한 암호화 통신이다. 증명서는 신뢰할 수 있는 CA[8]가 발행한 것이어야 한다. 현재 이용하는 대부분 브라우저는 알려지지 않은 CA가 발행한 증명서를 사용하면 경고를 띄우거나 통신을 중단하는 방식으로 구현되어 있다. 공식적으로 인정받은 CA는 대부분 브라우저에 미리 설정이 되어 있으나 회사나 학교 등 특정 조직 내에서 운용하는 사설 CA 발행 증명서를 이용한다면 사용자가 브라우저나 OS에 사설 CA를 신뢰할 수 있는 CA로서 등록해야 한다. 공식 CA 발행 증명서를 이용할 때는 증명서의 신뢰수준에 따라 비용이 발생한다.

또한, 예를 들어 개인 제공 웹 서버에서 통신 암호화만이 목적일 때 제대로 된 CA를 운용하지 않고 자가 서명 증명서를 발행하기도 한다. 사용자에게 이를 주지시킬 수 있는 제한된 범위라면 상관없으나, 불특정 다수에 웹 서비스를 제공한다면 피싱 사이트 등으로 의심받을 가능성이 있으니 유의하도록 하자.

---

6   Secure Sockets Layer

7   Transport Layer Security

8   Certificate Authority

2. 이메일(SMTP/POP/IMAP)

이메일은 인터넷상에서 오래전부터 운용해온 기본 서비스 중 하나다. 예전에는 이동통신 네트워크나 PC통신과 같이 폐쇄된 네트워크 서비스가 여럿 운용되었으며 그 틀 안에서 사용자 간의 기본적인 메시지 서비스로서 전자메일이나 이와 비슷한 서비스를 제공하기도 했다. 서비스와 인터넷의 상호 접속 구간에 메일 게이트웨이를 설치하여 인터넷 메일과의 양방향 통신을 구현한 네트워크 서비스도 많다.

이메일은 기본적으로 MTA (Mail Transfer Agent)라는 메일 전송 서버에서 전송이 이루어진다. 이메일 송신 시에는 메일 리더 또는 메일러라고 하는 UI인 MUA[9]에서 SMTP[10]라는 프로토콜로 가장 가까운 MTA에 메일을 보낸다. 메일을 수신한 MTA는 지정된 주소(목적지)를 바탕으로 더 적절한 MTA에 SMTP로 메일을 전송한다. 최종 도착지 MTA는 메일을 사용자별 메일 박스에 저장하고 사용자는 MUA에서 자신의 메일 박스에 POP[11]이나 IMAP[12]라는 프로토콜로 도착한 이메일을 가져온다.

SMTP는 명칭이 나타내고 있듯이 아주 간단한 프로토콜이며 서비스 초기에는 단순한 영문 텍스트로 이메일밖에 교환할 수 없었다. 그러나 점차 네트워크 기술자가 독자적으로 규칙 교환을 가능하도록 확장하였고 MIME[13]라는 프로토콜 확장이 채택되면서 다국어 메일 교환이나 첨부 파일 등 텍스트 이외에 콘텐츠도 이메일로 교환할 수 있게 되었다.

메일 박스 접근용 프로토콜로는 현재 POP와 IMAP을 일반적으로 이용하고 있다. POP은 기본적으로 메일 박스에서 자신의 PC/단말기 상에 모든 메일을 취득하여 관리하는 반면, IMAP은 메일 자체는 메일 박스상에서 관리하고 자신의 PC/단말기에서는 원격 메일 박스

---

9   Mail User Agent

10   Simple Mail Transfer Protocol

11   Post Office Protocol

12   Internet Message Access Protocol

13   Multipurpose Internet Mail Extensions

를 조작하게 되어 있다. MUA를 한 대밖에 사용하지 않는다면 POP이라도 문제없으나 여러 개의 MUA를 그때마다 사용 용도에 따라 구분해서 써야 한다면 IMAP이 더 편리하다.

이메일은 오래전부터 운용되어온 기본 서비스며 오랜 시간이 흐르는 동안에도 기술적 혁신은 그렇게 많지 않았던 네트워크 애플리케이션 중 하나다. 반면 기본적인 틀 자체는 크게 변하지 않았지만, 스팸 메일 등이 사회적으로 큰 문제가 되고 있어 스팸 필터링이나 블랙리스트, 화이트 리스트, 그레이 리스트로 메일 전송 제한, 수신 거부 시스템 등 대응 기술은 계속 진화하고 있다.

3. 원격 로그인(TELNET/SSH)

원격 로그인은 물리적으로 떨어진 장소에서 네트워크를 거쳐 콘솔 조작을 하는 네트워크 애플리케이션으로, 주로 키보드와 텍스트 표시로 문자 정보의 입출력을 실행하는 것이다.

TELNET은 원격 로그인을 실행하는 애플리케이션 프로토콜이며 아마도 가장 오래된 네트워크 애플리케이션 중 하나일 것으로 생각한다. 사양 상으로는 통신 내용을 암호화하는 기능이 정의되어 있으며 일부 구현된 애플리케이션도 있으나, 일반적으로 이용하는 TELNET 애플리케이션에서는 암호화가 불가능하다고 생각하는 편이 좋다. IPsec와 같이 다른 계층에서 암호화할 수 없을 때는 모든 통신이 평문으로 흐르게 된다. 특히 맨 처음 로그인 세션에서 사용자명과 비밀번호가 그대로 흐르기 때문에 원 타임 비밀번호를 사용하는 등 대책이 필요하다.

SSH는 암호화를 전제로 한 원격 로그인용 애플리케이션 프로토콜이다. 비밀번호 인증 외에 공개키 인증 등도 이용할 수 있으므로 더 안전한 원격 로그인 환경을 구현할 수 있다. 또한, SSH에는 포워드 기능이 있어 특정 TCP 포트의 접속을 원격 로그인 호스트 간에 양방향으로 전송할 수 있다. 이 기능을 이용하면 SSH 터널이라고 불리는 간이 VPN 기능을 구현할 수 있다.

한편, TELNET은 SSH에 비해 간단한 프로토콜이며 포트를 지정하면 TELNET 서버 이외에 TCP 서비스에도 접속할 수 있다. SMTP나 POP, HTTP와 같이 비교적 단순한 프로토콜이라면 직접 사용자가 TELNET 클라이언트에서 프로토콜을 입력하여 통신할 수도 있다.

비슷한 기술로는 원격 데스크톱(RDP/VNC)이 있다.

4. 파일 전송(FTP/rsync)

파일 전송은 원격 로그인과 함께 아주 기본적인 네트워크 애플리케이션이다. 특히 FTP는 TELNET과 마찬가지로 가장 오래된 애플리케이션 프로토콜 중 하나라고 할 수 있다.

FTP는 암호화를 지원하지 않기 때문에 IPsec 등을 병용하지 않는 한 로그인 세션 시 비밀번호도 통신 대상 파일 내용도 모두 평문으로 네트워크를 흐르게 되니 주의해야 한다.

또한, FTP는 컨트롤 세션과 데이터 세션 두 개의 세션을 사용하는 특수한 프로토콜이다. 처음 로그인하여 전송 명령어 등의 지시를 주고받는 컨트롤 세션과 실제로 파일 전송을 할 때 동적으로 확립되고 전송 완료 후에 종료되는 데이터 세션이 별도 프로토콜로 존재한다. 그리고 초기 상태에서 사용하는 데이터 세션은 컨트롤 세션과 반대 방향(통신 주체로부터 클라이언트 쪽)으로 접속하는 세션(액티브 모드)이며, 방화벽과 대립하는 대표 애플리케이션 프로토콜이라고 할 수 있다. 컨트롤 세션과 같은 방향으로 데이터 세션에 접속하는 것을 패시브 모드라고 한다.

예전에는 불특정 다수에 파일을 공개할 때 anonymous FTP 서비스를 많이 이용했다. anonymous FTP (익명 FTP)는 로그인 세션에 사용자명으로 'ftp' 또는 'anonymous'를 지정하면 누구라도 로그인할 수 있는 FTP 서비스로 프리웨어 아카이브를 공개할 때 사용한다. 필수는 아니지만, 보통 비밀번호로 자신의 메일 주소를 입력했다.

rsync는 UNIX의 파일 시스템 복사본을 원격 환경에 생성하여 양쪽을 동기화하는 네트워크 애플리케이션이다. 원격 환경으로 접속하는 것 자체는 SSH (또는 RSH) 등의 타 프로토콜을 이용하기 때문에 SSH를 사용하면 통신 내용이 암호화된다.

5. 파일 공유(NFS/SMB)

넓은 의미로는 파일 전송의 한 종류라고 할 수 있으나, 통상적인 파일 시스템의 일부로, 원격 마운트하는 것을 전제로 한 애플리케이션 프로토콜이기 때문에 사용자로서는 네트워크를 거쳐 각 파일을 전송했다고 인식하는 일 없이 로컬 환경과 마찬가지로 파일을 취급할 수 있다.

NFS[14]는 오래전부터 UNIX 환경에서 널리 사용해 온 파일 공유 시스템이다. 또한, SMB[15] 혹은 CIFS[16]는 Windows 환경에서 널리 사용하는 파일 공유 시스템이다. UNIX 서버의 파일을 Windows PC에서 SMB로 공유하거나 Windows 서버의 파일을 UNIX PC에서 NFS로 공유할 수도 있다.

NFS/SMB 모두 LAN 환경에서 사용하는 것을 전제로 하며 인터넷에서 사용하는 데에는 성능상 약간 무리가 따른다. 이와는 반대로 인터넷에서 파일 공유를 구현하는 AFS나 Gfarm과 같은 애플리케이션 프로토콜(광역 분산 파일 공유)도 존재한다.

---

14   Network File System

15   Server Message Block

16   Common Internet File System

6. VoIP (SIP/RTP)

VoIP (Voice over IP)는 IP를 사용한 음성 통신 애플리케이션 프로토콜로, IP 전화 기능을 구현하는 기본적인 방식이다. 이동통신사에서 제공하는 IP 전화 기능은 모두 이 방식이라고 할 수 있다.

SIP[17]는 전화 착발신을 관리하는 애플리케이션 프로토콜이다. 사용자가 전화 단말기에서 통신 상대의 전화번호를 입력하면 근처 SIP 서버가 DNS로 전화번호에서 통신 상대의 SIP 서버를 검색하고 SIP 서버끼리 발신에 따른 프로토콜을 주고받는다. 상대가 착신하면 실제 음성 데이터를 UDP 패킷으로 캡슐화한 RTP[18] 패킷을 양방향으로 주고받음으로써 음성 통화가 구현된다.

7. 시스템 운용 관리(DNS/DHCP/NTP/SNMP)

사용자 눈에 직접 보이지는 않지만, 시스템을 운용 관리하기 위한 애플리케이션 프로토콜도 여럿 존재하며 항상 다양한 형태로 네트워크 위를 흐르고 있다.

NTP[19]는 시각 동기를 하는 애플리케이션 프로토콜이다. NTP 서버를 가동시킴으로써 호스트 시계를 정확하게 맞출 수 있다. NTP는 계층적으로 서버를 구축할 수 있고 최상위 서버는 원자시계나 GPS 위성으로 받은 정보를 바탕으로 정확한 시각을 설정한다. 또한, 해당 시각 정보가 계층을 따라 전체적으로 전달된다.

17　　Session Initiation Protocol

18　　Real-time Transport Protocol

19　　Network Time Protocol

SNMP[20]는 네트워크 관리용 애플리케이션 프로토콜이다. 네트워크에서 운용하는 각 감시 대상 기기에 대하여 SNMP 에이전트를 설정하고 SNMP 매니저가 정기적 또는 이벤트가 발생할 SN MP SNMP 에이전트에 대하여 상태를 조회함으로써 MIB[21]라고 하는 감시 정보를 취득하는 것이 기본 방식이다.

DNS와 DHCP에서는 다른 부분에서 설명하였으므로 여기에서는 생략하겠다.

8. X 프로토콜

X Window System은 UNIX에서 많이 이용하는 윈도우 시스템이며 대부분의 데스크톱 환경은 X Window System에 구축되어 있다.

X Window System 자체는 구성이 단순하다. 디스플레이나 키보드 마우스와 같은 포인터 디바이스를 관리하는 X 서버와 각각의 윈도우 애플리케이션에 해당하는 X 클라이언트로 구성되어 있다. 또한, 화면 상의 갱신은 X 클라이언트에서 X 서버에 대해 표시 지시를 내림으로써 이루어진다. 이때의 X 클라이언트와 X 서버 간의 애플리케이션 프로토콜이 X 프로토콜이다.

X 프로토콜은 네트워크 위를 흐르는 일반 IP 프로토콜이므로 X 서버와 X 클라이언트가 같은 호스트에서 동작해야 할 필요는 없다. 단, 양쪽이 다른 호스트에서 동작하면 사용자가 사용하는 PC에서 디스플레이나 디바이스를 관리하는 것이 X 서버고 원격 호스트에서 동작하는 애플리케이션이 X 클라이언트가 되므로 일반적인 경우와는 달리 서버와 클라이언트의 위치 관계가 역전된다는 점에 유의하도록 하자.

---

20   Simple Network Management Protocol

21   Management Information Base

IP 관련 기술

IP 사용과 밀접한 관련이 있는 몇 가지 기술을 살펴보자.

1. 이름 분석

IP 통신은 IP 주소만 있으면 할 수 있다. 하지만, 전 세계 서버를 IP 주소로 기억하기는 어려우므로 보통은 호스트명을 사용하여 서버를 구분한다. 이때 서버명을 IP 주소로 변환해 주는 **이름 분석**이라는 기법을 사용한다.

가장 간단한 이름 분석 방법은 UNIX 시스템의 /etc/hosts 파일에 호스트명과 IP 주소 대응을 적어두는 것이다. /etc/hosts 파일은 다음과 같이 작성할 수 있다.

```
192.168.1.1    myhost
192.168.1.2    myhost2 myhost2.soum.co.kr
2001::1        myhost
```

호스트명과 IP 주소 대응은 한 행에 하나씩 기술하며 처음이 IP 주소(IPv4 또는 IPv6)고 그 뒤에 호스트명을 적는다. 호스트명은 여러 개를 적을 수 있다. 위와 같이 적으면 192.168.1.1의 호스트로 SSH 접속하려는 경우 다음과 같이 호스트명을 지정하여 명령어를 실행하면 된다.[1]

```
% ssh myhost
```

하지만, 전 세계 호스트의 호스트명을 /etc/hosts에 모두 적어 둘 수는 없으므로 보통 DNS를 사용하여 이름 분석을 한다. DNS는 이름 분석을 위한 프로토콜이며 일반적으로 포트 53에서 서비스한다.

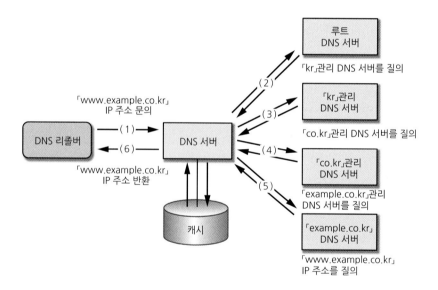

▲ **그림 18-1** DNS 서버를 통한 이름 분석의 흐름

---

1   SSH의 경우 .ssh/config를 사용하는 방법도 있다.

DNS의 이름 분석은 IP 주소를 알고 싶은 호스트명을 DNS 서버에 질의함으로써 이루어진다. 여기에서 DNS 서버는 자신이 아는 호스트일 때 해당하는 IP 주소를 반환한다. 만약 모르는 호스트라면 호스트명을 최상위 수준 도메인부터 순서대로 따라가 IP 주소를 찾아서 이를 반환한다. 찾지 못할 때에는 에러를 반환하게 된다.

또한, IP 주소로 호스트명을 검색하는 것을 역질의라고 하며 이 또한 DNS 서버로 할 수 있다. 단, DNS 서버에 따라서는 역질의를 지원하지 않을(역질의 엔트리가 없는) 수도 있다.

2. IP 주소 부호

IP로 통신하려면 자기 자신의 IP 주소를 정해야 한다. 접속된 네트워크의 서브넷과 해당 서브넷에서 사용하지 않는 IP 주소 정보를 모르면 정상적으로 통신할 수 없다. 또한, 해당 네트워크의 DNS 서버 위치도 미리 알아두지 않으면 이름 분석을 할 수 없다.

따라서 접속한 네트워크에 "IP 주소가 필요합니다."라고 물으면 "이 IP 주소가 현재 비어 있으니 사용하세요."라고 답해주는 서비스가 필요한데, 바로 이것이 DHCP다. DHCP에서는 해당 네트워크 DNS 서버의 IP 주소도 DHCP 설정에 따라 취득할 수 있다.

IPv6에서는 15장 6절에서 언급했듯이 Router Advertisement를 사용하면 IPv6 주소를 취득할 수 있다. 또한, DHCP의 IPv6 버전인 DHCPv6를 사용하여 IPv6 주소와 DNS 서버의 주소를 얻을 수도 있다.

3. 주소 변환(NAT/NAPT/IP Masquerade)

IP 주소는 원래 전 세계적으로 같은 IP가 없도록 할당되어야 한다. 서로 다른 여러 개의 호스트에 같은 IP 주소를 중복으로 설정하면 IP 통신이 불가능해진다.

하지만, 사용할 수 있는 IP 주소 수에 제한이 있으며 기존 환경에서 중복된 IP 주소를 할당하는 등 같은 IP 주소를 여러 호스트나 네트워크에서 공용으로 사용해야 하는 때도 있다. 이때는 주소 변환[2]이라는 기술을 사용한다.

라우터 등 통신기기에 미리 주소 변환 규칙을 정해 두면 패킷이 기기를 통과할 때에 패킷 헤더에 설정된 목적지 IP 주소나 출발지 IP 주소가 변환 규칙에 따라서 수정되기 때문에 통신할 수 있게 된다. 호스트 쪽에서 볼 때는 통신 상대 호스트의 IP 주소라고 생각하는 주소가 실제 상대 호스트에 설정된 IP 주소와는 다르게 보이지만 패킷 왕복 시에 변환 정합성이 보장되기만 하면 통신이 가능하다.

주소 변환에는 변환 기기상에서 1대 1의 기계적인 변환을 하는 방식과 다수 대 다수의 동적인 변환 테이블을 관리하는 방식이 있다.

또한, IP 주소뿐만 아니라 TCP나 UDP 등의 상위 계층(전송 계층)에서 사용하는 개체의 식별자인 포트 번호까지 포함하여 변환하는 주소 포트 변환[3]이라는 방식도 있다. 주소 포트 변환을 이용하면 1대 다수 변환을 구현할 수 있으며 사용 가능한 IP 주소 수에 제한이 있어도 IP 주소 수 이상의 호스트를 네트워크에 연결할 수 있다. 이때 통신 상대에게는 여러 호스트가 같은 IP 주소를 돌아가며 사용하는 것으로 보이기 때문에 이 기능을 가리켜 IP 마스커레이드라고 부르기도 한다.

---

[2]   NAT: Network Address Translation

[3]   NAPT: Network Address Port Translation

4. 문제 해결

IP 사용 시에는 서버에 접속할 수 없는 상황 등의 문제가 발생하기도 한다. 이런 문제의 원인을 규명하는 데 이용하는 편리한 명령어를 살펴보도록 하자.

ping

ping 명령어에서는 ICMP 에코 요구와 에코 응답 메시지를 이용하여 네트워크 IP 레벨의 접속성을 검사한다. 192.168.1.1과의 접속성을 검사할 때는 다음과 같이 명령어를 실행한다.

```
% ping 192.168.1.1
```

사용하는 OS에 따라 ping 명령어를 실행한 결과는 다르지만, 도달 여부는 메시지로 판단할 수 있다.

IPv6에서도 ping을 사용할 수 있으나 OS에 따라 실행하는 명령어가 다를 수 있다.

▶ Linux, *BSD

```
% ping6 remote-host
```

ping에 응답이 없어도 방화벽에서 ICMP 에코 요구를 파기하여 응답하지 않도록 설정할 수 있으므로 반드시 접속이 안 된다고 단정할 수는 없다.

traceroute

traceroute 명령어는 IP 패킷 전송 경로에서 어디까지 패킷이 도달하는지 확인하는 데 사용한다. IP 패킷에는 패킷의 생존 기간을 나타내는 TTL이라는 필드가 있으며 라우터를 통과할 때마다 하나씩 줄어든다. 이것이 0이 되면 해당 시점에 라우터가 IP 패킷을 파기하고 대신 출발지에 'ICMP Time Exceeded'라는 메시지를 송신하여 패킷이 파기된 것을 알린다. 만약 경로 상에 루프 등이 존재하여 전송은 되지만 도달하지 않는 패킷이 있어도 TTL로 안전하게 파기된다.

traceroute에서는 이를 이용하여 TTL을 1부터 하나씩 추가한 값의 IP 패킷을 특정 호스트로 송신하여 해당 호스트까지의 경로 상에 있는 라우터의 정보를 수집하는 명령어다. 다음과 같이 사용한다.

```
% traceroute www.soum.co.kr
```

traceroute를 IPv4, IPv6에서 각각 지정할 때는 OS별로 실행 명령어가 다르다.

▶ Linux

```
% traceroute -4 www.soum.co.kr          # IPv4
% traceroute -6 www.soum.co.kr          # IPv6
```

▶ *BSD

```
% traceroute www.soum.co.kr          # IPv4
% traceroute6 www.soum.co.kr         # IPv6
```

traceroute를 사용하면 송신하는 패킷이 어디까지 도달했는지 파악할 수 있다.

ifconfig

ifconfig 명령어는 호스트에 탑재된 네트워크 인터페이스의 정보와 각각의 인터페이스에 붙은 IP 주소 정보를 취득한다. 다음 명령어로 호스트에 탑재된 모든 인터페이스의 정보를 표시한다.

```
% ifconfig -a
```

arp (ndp, ip, netstat)

arp 명령어는 OS가 관리하는 ARP 테이블 정보를 표시한다. ARP 테이블은 IP 주소와 MAC 주소의 대응표다. ARP 테이블에 통신하려는 호스트의 정보가 없다면 ARP 실행에 실패할 수도 있다. 명령어는 다음과 같이 실행한다.

```
% arp -an
```

15장 6절에서 설명한 대로 IPv6에서는 ARP는 사용하지 않으며 ICMPv6의 ND를 사용하여 IPv6 주소와 MAC 주소 대응을 확인한다. OS별 IPv6 주소와 MAC 주소 대응표를 확인하는 명령어는 다음과 같다.

Linux

```
% ip -6 neighbour show
```

*BSD

```
% ndp -an
```

netstat

netsat은 네트워크의 다양한 정보를 표시하는 명령어다. 서버에서 특정 포트를 사용하는 서비스가 접속을 기다리고 있는지 다음 명령어로 확인할 수 있다.

```
% netstat -an
```

LISTEN이라는 상태가 접속 대기 상태를 나타내며 서비스가 동작하고 있어야 하는 포트가 LISTEN 상태가 아닐 때는 서비스 실행에 실패했을 가능성이 있다.

다음과 같이 실행하면 호스트의 라우팅 정보를 표시할 수 있다.

```
% netstat -rn
```

그리고 다음과 같이 실행하면 호스트에서 통신이 이루어진 패킷의 통계 정보를 볼 수 있다.

```
% netstat -s
```

dig

dig 명령어는 DNS 서버에 대해 이름 분석 요청을 보내는 명령어다.

www.soum.co.kr의 IPv4 주소를 알아볼 때는 다음과 같이 입력한다.

```
% dig A www.soum.co.kr
```

www.soum.co.kr의 IPv6 주소를 알아볼 때는 다음과 같이 입력한다.

```
% dig AAAA www.soum.co.kr
```

이렇게 해서 IP 주소를 찾을 수 없을 때는 이름 분석이 불가능하여 통신 장애가 발생했을 가능성이 있다.

또한, dig 명령어는 DNS 서버에 여러 가지 질문을 할 수 있는 범용 도구기 때문에 단순히 IP 주소만 찾는 것이라면 host 명령을 사용할 수도 있다.

```
% host www.soum.co.kr
```

tcpdump

tcpdump는 패킷 캡처 명령어다. 네트워크 인터페이스별로 송수신 되는 패킷 내용을 그대로 얻을 수 있다. eth0에 흐르는 패킷을 확인할 때는 다음과 같이 실행한다(실행에는 root 권한 필요).

```
# tcpdump -i eth0
```

네트워크 통신에 문제가 있지만, 해당 원인을 다른 방법으로 찾을 수 없을 때는 실제로 이루어지는 통신 내용 자체를 확인하여 원인을 조사할 수 있다.

Chapter 19

네트워크 보안

컴퓨터 사용자가 본인뿐이라면(Standalone 환경) 자신이 사용하려는 기능이 바르게 동작하는지만 신경 쓰면 된다. 그러나 네트워크 환경에서는 타인이 네트워크를 거쳐 컴퓨터에 접근할 때가 있다. 물론 타인이 모두 선의를 가지고 행동하고 있다고 보장할 수 없다.

네트워크를 이용할 때는 보안을 중요하게 여겨야 한다. 그리고 네트워크를 구축하고 운용할 때에는 해당 네트워크에서 요구하는 보안 수준을 고려한 설계와 대응 방침(보안 정책)을 확실하게 마련해 두는 것이 중요하다.

1. 네트워크 공격

네트워크 공격은 매년 그 수법이 다양해지고 있으며 장치들이 고성능화되면서 공격 기술도 고도화되고 있다. 이와 같은 다양한 공격들을 방어하려면 먼저 공격자들의 공격 수법을 많이 알아 두는 것이 중요하다.

지금부터 대표적인 공격 예를 살펴보자.

취약성(Security Hole) 공격

취약성은 시스템이나 시스템상에서 실행되는 소프트웨어의 버그, 부적절한 설정 등으로 발생한다. 올바르지 않은 입력 값을 입력하거나 잘못된 처리를 실행시킴으로써 원래라면 외부에서 허가되어 있지 않은 권한을 취득하고 조작할 수 있는 시스템상의 '구멍'을 가리킨다.

취약성 자체는 네트워크가 보급되기 전부터 존재했던 개념이지만, 네트워크가 확산함에 따라 네트워크를 거친 공격 위험성이 높아지면서 예전보다 신속한 공격 감지와 대책이 필요해졌다.

예를 들면, 극단적으로 긴 입력 값을 주어 의도적으로 처리 프로그램에 버퍼 오버로드를 발생시킴으로써 특정 권한으로 실행되고 있는 소프트웨어를 비정상 상태에 빠뜨리고 외부에서 임의의 프로그램을 실행시키는 것과 같은 취약성 공격이 잘 알려졌다. 프로그램 개발 시에는 입력 값의 정당성을 확실히 검사하는 코드를 구현하여 올바르지 않은 입력 값이 정상적으로 에러 처리되는 것을 테스트하는 습관을 가지는 것이 좋다.

컴퓨터 바이러스/네트워크 웜 등

넓은 의미에서 악의를 가지고 컴퓨터나 시스템에 피해를 주는 것을 목적으로 생성된 프로그램을 컴퓨터 바이러스라고 부른다.

더 좁은 의미로는 의학 용어인 바이러스의 의미에 빗대어 공격 대상인 프로그램(숙주)의 일부를 변경하여 자신의 몸을 숨기고(감염), 해당 프로그램이 실행되었을 때에 자신의 복사본을 생성하는(확산) 프로그램을 말한다. 이것이 원래 컴퓨터 바이러스의 정의다.

이에 반해 숙주를 갖지 않고 스스로 하나의 프로그램이 되어 주로 네트워크 환경이나 USB 등 외부 기억장치를 통해서 확산하는 프로그램을 네트워크 웜이라고 부른다. 하지만, 이 두 가지는 엄격히 구분하기 어렵고 양쪽 성질을 모두 가진 프로그램도 있기 때문에 이를 통틀어 컴퓨터 바이러스라고 부른다.

컴퓨터 바이러스는 대부분 바이러스 백신 프로그램으로 치료할 수 있으므로 가능한 한 사용하는 PC에 백신 프로그램을 실행시켜두고 바이러스 패턴 데이터를 최신으로 유지하는 것이 좋다.

DoS/DDoS 공격

DoS는 'Denial of Service'의 약자로, 서버에 대하여 허용치를 넘는 요구나 질의를 의도적으로 집중시켜 일시적 또는 지속적으로 서버가 제공하는 서비스를 사용하지 못하게 만드는 공격이다.

또한, DDoS는 'Distributed DoS'의 약자로, 여러 곳에서 동시에 하나의 서비스에 Dos 공격을 가하는 것을 말한다. 여러 곳에서 공격할 수 있도록 취약성을 뚫는 공격을 이용하여 사전에 공격용으로 사용할 거점들을 네트워크 여기저기에 만들어 둔다.

DoS 공격 자체는 공격 대상 서버에 과부하를 주면서 공격자가 사용하는 네트워크나 공격용 시스템 자체에도 부하가 많이 걸린다. 그러나 DDoS 공격은 공격하는 쪽의 부하를 줄임과 동시에 공격 위치를 알 수 없게 만드는 효과도 있다. 인터넷상에는 취약성을 가진 채로 방치된 PC나 시스템이 많고 네트워크 통신 속도가 크게 향상된 탓에 DDoS 공격의 피해 규모는 상당히 심각한 수준까지 이르게 되었다. 이 경우 취약성을 내버려두어 공격 기반으로 악용된 시스템의 관리자는 피해자인 동시에 DDoS 공격 가해자가 된다는 점을 기억해두도록 하자.

무차별 대입 공격(Brute-force Attack)

'Brute-force Attack'은 힘으로 밀어붙인다는 의미로, 가능성이 있는 패턴을 무차별로 시도하는 공격을 말한다. 모든 IP 주소나 TCP/UDP 포트에 접속을 시도하거나(포트 스캔) 사전에 실려 있는 단어를 무작위로 다 대입해서 비밀번호를 억지로 알아내는 방법(비밀번호 크랙) 등을 자주 사용한다.

시간이나 계산기 자원에 제약이 없다면 가능한 답이 하나라도 존재하는 한 이 공격은 반드시 성공한다. 하지만, 실제로는 시도해야 하는 패턴이 지나치게 방대해서 대부분은 공격을 완료하지 못한다. 기존 보안 시스템의 대부분은 이 공격을 전제로 만들어져 있다.

하지만, 기술이 발전함에 따라 10년 전에는 비현실적인 계산량이 요구되었던 알고리즘 등도 지금은 충분히 계산할 수 있게 되었다. 그리고 사용자나 관리자, 소프트웨어 개발자의 부주의나 인식 부족으로 말미암아 원래라면 많은 양이 되어야 할 패턴에 편중이 발생하면서 결과적으로 현실적인 시간 안에 공격을 완료할 수 있는 경우도 간혹 생겼다. 무차별 대입 공격을 막으려면 최신 시스템을 적극적으로 도입함과 동시에 운용 시 패턴에 편중이 없도록 충분히 값을 '분산시키는' 대응이 필요하다.

포트 스캔(Port Scan)

무차별 대입 공격의 일종으로, TCP/UDP에서 노드 상의 통신 개체(Entity)를 구별하려고 사용하는 포트 번호(1 노드 당 0~65535)에 처음부터 끝까지 하나하나 통신을 시도하여 반응이 있는 포트를 대상으로 취약성을 찾아내는 수법이다.

1023 포트(well-known port)나 1024~49151 포트(registered)에서는 서비스가 실행되고 있을 가능성이 크므로 통신을 시도하면 반응을 보이게 된다. 이때 특별 권한을 가진 시스템 소프트웨어만이 이용할 수 있는 well-known port와 그 외 일반 사용자라도 이용할 수 있는 registered 포트는 실행하는 서비스의 안전성이나 보안 수준에 차이가 있는 경우가 많다. 전자는 OS 자체가 가진 취약성이 그대로 남아 있을 가능성이 있으며 후자는 버그가 많아서 보안에 취약한 프로그램이 실행되고 있을 가능성이 크다.

비밀번호 크랙(Password Crack)

무차별 대입 공격의 일종으로, 컴퓨터에 저장된 암호화된 비밀번호의 정보를 이용해 비밀번호를 알아내는 수법이다.

시스템 비밀번호는 유출을 대비하여 거의 평문으로 저장하지 않고(아예 없다고는 할 수 없다) 일반적으로 암호화된 상태로 저장한다. 하지만, 많은 시스템에서는 별도로 키 정보가 필요한 원래 의미의 암호화가 아니라 한 방향 해시 함수 값을 저장하는 방법을 많이 사용하고 있다. 이 경우 해시 값을 계산하는 알고리즘이 많이 알려져서 사용자가 입력한 비밀번호와 같은 알고리즘으로 해시 값을 계산한 결과를 비교하여 원래 비밀번호와 일치하는지를 판단할 수 있다. 안전을 위하여 사용자가 입력한 비밀번호 자체는 절대 시스템상의 스토리지에 저장해서는 안 된다.

대부분 시스템에서는 로그인 시 비밀번호를 잘못 입력했을 때 일정 시간이 지나고 다시 로그인을 받아들이거나, 일정 횟수 이상 비밀번호를 틀리면 비밀번호가 잠기게 되어 있다. 이것은 비밀번호 크랙을 막는 데 아주 효과적이다. 하지만, 시스템 취약성을 공격받으면 해시 값 정보 자체가 외부로 유출될 위험성이 있다. 이때 외부에서 높은 사양의 컴퓨팅 자원을 투입하여 무차별 대입 공격을 하게 되면 시간 내에 비밀번호를 알아낼 수도 있다.

피싱(Phishing)

웹, 이메일, SNS 메시지 등을 이용하여 진짜처럼 위조한 사이트의 URL이 붙은 링크에 접속하도록 하여서 비밀번호 등 중요 정보를 빼가는 수법을 통틀어 가리키는 말이다.

단순한 장난부터 은행 계좌나 신용카드 정보가 유출되어 막대한 금전적 피해를 주는 사기 사건까지, 전 세계 각지에서 매일같이 발생하고 있다. 서로 다른 네트워크 간에 ID나 비밀번호를 공용으로 사용하는 것 때문에 연쇄적으로 피해가 확산하는 예도 적지 않다.

사용자는 이메일로 수신된 URL이 올바른지 확인하고 ID나 비밀번호는 이용하는 서비스마다 다르게 설정하는 등 평소 네트워크 이용 시에 주의하는 수밖에 없다. 또한, 상황에 따라서는 스스로 조심을 해도 지인이나 가족의 부주의로 피해를 볼 수도 있다. 네트워크 서비스가 다양해지고 복잡해지면서 그 수법도 교묘해지고 있으므로 항상 주의해야 한다.

IP 주소 사칭

IP 패킷은 전송용 헤더 정보 안에 목적지 IP 주소나 출발지 IP 주소 등의 파라미터가 포함되어 있다. IP 주소 사칭은 주로 출발지 IP 주소를 위조하여 IP 패킷을 송신함으로써 공격 상대에게 내부 통신인 것처럼 출발지 노드의 위치를 속이거나 위치를 알기 어렵게 만드는 공격이다.

공격자 측에서는 출발지 IP 주소로 속임으로써 공격 대상 쪽에 설정된 불법 침입 방지용 통신 필터를 통과하거나 DoS 공격 방지용 방어 설정을 회피할 수 있다. 또한, 공격을 받은 쪽의 통신 로그에 어디에서 공격해 왔는지 그 위치를 다르게 기록해 둠으로써 나중에 추적당하는 것을 피하기도 한다.

IP 주소 사칭은 단독으로 사용하기보다는 다른 공격과 조합해서 사용하는 수법이다.

트로이 목마

겉으로 볼 때에는 유용한 프리웨어처럼 보이지만 실은 내부에 악성 코드가 담겨 있는 소프트웨어나 배포 매체 등을 가리키는 말이다.

사용자는 프로그램을 자신의 의지로 내려받아 설치하고 실행하지만, 이 프로그램은 겉으로는 일반 소프트웨어인 것처럼 동작하면서 시스템에 컴퓨터 바이러스를 심어 놓거나 비밀번호나 기타 비밀 정보를 외부로 빼내기도 한다. 특히 정보를 빼내는 것을 목적으로 하는 트로이 목마를 가리켜 스파이웨어라고 부르기도 한다.

신용할 수 없는 개발자나 배포자의 소프트웨어를 함부로 설치하는 것은 피해야 할 것이다.

통신 내용 도청

네트워크상에서의 통신 내용을 도청하여 기록하거나 외부로 유출하는 공격이다. 통신 프로토콜에 따라서는 비밀번호 정보나 이메일 본문 등이 평문으로 네트워크를 흐르기도 하여 심각한 정보 유출로 이어지기도 한다.

조직 내의 LAN 통신을 도청하는 소프트웨어를 트로이 목마로 심어 두거나 충분히 안전하게 암호화되지 않은 무선 통신의 내용을 도청하면 통신 내용을 쉽게 빼낼 수 있다. 또한, LAN 상에서 비정규 DHCP 서버나 RA 서버를 실행하여 통신 트래픽을 위조 라우터로 모아 여기에서 통신 내용을 훔치는 수법도 자주 이용한다.

도청 자체를 방지하는 대책을 검토하는 것도 중요하지만 만일 도청 되더라도 중요한 정보가 쉽게 유출되지 않도록 통신 내용을 철저하게 암호화할 필요가 있다.

2. 인증 시스템

네트워크상에는 호스트나 노드, 사용자, 서비스, 그룹 등 다양한 개체가 존재한다. 안전하게 네트워크를 이용하려면 이들 개체가 올바른 개체인지 확인하는 프로세스와 각 개체가 어떠한 역할이나 권한을 부여받았는지 확인하는 프로세스, 그리고 권한을 넘어선 조작을 제한하는 프로세스가 필요하다.

가장 처음 프로세스를 가리켜 인증(Authentication), 두 번째는 인가(Authorization), 마지막은 퍼미션이나 접근 제어(Access Control)라고 한다.

지금까지 다양한 인증 방식을 고민했고 또 구현했다. 하지만, 악의를 가진 제삼자가 불법적인 조작을 시도할 때는 우선 인증 시스템을 뚫으려고 시도한다. 그리고 이런 시도에 실제로 많은 인증 방식이 뚫리는 바람에 사라지기도 했다. 그런 의미에서 100% 안전한 인증 방식이라는 것은 없다고 생각하는 것이 좋다. 현재 사용하는 인증 방식은 모두 현 시점의 기술 수준을 기준으로 보았을 때 시간적으로나 비용적으로 뚫기 어려워서 사용하는 것일 뿐이며 앞으로도 계속 안정성을 보장할 수는 없다.

현재 많이 이용하는 인증 시스템은 다음과 같다.

비밀번호 인증

- 비밀번호, 패스 문구, 인증번호, 공유키, 비밀 질문
- UNIX 시스템 로그인
- 원 타임 비밀번호

2단계 인증

- 다른 경로를 통한 중복 인증
- 네트워크 경유, 전화나 팩스 등

생체 인증

- 바이오 매트릭스
- 지문, 정맥, 망막 패턴, 음성 지문

공개키 인증

- 원격 로그인

- 디지털 증명서

증명서 인증

- 서비스

- 클라이언트, 단말기

- 디지털 서명

제공하는 서비스에 따라서는 한 개체에 부여하는 역할이나 권한이 하나의 서비스 제공 주체에만 해당하는 것이 아니라 여러 개의 주체에 적용할 수가 있다. 이때에는 각 주체가 개체에 대한 인증을 각자 하지 않고, 가장 처음 인증을 하는 하나의 주체가 개체를 이용하는데 필요한 인증 정보를 다른 주체와 공유할 수도 있다. 이와 같은 방법을 **싱글 사인 온(SSO)**이라고 한다.

싱글 사인 온은 사용자가 한 사이트에 비밀번호 인증과 증명서 인증 등으로 한 번만 사인 온하면 명시적으로 사인 오프를 할 때까지 다른 사이트에서도 자동으로 사인 온 상태가 적용된다.

사용자로서는 번거로운 비밀번호 입력을 한 번에 끝낼 수 있다는 장점이 있으며 서비스 제공 측에서도 악의적인 공격자의 크래킹 기회를 줄일 수 있다는 장점이 있다. 반대로 한 번 인증으로 모든 서비스에 대한 권한을 얻을 수 있기 때문에 인증 정보 관리가 더더욱 중요하다.

현재 많이 이용하는 싱글 사인 온 시스템은 다음과 같다.

일반 대상 서비스

- OpenID

- YahooID

- Google 계정

- Microsoft 계정

연구, 학술 사이트용 서비스

- GSI (Grid Security Infrastructure)

3. 통신 필터와 방화벽

보안 정책이 다른 여러 네트워크를 연결할 때는 접속 경계에서 보안 정책의 차이를 확실하게 흡수할 수 있는 조처를 해야 한다. 만약 이러한 조치 없이 아무렇게나 연결하면 전체 보안 레벨이 연결한 네트워크 중 가장 낮은 수준에 맞춰지게 된다.

보안 정책 차이를 흡수하는 대표적인 방법은 방화벽이다. 방화벽은 원래 화재가 발생했을 때 불길이 번지는 것을 막아야 하는 곳에 불에 타지 않는 재료로 만들어 설치한 벽을 가리키는 말이다. 네트워크에서는 앞서 설명한 공격들이 발생했을 때 침입을 막는 것이 방화벽의 역할이다.

방화벽을 구현하는 방법에는 몇 가지가 있으나, 보안 수준이 높은 쪽에서 낮은 쪽으로의 통신은 비교적 자유롭지만, 반대는 엄격히 제한하는 방식으로 많이 구현한다. 이때 사용하는 기술이 통신 필터(패킷 여과기)다.

UNIX에서는 다음과 같은 통신 필터 기능을 이용할 수 있으며 라우터 전용 기기나 방화벽 전용 대신 유닉스 기기에 방화벽을 구축할 때는 다음 기능을 사용한다.

- iptables, ip6tables
- pf, npf, ipf

통신 필터를 설정할 때에는 특정 패킷만을 통과시키고 나머지를 전부 차단하는 방법과 특정 패킷만 차단하고 나머지를 모두 통과시키는 방법이 있다. 전자 쪽이 더 안전하므로 보통은 특정 패킷만을 통과시키는 설정을 하게 된다. 하지만, 통신은 왕복 패킷이 오고 가야만 성립된다는 것을 잊어서는 안 된다. 단순히 외부에서 오는 패킷을 전부 차단하는 것이 아니라 내부에서 출발한 통신이면 외부에서 돌아오는 응답 패킷을 통과시킬 수 있도록 설정해야 한다.

또한, 온라인 게임이나 P2P 통신 등 사용하는 네트워크 애플리케이션에 따라서는 외부 통신을 내부로 통과시켜야 할 때도 있다.

4. 통신 암호화

통신 내용이 제삼자에게 유출되는 것을 피하고자 통신을 암호화한다.

예를 들어 무선 LAN처럼 전파가 도달하는 범위에 있을 때 제삼자가 자유롭게 통신 내용을 확인할 수 있다면 데이터 링크의 레벨에서 암호화를 해야 한다.

유선 네트워크는 경로 중간에서 통신 내용을 도청하는 것이 그리 간단한 일이 아니지만 그렇다고 해서 완전히 불가능한 것도 아니다. 또한, 스위치나 라우터 등에 특수한 조작을 가해 전송 패킷 내용을 도청하는 기술도 있다. 비밀번호와 같은 중요한 정보가 그대로(평문으로) 네트워크를 흐르지 않도록 하고, 원 타임 비밀번호를 사용함으로써 네트워크 위를 흐르는 내용을 도청한 것만으로는 보안상 위협이 되지 않게 만드는 등 평소에 늘 주의해야 한다.

IP 네트워크에서 통신 내용을 암호화하는 방법으로는 IPsec처럼 네트워크 계층에서 암호화하는 방법과 SSL/TLS처럼 전송 계층에서 암호화하는 방법, SSH처럼 애플리케이션(응용) 계층에서 암호화하는 방법 등이 있다. 모두 실용적인 방법이며 목적이나 환경에 따라 구분하여 사용할 수 있다.

현재 주로 사용하는 암호화나 해시 알고리즘에는 다음과 같은 것들이 있다.

암호화 알고리즘

- DES, 3DES

- AES

- RC2, RC4, RC5

해시 알고리즘

- MD5

- SHAI, SHA2

- HMAC

5. VPN

통신 암호화 기술을 이용하여 인터넷상에서 가상 전용 회선을 운용하는 기술을 VPN[1]이라고 한다.

원래는 지리적으로 떨어진 복수 거점 간에 네트워크를 연결할 때에는 전용 회선을 계약하는 방법이 일반적이었으나, 비용이 상당하기 때문에 물리적인 전용회선을 최소한으로 줄이고 그 외 거점 간 접속은 VPN으로 이행하는 사례가 늘고 있다.

또한, 거점 간 접속뿐만 아니라 거점과 이동 단말기 사이의 접속도 VPN을 이용할 수 있게 되었다. 이동 단말기는 그때마다 접속하는 네트워크가 바뀔 가능성이 있으므로 사용하는 IP 주소도 일정하지 않다. 이와 같은 환경에서도 마치 거점 내 로컬 네트워크에 직접 연결된 것과 같이 이동 단말기를 이용할 수 있다는 것이 VPN의 큰 장점이라고 할 수 있다. 단 스루풋이나 지연 등 퍼포먼스에 제약이 있고 접속 방식에 따라서는 요금이 부과될 수 있으

---

1   Virtual Private Network

니 주의해야 한다.

UNIX에서 많이 사용하는 VPN 기술에는 다음과 같은 것들이 있다.

- PPTP (Point to Point Tunneling Protocol)

- L2TP (Layer 2 Tunneling Protocol)

- IPsec

- SSH 터널

- OpenVPN

찾아보기

INDEX

기호와 숫자

?	35
*	35
~	35
/bin/sh	33
/etc/apt/souces.list	145
/etc/hosts	152
/etc/nsswitch.conf	153
/etc/passwd	142
/etc/rc	34
/etc/shadow	142
-k 옵션	113
-M 옵션	111
@param	249
-p 옵션	109
@return	250
@throws	250
3 Way Handshake	284
4.2 BSD	257

ㄱ

계정	26
계층화 디렉터리 구조	37
고유성	277
공개키 암호	120
공통키 암호	119
권한 이양	156
기계어	202
기본 게이트웨이	148

ㄴ

내장 명령어	67
네임 서비스 스위치	153
네트워크 계층	261
네트워크 주소	275
노드	39

ㄷ

데이터 링크	264
데이터 링크 계층	261
데이터 전송	264
도구 상자 접근법	175
디바이스 파일	39
디버깅	170

ㄹ

라우팅	278
로그	163
로그아웃	30
루프백 주소	275
리다이렉션	36
리졸버	156
링크 로컬 주소	277

ㅁ

멀티캐스트 주소	276
명명된 파이프	39
무차별 대입 공격	307
문법 강조	75

문제 해결 161
물리 계층 261
미정 주소 275

ㅂ

반복 질의 156
배치 32
버전 관리 시스템 204
부엌 싱크대 접근법 175
부트 로더 138
브랜치 236
브로드캐스트 주소 276
비밀번호 크랙 308
비밀 유지 계약 253

ㅅ

사용자 26
사용 허가 계약 252
사방 98
서브넷 마스크 274
세션 계층 261
셧다운 137
셸 프롬프트 31
소켓 39
소프트웨어 라이선스 252
스터브 리졸버 156
실행(x) 42
싱글 사인 온 311
쓰기(w) 42

ㅇ

애니캐스트 주소 276
어셈블리 언어 181
역사선(₩) 35
오류 검출/정정 265
온라인 매뉴얼 103
와일드카드 35
유니캐스트 주소 276
응용 계층 261
이름공간 155
이름 분석 152
인가 310
인증 310
읽기(r) 42

ㅈ

자동완성 88
작업 복사 217
잠금(Lock) 209
장애 내성 162
저장소 206
전송 계층 261
전역 주소 277
전용 주소 277
접근 권한 42
접근 제어 266, 310
정규표현(Regular Expression) 46
정적 경로 150
주소 변환 300
중간자 공격 29
중단점 184

ㅊ

체크아웃 217
충돌(Conflict) 223
충돌 회피 265
취약성 공격 306

ㅋ

커밋 218
컴파일러 183
큰따옴표(") 35

ㅌ

타깃 191
태그 점프 75
태그 파일 75
토큰 패싱 267
통신 내용 도청 309
통신 필터 312
통합 개발 환경 175
트로이 목마 309

ㅍ

파이프 36
파이프 문자(|) 36
패스 문구 121
패키지 관리 144
퍼미션 42
페이저 108
포트 스캔 307

포트 포워드 126
표준 에러 출력 36
표준 입력 36
표준 출력 36
표현 계층 261
피싱 308
핑거프린트 29

ㅎ

확장자 규칙 191
흐름 제어 265

A

Access Control 310
ACK 패킷 285
ACL 116
Apache Software License 254
APT 144
apt-cache search 명령어 144
apt-get install 명령어 144
apt-get remove 명령어 145
apt-get update 명령어 145
ARP 279
arp 명령어 302
Authentication 310
Authorization 310
awk 명령어 54

B

bash 33

Bourne Shell 33
bps 267
Branch 236
Break Point 184
break 명령어 194
Brute—force Attack 307
BSD License 254
bt 명령어 195
bzip2 58

C

C 179
C++ 179
CA 290
catman 113
cat 명령어 42
cc 명령어 189
cd 명령어 40
chgrp 명령어 44
chmod 명령어 43
chown 명령어 44
CIFS 294
Clang 183
Common Public License 254
compress 58
continue 명령어 195
cpio 57
cp 명령어 40
cron 100
csh 33
C Shell 35

CSMA/CA 267
CSMA/CD 267
ctags 명령어 76
CUI 31
cut 명령어 36
CVS 206

D

date 명령어 36
DDoS 공격 306
deb 형식 145
DES 142
DHCP 280
DHCPv6 280
diff 60
diff3 60
dig 명령어 157
disp 명령어 195
dmesg 명령어 138
DNS 154
DoS 공격 306
Doxygen 247
dpkg 명령어 145
dsa 122

E

ecdsa 122
ECDSA 공개키 암호 29
echo 명령어 42, 67
ed 61

egrep 명령어	50
Emacs	70, 79
emacsclient	89
emacsen	79
Emacs help 기능	83
Emacs Lisp	93
etags	86
exit 명령어	30

F

fastboot 명령어	140
fasthalt 명령어	140
Fault Tolerance	162
FHS	38
file://	227
finger 명령어	144
finish 명령어	195
FIN 패킷	285
FreeBSD	31
fsck	140
FTP	293

G

GCC	183
gdb	184
getfacl 명령어	117
Git	206
git add 명령어	229
git branch 명령어	236
git checkout 명령어	236

git clone 명령어	241
git commit 명령어	229
git diff 명령어	230
git init 명령어	228
git log 명령어	234
git merge 명령어	238
git push 명령어	244
git remote add 명령어	243
git reset 명령어	233
git rm 명령어	234
git status 명령어	230
GNU GPL	254
GNU LGPL	254
GNU 디버거	184
GPG	127
grep 명령어	48
groups 명령어	143
GUI 환경	26
gzip	58

H

Half Close	285
halt 명령어	139
host 명령어	158
http://	227
HTTP	289
httpd	164
https://	227
HTTPS	289
HTTP 서비스	27

I

ICE 디버거 185

ICMP 280

ICMPv6 280

ICMP 패킷 141

IDE 175

id 명령어 143

ifconfig 명령어 147, 165

if 문 42

IMAP 291

InfiniBand 265

Info 84

info reg 명령어 195

info 명령어 114

info 파일 88

init 138

inode 39

input mode 64

IP 271

ipfilter 101

IPsec 281

IPv4 272

IPv6 272

IP 마스커레이드 300

ip 명령어 149

IP 주소 사칭 308

ISP 공유 주소 278

J

Java 179

javadoc 197

Javadoc 247

Javadoc 태그 249

JDK 196

JTAG 디버거 185

K

keyring 파일 131

killall 명령어 105

ksh 33

L

L2TP 315

LAN 257

less 108

less 명령어 59

Lisp 181

LISTEN 303

LISTEN 상태 166

LL 언어 200

ln 명령어 41

locale 109

logout 명령어 30

lsof 명령어 167

ls 명령어 40

lv 명령어 60

lzma 58

M

MAC 266

make 183

Makefile 183

MANPATH 110

man 명령어 103

MIB 296

MIT License 254

mkdir 명령어 40

more 108

more 명령어 59

Mozilla Public License 254

MTU 267

Multiple Access형 데이터 링크 265

mv 명령어 41

N

Namespace 37

NDA 253

netrw 플러그인 76

netstat 명령어 149, 166

next 명령어 195

NFS 294

nslookup 명령어 157

NS 레코드 156

NTP 295

nvi 70

O

One Liner 176

OpenPGP 127

OpenSSH 28

OpenVPN 315

OSI 참조 모델 260

P

packages 146

Passphrase 121

patch 명령어 60

pattern 49

pax 사양 56

PEM 126

Perl 180

PGP 126

ping 명령어 167

pkg_add 명령어 146

pkgng 145

PKI 120

Point-to-Point형 데이터 링크 265

POP 291

ports 146

POSIX 1003.1-2001 56

PPP 265, 269

PPPoE 269

PPTP 315

printf( ) 함수 36

print 명령어 195

ps 명령어 164

pwd 명령어 40

PyDoc 247

Python 180

Q

QuickFix 74
quit 명령어 195

R

RAW 소켓 141
RCS 206
rc 스크립트 139
read 명령어 68
reboot 명령어 140
Repository 206
return 명령어 195
RFC 288
RLOGIN 26
rmdir 명령어 40
rm 명령어 41
root 42
route 명령어 148
rsa 122
rsync 294
Ruby 181
run 명령어 194

S

SCCS 205
scp 명령어 124
sed 명령어 51
setenv 문 35
setfacl 명령어 117
setuid bit 45

set 문 35
Seven Layer Model 261
Sh 33
Shebang 98
shutdown 명령어 139
SMB 294
S/MIME 126
SMTP 291
SNMP 296
SSH 26
ssh-add 123
ssh-agent 123
ssh_config 124
ssh-keygen 명령어 122
ssh 명령어 28
SSH 터널 126
SSH 포워딩 126
SSO 311
Standalone 환경 305
state 값 166
step 명령어 195
sticky bit 45
Subversion 206
sudoers 파일 119
sudo 명령어 117
su 명령어 117
svn:// 227
svn add 명령어 220
svn commit 명령어 218
svn diff 명령어 219
svn resolved 명령어 226
svn revert 명령어 221

svn rm 명령어 221

svn+ssh:// 227

svn status 명령어 221

svn update 명령어 222

s 명령어 51

s 비트 141

s 플래그 46

T

TAGS 파일 88

tar 56

tarball 58

TCP 283

tcpdump 169

TCP/IP 256

tcsh 33

tee 명령어 37

TELNET 27

telnet 명령어 27

test 명령어 42

Thin client 26

TLD 155

traceroute 명령어 168

Tramp 90

Trouble Shooting 161

t 플래그 45

U

UDP 283

UID 26

ULA 277

umask 명령어 44

V

vi 70

vim 70

Vim script 78

visudo 명령어 119

VNC 26

VoIP 295

VPN 314

W

WAN 257

whoami 명령어 143

who 명령어 144

wireshark 169

WWW 289

X

X11 License 254

XDM 26

X 프로토콜 296

Z

zip 59

zone 155

zsh 33